TAUX DES RENTES

ALLOUÉES D'APRÈS LA JURISPRUDENCE

EN MATIÈRE

D'INFIRMITÉS PERMANENTES PARTIELLES

PAR

Léon LESAGE,
DOCTEUR EN DROIT
ANCIEN LAURÉAT DE LA FACULTÉ DE DROIT DE PARIS
AVOCAT A LA COUR D'APPEL DE PARIS

ET

Marcel MABIRE
ANCIEN LAURÉAT DE LA FACULTÉ DE DROIT DE PARIS

ANCIENNE LIBRAIRIE THORIN ET FILS

ALBERT FONTEMOING, ÉDITEUR
Libraire des Écoles françaises d'Athènes et de Rome
du Collège de France et de l'École Normale Supérieure
4, rue Le Goff, à PARIS

1902

Loi du 9 Avril 1898

TAUX DES RENTES

ALLOUÉES D'APRÈS LA JURISPRUDENCE

EN MATIÈRE

D'INFIRMITÉS PERMANENTES PARTIELLES

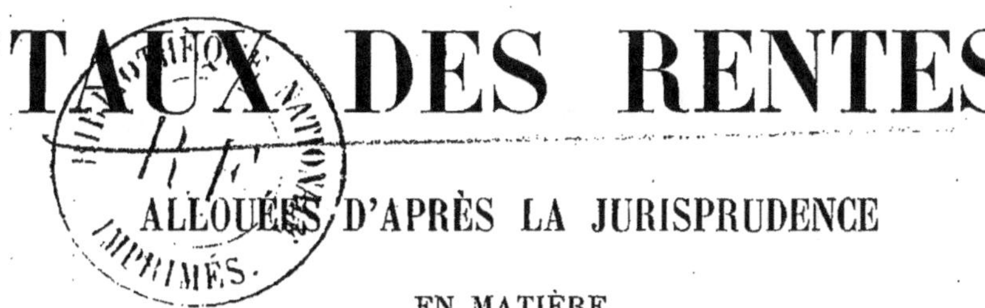

TAUX DES RENTES

ALLOUÉES D'APRÈS LA JURISPRUDENCE

EN MATIÈRE

D'INFIRMITÉS PERMANENTES PARTIELLES

PAR

Léon LESAGE, 
DOCTEUR EN DROIT
ANCIEN LAURÉAT DE LA FACULTÉ DE DROIT DE PARIS
AVOCAT A LA COUR D'APPEL DE PARIS

ET

Marcel MABIRE
ANCIEN LAURÉAT DE LA FACULTÉ DE DROIT DE PARIS

ANCIENNE LIBRAIRIE THORIN ET FILS

ALBERT FONTEMOING, ÉDITEUR
Libraire des Écoles françaises d'Athènes et de Rome
du Collège de France et de l'École Normale Supérieure
4, rue Le Goff, à PARIS

—

1902

PRÉFACE

La loi du 9 avril 1898, prenant le soin de fixer forfaitairement aux deux tiers du salaire la rente due à l'ouvrier en cas d'incapacité absolue et permanente et à la moitié du salaire quotidien l'indemnité journalière due pour cause d'incapacité temporaire, aucune difficulté ne s'élève, dans ces deux cas, quant à l'évaluation du préjudice éprouvé par la victime de l'accident[1]. Il

1. La même observation s'applique à la détermination des rentes dues en cas de décès aux divers ayants droit de l'ouvrier. Le taux de ces rentes est fixé à 20 $^0/_0$ du salaire annuel de la victime pour le conjoint survivant non divorcé ou séparé de corps si le mariage est antérieur à l'accident. En cas de nouveau mariage, le conjoint cesse d'avoir droit à la rente en question, et il lui est alloué, à titre d'indemnité totale, une somme égale à trois fois le chiffre de cette rente.

Pour les enfants légitimes ou naturels reconnus, avant l'accident, orphelins de père ou de mère et âgés de moins de seize ans, la rente est calculée sur le salaire annuel de la victime, à raison de 15 $^0/_0$ de ce salaire, s'il n'y a qu'un enfant, de 25 $^0/_0$ s'il y en a deux, de 35 $^0/_0$ s'il y en a trois, et de 40 $^0/_0$ s'il y en a quatre ou un plus grand nombre. Pour les enfants orphelins de père et de mère, la rente est portée pour chacun d'eux à 20 $^0/_0$ du salaire. L'ensemble ne peut d'ailleurs dépasser 40 $^0/_0$ dans le premier cas et 60 $^0/_0$ dans le second.

Lorsque la victime n'a ni conjoint ni enfant, reconnaissant les conditions prescrites par la loi, chacun des ascendants et descendants qui était à la charge de l'ouvrier décédé reçoit une rente, viagère pour les ascendants et payable jusqu'à seize ans pour les descendants, égale à 10 $^0/_0$ du salaire annuel sans que le montant des rentes allouées puisse dépasser 30 $^0/_0$.

*

en est tout autrement quand il s'agit de déterminer le
taux de la rente à laquelle a droit l'ouvrier atteint
d'une incapacité permanente partielle. Dans cette hypothèse, en effet, la loi laisse au juge le soin de fixer lui-
même le taux du pourcentage de la rente, laquelle doit
être égale à la moitié de la réduction subie par le
salaire et correspondre, dans une mesure qui seule est
invariable, à la diminution de puissance de travail
qu'occasionne l'impotence fonctionnelle de l'ouvrier
atteint d'une infirmité permanente partielle.

Il rentre donc dans le pouvoir souverain d'appréciation des juges du fond, de dire si la perte d'un œil par
exemple fait subir à l'ouvrier une réduction de la
moitié, du tiers ou du quart de son salaire, et si, par
suite, la rente qui lui est due, doit être du quart, du
sixième ou du huitième de ce même salaire.

La difficulté d'évaluer avec mesure et unité ce que
fait perdre au salaire l'infirmité permanente partielle a
conduit certaines législations étrangères à prendre
une base invariable d'appréciation. C'est ainsi qu'en
Italie[1], où d'ailleurs l'indemnité se traduit, non par une

---

1. Les pourcentages de réduction adoptés par la législation italienne
sont les suivants : 5 %, perte du gros orteil et d'un autre doigt du
pied ou d'une phalange d'un doigt de la main ; — 8 %, perte du médius
ou de l'annulaire d'une main, du gros orteil et du métatarse correspondant ; 10 %, surdité complète d'une oreille ou hernie inguinale ou crurale
simple ; — 12 %, perte du petit doigt de la main ; — 15 %, hernie inguinale ou crurale double ; perte de la deuxième phalange du pouce de la
main droite ou perte totale de l'index de la main gauche ; — 20 %, perte
totale de l'index de la main droite ; — 25 %, perte totale du pouce de
la main gauche ; — 30 %, perte totale du pouce de la main droite ; —
35 %, perte totale de la force visuelle d'un œil ; — 40 %, perte totale
de l'ouïe ; — 50 %, perte totale de la force visuelle d'un œil jointe à

rente mais par un capital une fois donné, la perte totale du bras droit, la perte totale de la force visuelle d'un œil, la perte de la phalangette d'un doigt réduisent le salaire invariablement de 80 %, de 35 % et de 5 %.

Ce système a le double inconvénient de ne résoudre la difficulté que pour les cas prévus, de laisser subsister l'incertitude et le défaut d'unité pour les infirmités non classées; ensuite de tomber dans l'excès contraire, dans le système de la réduction absolue, de l'unité à outrance, qui ne tient pas compte de la gravité toute relative de l'infirmité elle-même, suivant qu'elle atteint tel ou tel autre ouvrier appartenant à telle ou telle autre industrie, à tel ou tel autre corps de métier.

Les inconvénients de ce système ont avec raison fait renoncer le législateur français à son adoption. Sans doute le système organisé par la loi de 1898 a l'inconvénient de laisser libre cours à des appréciations dis-

---

une grave diminution de la force visuelle de l'autre œil; grave perturbation mentale n'excluant pas le travail manuel, perte totale d'un pied ou d'une jambe au tiers inférieur; — 60 %, perte totale de la jambe au tiers supérieur; — 65 %, perte totale de la main gauche; — 70 %, perte totale de la main droite ou des cinq doigts de la main droite ou de l'avant-bras droit au tiers inférieur ou d'une cuisse; — 75 %, perte du bras gauche; — 80 %, perte totale du bras droit ou de l'avant-bras au tiers supérieur. En cas de perte de plusieurs membres, la réduction du salaire équivaut à la somme des diverses réductions, sans toutefois pouvoir dépasser au total 80 %. La paralysie totale et inguérissable des membres équivaut à la perte totale de ces membres. Quant à l'impotence fonctionnelle partielle résultant de la paralysie, elle donne lieu à la réduction immédiatement au-dessous. Le minimum des réductions est de 5 %. — L'*indemnité* due à l'ouvrier pour cause d'incapacité permanente partielle est égale à cinq fois le chiffre de la réduction subie par le salaire (Règlement du 25 septembre 1898, art. 74; *Bull. de l'Off. du Trav.*, année 1898, p. 989).

parates, de provoquer des inégalités de situation. Mais ces inconvénients, qui sont le fait de toute innovation, de l'application immédiate de toute loi nouvelle, doivent peu à peu disparaître et perdre progressivement de leur gravité, au fur et à mesure que les juges, éclairés par le rapprochement de leurs sentences, en arriveront à une communauté de vues qui garantira les justiciables contre les plus choquantes inégalités.

Ces inégalités, elles existent; elles ne peuvent pas ne pas exister, et elles existeront tant que la fluctuation inévitable des opinions n'aura pas cédé sous l'influence des résultats acquis et de leur comparaison[1].

En cela, il n'y a rien qui ne soit conforme à l'ordre naturel des choses.

Une pesée ne se fait pas, si parfaite que soit la

---

1. La statistique démontre que les cas d'incapacité permanente partielle sont de beaucoup les plus nombreux. Voici les chiffres que nous relevons à ce sujet dans le *Bulletin de l'Office du Travail* :

PÉRIODE DU 1er JUILLET AU 31 DÉCEMBRE 1899 : sur 899 tués ou blessés, il y a eu 534 cas de mort, 13 cas d'incapacité permanente totale et 352 *cas d'incapacité permanente partielle* (*Bull. de l'Off. du Trav.*, 1900, p. 588); — PÉRIODE DU 1er JANVIER AU 31 MARS 1900 : sur 1.154 affaires introduites dans les termes de la loi de 1898, il y en a eu 389 relatives à des cas de mort, 37 à des cas d'incapacité de travail permanente et totale, et 738 *cas d'incapacité permanente partielle* (*Bull. de l'Off. du Trav.*, 1900, p. 798); — PÉRIODE DU 1er AVRIL AU 30 JUIN 1900 : nombre d'affaires, 1.449, dont : 369 relatives à des cas de mort, 25 à des cas d'incapacité de travail permanente et absolue, et 1.055 *à des cas d'incapacité permanente et partielle* (*Bull. de l'Off. du Trav.*, 1900, p. 1013); — PÉRIODE DU 1er JUILLET AU 30 SEPTEMBRE 1900 : nombre d'affaires, 1.634, dont : 346 relatives à de cas de mort, 29 à des cas d'incapacité permanente et absolue et 1.259 *à des cas d'incapacité permanente et partielle* (*Bull. de l'Off. du Trav.*, 1901, p. 124); — PÉRIODE DU 1er OCTOBRE AU 31 DÉCEMBRE 1900 : nombre d'affaires, 2.306, dont 458 relatives à des cas d'incapacité permanente absolue et 1.790 *à des cas d'incapacité permanente et partielle* (*Bull. de l'Off. du Trav.*, 1901, p. 323).

balance, si expérimenté que soit le peseur, sans oscillation du fléau.

Si la diversité d'opinions livrées à elles-mêmes doit, avec le temps, faire place à des appréciations moins contradictoires, à des vues plus stables, partant plus équitables et plus conformes à l'esprit du législateur, il y a tout lieu de craindre que l'évolution ne soit lente et relativement laborieuse.

Cette dernière pensée, les réflexions qu'elle suggère, comme aussi les conséquences qu'elle laisse entrevoir, nous ont tout naturellement amené à chercher le moyen de remédier à un état de choses qui, pour n'être que temporaire, n'en est pas moins des plus regrettables.

C'est de ces préoccupations, de ces inquiétudes, qu'est née l'idée du travail que nous publions aujourd'hui. Il est destiné à régler la marche mal assurée de l'évolution dont nous parlions plus haut, d'en accélérer l'allure, d'obvier, dans la mesure du possible, à des lenteurs d'autant plus fâcheuses que les inégalités qu'elles doivent créer se multiplieront en raison de leur durée même.

Il ne faudrait pas, au surplus, se méprendre sur la réalité du but que nous poursuivons. Nos efforts tendent en effet, toutes choses égales d'ailleurs, à unifier le taux des rentes, mais non les rentes elles-mêmes, dont le chiffre doit rester aussi variable que le salaire qui sert à en déterminer l'importance. Ce chiffre est d'ailleurs soumis à des causes spéciales de variation, pouvant résulter notamment soit des fautes inexcusables du patron ou de l'ouvrier[1], soit de la quotité du salaire annuel[2], soit encore de l'âge de l'ouvrier[3].

Faciliter aux magistrats la lourde tâche qui leur incombe dans l'appréciation du degré d'incapacité professionnelle inhérent aux diverses infirmités permanentes partielles, faire bénéficier les Tribunaux de leur œuvre même, pour le plus grand profit d'une justice bien entendue qui veut que dans l'application la loi soit une et égale pour tous ; éclairer, d'autre part, les intéressés sur l'étendue de leurs droits ou de leurs obligations et réduire par là même le nombre beaucoup trop considérable de procès nés le plus souvent de l'ignorance des valeurs respectives de la puissance totale et de la puissance réduite du travail ; tel est donc, en définitive, le double but que nous nous sommes efforcé d'atteindre en publiant cet opuscule.

Si les juridictions compétentes veulent bien nous faire l'honneur de consulter nos barèmes, si les ouvriers et les patrons veulent bien y puiser les éléments des problèmes qui les divisent ; nul doute que les juges n'en arrivent à l'unification rapide du taux des rentes et les parties à l'adoption conventionnelle de ces taux.

Paris, le 15 juillet 1901.

1. Art. 20, § 2 et 3.
2. Art. 2, § 3.
3. Art. 8, § 1.

DIVISION DE L'OUVRAGE

L'ouvrage est divisé en trois parties principales :

Première partie : taux des rentes allouées d'après la jurisprudence en matière d'infirmités permanentes partielles[1] ;

Deuxième partie : appendice renfermant toutes les décisions visées dans les tables de pourcentage et non insérées dans les divers recueils généraux et spéciaux de jurisprudence ;

Troisième partie : table chronologique du jugement[2] et arrêts ayant servi à l'établissement des pourcentages et indiquant soit les recueils dans lesquel la décision a été rapportée, soit la page correspondante de l'appendice.

1. Un certain nombre de décisions nous ont directement fourni le taux de la rente, en même temps que le salaire de base et celui de la rente allouée. Dans les décisions où soit le taux de la rente, soit le chiffre correspondant au salaire de base n'ont pas été indiqués, il nous a été facile de les rechercher à l'aide d'une simple règle de trois s'établissant différemment, suivant que nous connaissions le montant du salaire de base et celui de la rente allouée ou bien le taux de la réduction et le chiffre de la rente. Quant aux décisions qui ne nous ont pas fourni les éléments du problème, nous avons dû les écarter. Nous avons dû également ment négliger toutes celles ne mentionnant pas l'infirmité qui avait justifié l'allocation d'une rente.

2. Pour les jugements qui ont fait l'objet d'une infirmation, nous indiquons la référence du recueil où la décision se trouve, bien que nous n'en ayons pas tenu compte dans nos tables de pourcentages.

LOI DU 9 AVRIL 1898

CONCERNANT LES RESPONSABILITÉS

DES ACCIDENTS

DONT LES OUVRIERS SONT VICTIMES DANS LEUR TRAVAIL

(*Promulguée au* Journal officiel *du* 20 *avril* 1898)

———

TITRE PREMIER

INDEMNITÉS EN CAS D'ACCIDENTS

ARTICLE PREMIER. — Les accidents survenus par le fait du travail, ou à l'occasion du travail, aux ouvriers et employés occupés dans l'industrie du bâtiment, les usines, manufactures, chantiers, les entreprises de transports par terre et par eau, de chargement et de déchargement, les magasins publics, mines, minières, carrières et, en outre, dans toute exploitation ou partie d'exploitation dans laquelle sont fabriquées ou mises en œuvre des matières explosives, ou dans laquelle il est fait usage d'une machine mue par une force autre que celle de l'homme ou des animaux, donnent droit, au profit de la victime ou de ses représentants, à une indemnité à la charge du chef d'entreprise, à la condition que l'interruption de travail ait duré plus de quatre jours.

Les ouvriers qui travaillent seuls d'ordinaire ne pourront être assujettis à la présente loi par le fait de la collaboration accidentelle d'un ou de plusieurs de leurs camarades.

Art. 2. — Les ouvriers et employés désignés à l'article précédent ne peuvent se prévaloir, à raison des accidents dont ils sont victimes dans leur travail, d'aucunes dispositions autres que celles de la présente loi.

Ceux dont le salaire annuel dépasse 2.400 francs ne bénéficient de ces dispositions que jusqu'à concurrence de cette somme. Pour le surplus, ils n'ont droit qu'au quart des rentes ou indemnités stipulées à l'article 3, à moins de conventions contraires quant au chiffre de la quotité.

Art. 3. — Dans les cas prévus à l'article 1er, l'ouvrier ou l'employé a droit :

Pour l'incapacité absolue et permanente, à une rente égale aux deux tiers de son salaire annuel ;

Pour l'incapacité partielle et permanente, à une rente égale à la moitié de la réduction que l'accident aura fait subir au salaire ;

Pour l'incapacité temporaire, à une indemnité journalière égale à la moitié du salaire touché au moment de l'accident, si l'incapacité de travail a duré plus de quatre jours et à partir du cinquième jour.

Lorsque l'accident est suivi de mort, une pension est servie aux personnes ci-après désignées, à partir du décès, dans les conditions suivantes :

a) Une rente viagère égale à 20 % du salaire annuel

de la victime pour le conjoint survivant non divorcé ou séparé de corps, à la condition que le mariage ait été contracté antérieurement à l'accident.

En cas de nouveau mariage, le conjoint cesse d'avoir droit à la rente mentionnée ci-dessus ; il lui sera alloué, dans ce cas, le triple de cette rente à titre d'indemnité totale.

b) Pour les enfants, légitimes ou naturels, reconnus avant l'accident, orphelins de père ou de mère, âgés de moins de seize ans, une rente calculée sur le salaire annuel de la victime à raison de $15\,^0/_0$ de ce salaire s'il n'y a qu'un enfant, de $25\,^0/_0$ s'il y en a deux, de $35\,^0/_0$ s'il y en a trois, et $40\,^0/_0$ s'il y en a quatre ou un plus grand nombre.

Pour les enfants orphelins de père et de mère, la rente est portée pour chacun d'eux à $20\,^0/_0$ du salaire.

L'ensemble de ces rentes ne peut, dans le premier cas, dépasser $40\,^0/_0$ du salaire, ni $60\,^0/_0$ dans le second.

c) Si la victime n'a ni conjoint, ni enfant dans les termes des paragraphes *a* et *b*, chacun des ascendants et descendants qui étaient à sa charge recevra une rente, viagère pour les ascendants et payable jusqu'à seize ans pour les descendants. Cette rente sera égale à $10\,^0/_0$ du salaire annuel de la victime, sans que le montant total des rentes ainsi allouées puisse dépasser $30\,^0/_0$.

Chacune des rentes prévues par le paragraphe *c* est, le cas échéant, réduite proportionnellement.

Les rentes constituées en vertu de la présente loi sont payables par trimestre ; elles sont incessibles et insaisissables.

Les ouvriers étrangers, victimes d'accidents, qui cesseront de résider sur le territoire français, recevront pour toute indemnité un capital égal à trois fois la rente qui leur avait été allouée.

Les représentants d'un ouvrier étranger ne recevront aucune indemnité si, au moment de l'accident, ils ne résidaient pas sur le territoire français.

Art. 4. — Le chef d'entreprise supporte en outre les frais médicaux et pharmaceutiques, et les frais funéraires. Ces derniers sont évalués à la somme de 100 francs au maximum.

Quant aux frais médicaux et pharmaceutiques, si la victime a fait choix elle-même de son médecin, le chef d'entreprise ne peut-être tenu que jusqu'à concurrence de la somme fixée par le juge de paix du canton, conformément aux tarifs adoptés dans chaque département pour l'assistance médicale gratuite.

Art. 5. — Les chefs d'entreprises peuvent se décharger pendant les trente, soixante ou quatre-vingt-dix premiers jours à partir de l'accident, de l'obligation de payer aux victimes les frais de maladie et l'indemnité temporaire, ou une partie seulement de cette indemnité, comme il est spécifié ci-après, s'ils justifient :

1° Qu'ils ont affilié leurs ouvriers à des Sociétés de secours mutuels et pris à leur charge une quote-part de la cotisation qui aura été déterminée d'un commun accord, et en se conformant aux statuts-type approuvés par le Ministre compétent, mais qui ne devra pas être inférieure au tiers de cette cotisation ;

2° Que ces Sociétés assurent à leurs membres, en cas de blessures, pendant trente, soixante ou quatre-vingt-dix jours, les soins médicaux et pharmaceutiques et une indemnité journalière.

Si l'indemnité journalière servie par la Société est

inférieure à la moitié du salaire quotidien de la victime, le chef d'entreprise est tenu de lui verser la différence.

ART. 6. — Les exploitants de mines, minières et carrières peuvent se décharger des frais et indemnités mentionnés à l'article précédent moyennant une subvention annuelle versée aux caisses ou sociétés de secours constituées dans ces entreprises, en vertu de la loi du 29 juin 1894.

Le montant et les conditions de cette subvention devront être acceptés par la Société et approuvés par le Ministre des Travaux publics.

Ces deux dispositions seront applicables à tous autres chefs d'industrie qui auront créé en faveur de leurs ouvriers des caisses particulières de secours en conformité du titre III de la loi du 29 juin 1894. L'approbation prévue ci-dessus sera, en ce qui les concerne, donnée par le Ministre du Commerce et de l'Industrie.

ART. 7. — Indépendamment de l'action résultant de la présente loi, la victime ou ses représentants conservent, contre les auteurs de l'accident, autres que le patron ou ses ouvriers et préposés, le droit de réclamer la réparation du préjudice causé, conformément aux règles du droit commun.

L'indemnité qui leur sera allouée exonérera, à due concurrence, le chef d'entreprise, des obligations mises à sa charge.

Cette action contre les tiers responsables pourra être exercée par le chef d'entreprise, à ses risques et périls, aux lieu et place de la victime ou de ses ayants droit, si ceux-ci négligent d'en faire usage.

ART. 8. — *Le salaire qui servira de base à la fixation de l'indemnité allouée à l'ouvrier âgé de moins de seize ans ou à l'apprenti victime d'un accident ne sera pas inférieur au salaire le plus bas des ouvriers valides de la même catégorie occupés dans l'entreprise.*

Toutefois, dans le cas d'incapacité temporaire, l'indemnité de l'ouvrier âgé de moins de seize ans ne pourra pas dépasser le montant de son salaire.

Art. 9. — Lors du règlement définitif de la rente viagère, après le délai de revision prévu à l'article 19, la victime peut demander que le quart au plus du capital nécessaire à l'établissement de cette rente, calculé d'après les tarifs dressés pour les victimes d'accidents par la Caisse de retraites pour la vieillesse, lui soit attribué en espèces.

Elle peut aussi demander que ce capital, ou ce capital réduit du quart au plus, comme il vient d'être dit, serve à constituer sur sa tête une rente viagère réversible, pour moitié au plus, sur la tête de son conjoint. Dans ce cas, la rente viagère sera diminuée de façon qu'il ne résulte de la réversibilité aucune augmentation de charges pour le chef d'entreprise.

Le tribunal, en chambre du conseil, statuera sur ces demandes.

Art. 10. — *Le salaire servant de base à la fixation des rentes s'entend, pour l'ouvrier occupé dans l'entreprise pendant les douze mois écoulés avant l'accident, de la rémunération effective qui lui a été allouée pendant ce temps, soit en argent, soit en nature.*

Pour les ouvriers occupés pendant moins de douze mois avant l'accident, il doit s'entendre de la rémunération effective qu'ils ont reçue depuis leur entrée dans l'entreprise, augmentée de la rémunération moyenne qu'ont reçue, pendant la période nécessaire pour compléter les douze mois, les ouvriers de la même catégorie.

Si le travail n'est pas continu, le salaire annuel est calculé tant d'après la rémunération reçue pendant la période d'activité que d'après le gain de l'ouvrier pendant le reste de l'année.

TITRE II

DÉCLARATION DES ACCIDENTS ET ENQUÊTE

Art. 11. — Tout accident ayant occasionné une incapacité de travail doit être déclaré, dans les quarante-huit heures, par le chef d'entreprise ou ses préposés, au maire de la commune, qui en dresse procès-verbal.

Cette déclaration doit contenir les noms et adresses des témoins de l'accident. Il y est joint un certificat de médecin indiquant l'état de la victime, les suites probables de l'accident et l'époque à laquelle il sera possible d'en connaître le résultat définitif.

La même déclaration pourra être faite par la victime ou ses représentants.

Récépissé de la déclaration et du certificat du médecin est remis par le maire au déclarant.

Avis de l'accident est donné immédiatement par le maire à l'inspecteur divisionnaire ou départemental du travail ou à l'ingénieur ordinaire des mines chargé de la surveillance de l'entreprise.

L'article 15 de la loi du 2 novembre 1892 et l'article 11 de la loi du 12 juin 1893 cessent d'être applicables dans les cas visés par la présente loi.

ART. 12. — Lorsque, d'après le certificat médical, la blessure paraît devoir entraîner la mort ou une incapacité permanente absolue ou partielle de travail, le maire transmet immédiatement copie de la déclaration et le certificat médical au juge de paix du canton où l'accident s'est produit.

Dans les vingt-quatre heures de la réception de cet avis, le juge de paix procède à une enquête à l'effet de rechercher :

1° La cause, la nature et les circonstances de l'accident;

2° Les personnes victimes et le lieu où elles se trouvent;

3° La nature des lésions;

4° Les ayants droit pouvant, le cas échéant, prétendre à une indemnité;

5° Le salaire quotidien et le salaire annuel des victimes.

ART. 13. — L'enquête a lieu contradictoirement, dans les formes prescrites par les articles 35, 36, 37, 38 et 39 du Code de procédure civile, en présence des parties intéressées ou celles-ci convoquées d'urgence par lettre recommandée.

Le juge de paix doit se transporter auprès de la victime de l'accident, qui se trouve dans l'impossibilité d'assister à l'enquête.

Lorsque le certificat médical ne lui paraîtra pas suffisant, le juge de paix pourra désigner un médecin pour examiner le blessé.

Il peut aussi commettre un expert pour l'assister dans l'enquête.

Il n'y a pas lieu, toutefois, à nomination d'expert dans les entreprises administrativement surveillées, ni dans celles de l'État, placées sous le contrôle d'un service distinct du service de gestion, ni dans les établissements nationaux où s'effectuent des travaux que la sécurité publique oblige à tenir secrets. Dans ces divers cas, les fonctionnaires chargés de la surveillance ou du contrôle de ces établissements ou entreprises et, en ce qui concerne les exploitations minières, les délégués à la sécurité des ouvriers mineurs, transmettent au juge de paix, pour être joint au procès-verbal d'enquête, un exemplaire de leur rapport.

Sauf les cas d'impossibilité matérielle dûment constatés dans le procès-verbal, l'enquête doit être close dans le plus bref délai et, au plus tard, dans les dix jours à partir de l'accident. Le juge de paix avertit, par lettre recommandée, les parties de la clôture de l'enquête et du dépôt de la minute au greffe, où elles pourront, pendant un délai de cinq jours, en prendre connaissance et s'en faire délivrer une expédition, affranchie du timbre et de l'enregistrement. A l'expiration de ce délai de cinq jours, le dossier de l'enquête est transmis au président du tribunal civil de l'arrondissement.

Art. 14. — Sont punis d'une amende de 1 à 15 francs les chefs d'industrie ou leurs préposés qui ont contrevenu aux dispositions de l'article 11.

En cas de récidive dans l'année, l'amende peut être élevée de 16 à 300 francs.

L'article 463 du Code pénal est applicable aux contraventions prévues par le présent article.

TITRE III

COMPÉTENCE. — JURIDICTION. — PROCÉDURE
REVISION

ART. 15. — Les contestations entre les victimes d'accidents et les chefs d'entreprises, relatives aux frais funéraires, aux frais de maladie ou aux indemnités temporaires, sont jugées en dernier ressort par le juge de paix du canton où l'accident s'est produit, à quelque chiffre que la demande puisse s'élever.

ART. 16. — *En ce qui touche les autres indemnités prévues par la présente loi, le président du tribunal de l'arrondissement convoque, dans les cinq jours, à partir de la transmission du dossier, la victime ou ses ayants droit et le chef d'entreprise qui peut se faire représenter.*

S'il y a accord des parties intéressées, l'indemnité est définitivement fixée par l'ordonnance du président, qui donne acte de cet accord.

Si l'accord n'a pas lieu, l'affaire est renvoyée devant le tribunal qui statue comme en matière sommaire, conformément au titre XXIV du livre II du Code de procédure civile.

Si la cause n'est pas en état, le tribunal surseoit à statuer, et l'indemnité temporaire continuera à être servie jusqu'à la décision définitive.

Le tribunal pourra condamner le chef d'entreprise à payer une provision ; sa décision sur ce point sera exécutoire, nonobstant appel.

ART. 17. — Les jugements rendus en vertu de la

présente loi sont susceptibles d'appel selon les règles du droit commun. Toutefois l'appel devra être interjeté dans les quinze jours de la date du jugement, s'il est contradictoire, et, s'il est par défaut, dans la quinzaine à partir du jour où l'opposition ne sera plus recevable.

L'opposition ne sera plus recevable en cas de jugement par défaut contre partie, lorsque le jugement aura été signifié à personne, passé le délai de quinze jours à partir de cette signification.

La cour statuera d'urgence dans le mois de l'acte d'appel. Les parties pourront se pourvoir en cassation.

Art. 18. — L'action en indemnité prévue par la présente loi se prescrit par un an à dater du jour de l'accident.

Art. 19. — La demande en revision de l'indemnité fondée sur une aggravation ou une atténuation de l'infirmité de la victime ou son décès par suite des conséquences de l'accident, est ouverte pendant trois ans à dater de l'accord intervenu entre les parties ou de la décision définitive.

Le titre de pension n'est remis à la victime qu'à l'expiration des trois ans.

Art. 20. — Aucune des indemnités déterminées par la présente loi ne peut être attribuée à la victime qui a intentionnellement provoqué l'accident.

Le tribunal a le droit, s'il est prouvé que l'accident est dû à une faute inexcusable de l'ouvrier, de diminuer la pension fixée au titre premier.

Lorsqu'il est prouvé que l'accident est dû à la faute inexcusable du patron ou de ceux qu'il s'est substitués dans la direction, l'indemnité pourra être majorée, mais sans que la rente ou le total des rentes allouées puisse dépasser, soit la réduction, soit le montant du salaire annuel.

Art. 21. — Les parties peuvent toujours, après détermination du chiffre de l'indemnité due à la victime de l'accident, décider que le service de la pension sera suspendu et remplacé, tant que l'accord subsistera, par tout autre mode de réparation.

Sauf dans le cas prévu à l'article 3, paragraphe a, la pension ne pourra être remplacée par le paiement d'un capital que si elle n'est pas supérieure à 100 francs.

Art. 22. — Le bénéfice de l'assistance judiciaire est accordé de plein droit, sur le visa du procureur de la République, à la victime de l'accident ou à ses ayants droit, devant le tribunal.

A cet effet, le président du tribunal adresse au procureur de la République, dans les trois jours de la comparution des parties prévue par l'article 16, un extrait de son procès-verbal de non-conciliation; il y joint les pièces de l'affaire.

Le procureur de la République procède comme il est prescrit à l'article 13 (paragraphes 2 et suivants) de la loi du 22 janvier 1851.

Ce bénéfice de l'assistance judiciaire s'étend de plein droit aux instances devant le juge de paix, à tous les actes d'exécution mobilière et immobilière et à toute contestation incidente à l'exécution des décisions judiciaires.

TITRE IV

GARANTIES

ART. 23. — La créance de la victime de l'accident ou de ses ayants droit relative aux frais médicaux, pharmaceutiques et funéraires, ainsi qu'aux indemnités allouées à la suite de l'incapacité temporaire de travail, est garantie par le privilège de l'article 2101 du Code civil et y sera inscrite sous le numéro 6.

Le paiement des indemnités pour incapacité permanente de travail ou accidents suivis de mort est garanti conformément aux dispositions des articles suivants.

ART. 24. — A défaut, soit par les chefs d'entreprise débiteurs, soit par les Sociétés d'assurances à primes fixes ou mutuelles, ou les Syndicats de garantie liant solidairement tous leurs adhérents, de s'acquitter, au moment de leur exigibilité, des indemnités mises à leur charge à la suite d'accidents ayant entraîné la mort ou une incapacité permanente de travail, le paiement en sera assuré aux intéressés par les soins de la Caisse nationale des retraites pour la vieillesse, au moyen d'un fonds spécial de garantie constitué comme il va être dit et dont la gestion sera confiée à ladite Caisse.

ART. 25. — Pour la constitution du fonds spécial de garantie, il sera ajouté au principal de la contribution des patentes des industriels visés par l'article 1er, quatre centimes additionnels. Il sera perçu sur les mines une taxe de cinq centimes par hectare concédé.

Ces taxes pourront, suivant les besoins, être majorées ou réduites par la loi de finances.

Art. 26. — La Caisse nationale des retraites exercera un recours contre les chefs d'entreprise débiteurs, pour le compte desquels des sommes auront été payées par elle conformément aux dispositions qui précèdent.

En cas d'assurance du chef d'entreprise, elle jouira, pour le remboursement de ses avances, du privilège de l'article 2102 du Code civil sur l'indemnité due par l'assureur et n'aura plus de recours contre le chef d'entreprise.

Un règlement d'administration publique déterminera les conditions d'organisation et de fonctionnement du service conféré par les dispositions précédentes à la Caisse nationale des retraites et, notamment, les formes du recours à exercer contre les chefs d'entreprise débiteurs ou les Sociétés d'assurances et les Syndicats de garantie, ainsi que les conditions dans lesquelles les victimes d'accidents ou leurs ayants droit seront admis à réclamer à la Caisse le paiement de leurs indemnités.

Les décisions judiciaires n'emporteront hypothèque que si elles sont rendues au profit de la Caisse des retraites exerçant son recours contre les chefs d'entreprise ou les Compagnies d'assurances.

Art. 27. — Les Compagnies d'assurances mutuelles ou à primes fixes contre les accidents, françaises ou étrangères, sont soumises à la surveillance et au contrôle de l'État et astreintes à constituer des réserves ou cautionnements dans les conditions déterminées par un règlement d'administration publique.

Le montant des réserves ou cautionnements sera affecté par privilège au paiement des pensions et indemnités.

Les Syndicats de garantie seront soumis à la même surveillance, et un règlement d'administration publique déterminera les conditions de leur création et de leur fonctionnement.

Les frais de toute nature résultant de la surveillance et du contrôle seront couverts au moyen de contributions proportionnelles au montant des réserves ou cautionnements et fixés annuellement, pour chaque Compagnie ou Association, par arrêté du Ministre du Commerce.

Art. 28. — Le versement du capital représentatif des pensions allouées en vertu de la présente loi ne peut être exigé des débiteurs.

Toutefois les débiteurs qui désireront se libérer en une fois, pourront verser le capital représentatif de ces pensions à la Caisse nationale des retraites qui établira, à cet effet, dans les six mois de la promulgation de la présente loi, un tarif tenant compte de la mortalité des victimes d'accidents et de leurs ayants droit.

Lorsqu'un chef d'entreprise cesse son industrie, soit volontairement, soit par décès, liquidation judiciaire ou faillite, soit par cession d'établissement, le capital représentatif des pensions à sa charge devient exigible de plein droit et sera versé à la Caisse nationale des retraites. Ce capital sera déterminé au jour de son exigibilité d'après le tarif visé au paragraphe précédent.

Toutefois le chef d'entreprise et ses ayants droit peuvent être exonérés du versement de ce capital, s'ils fournissent des garanties qui seront à déterminer par un règlement d'administration publique.

TITRE V

DISPOSITIONS GÉNÉRALES

Art. 29. — Les procès-verbaux, certificats, actes de notoriété, significations, jugements et autres actes faits ou rendus en vertu et pour l'exécution de la présente loi sont délivrés gratuitement, visés pour timbre et enregistrés gratis, lorsqu'il y a lieu à la formalité de l'enregistrement.

Dans les six mois de la promulgation de la présente loi, un décret déterminera les émoluments des greffiers de justice de paix pour leur assistance et la rédaction des actes de notoriété, procès-verbaux, certificats, significations, jugements, envois de lettres recommandées, extraits, dépôts de la minute d'enquête au greffe, et pour tous les actes nécessités par l'application de la présente loi, ainsi que les frais de transport auprès des victimes et d'enquête sur place.

Art. 30. — Toute convention contraire à la présente loi est nulle de plein droit.

Art. 31. — Les chefs d'entreprise sont tenus, sous peine d'une amende de 1 à 15 francs, de faire afficher, dans chaque atelier, la présente loi et les règlements d'administration relatifs à son exécution.

En cas de récidive dans la même année, l'amende sera de 16 à 100 francs.

Les infractions aux articles 11 et 31 pourront être constatées par les inspecteurs du travail.

Art. 32. — Il n'est point dérogé aux lois, ordonnances et règlements concernant les pensions des ouvriers, apprentis et journaliers appartenant aux ateliers de la Marine et celles des ouvriers immatriculés des manufactures d'armes dépendant du Ministère de la Guerre.

Art. 33. — La présente loi ne sera applicable que trois mois après la publication officielle des décrets d'administration publique, qui doivent en régler l'exécution.

Art. 34. — Un règlement d'administration publique déterminera les conditions dans lesquelles la présente loi pourra être appliquée à l'Algérie et aux colonies.

TAUX DES RENTES

ALLOUÉES D'APRÈS LA JURISPRUDENCE

EN MATIÈRE

D'INFIRMITÉS PERMANENTES PARTIELLES [1]

ABDOMEN

**Faiblesse abdominale, par suite d'une perforation des intestins
interdisant tout travail de force au blessé et l'obligeant à porter d'une façon permanente un bandage ou une ceinture pour
éviter une hernie ventrale :**

Ouvrier :

Salaire de base...... 2.900
Réduction........... 20 $^0/_0$
Rente allouée....... 240 sur 2.400   **10 $^0/_0$**
    et 12,50 sur 500, soit au total 252,50.

C. de *Nancy*, 21 mars 1901.

AFFAIBLISSEMENT

Affaiblissement du côté droit du corps avec surdité :

Voir *Oreille.*

---

1. Les infirmités sont classées pour chaque membre ou organe
atteint, dans l'ordre de gravité en allant autant que possible du moins
grave au plus grave. Quant aux membres ou organes eux-mêmes, ils
sont successivement passés en revue suivant l'ordre alphabétique.

BRAS

1° BRAS GAUCHE

Compression de l'avant-bras gauche ayant entraîné : 1° la tuméfaction de l'extrémité du radius à l'articulation du poignet ; 2° l'impossibilité partielle de la flexion de la main sur l'avant-bras :

Ouvrier :

Salaire de base......	1.350
Réduction...........	25 %
Rente allouée.......	168.75

    12,50 %

Trib. civ. de *Lille* (1re ch.), 29 novembre 1900.

Diminution de force du bras gauche :

Ouvrier employé dans une usine électrique :

Salaire de base......	1.500
Réduction...........	25 %
Rente allouée........	195

    12,50 %

Trib. civ. de *Chalon-sur-Saône*, 15 mai 1900.

Fracture d'une côte et du bras gauche au tiers inférieur du cubitus (raideur et diminution de l'étendue des mouvements du bras) :

Ouvrier :

Salaire de base......	1.850
Réduction...........	25 %
Rente allouée........	231

    12,50 %

Rente réduite par la Cour à 150 francs, par suite de la faute inexcusable de la victime, qui était en état d'ivresse au moment de l'accident.

C. de *Paris* (7e ch.), 24 novembre 1900, infirme jugement du Trib. civ. de la *Seine*, 23 juin 1900.

Mutilation partielle de la main et de l'avant-bras gauche, par suite d'une plaie contuse à l'avant-bras gauche face dorsale avec arrachement et fracture compliquée du radius :

Ouvrier nettoyeur de meules à broyer :

Salaire de base......	918	
Réduction...........	50 $^0/_0$	
Rente allouée........	228,50	**25** $^0/_0$

Trib. civ. de *Besançon*, 21 décembre 1899.

Résection de l'extrémité inférieure du cubitus et des parties molles de l'avant-bras gauche :

Engeineur habituellement occupé à des charrois :

Salaire de base......	1.000	
Réduction...........	50 $^0/_0$	
Rente allouée........	250	**25** $^0/_0$

Trib. civ. de *Valence* (2ᵉ ch.), 27 avril 1900.

Perte de l'usage de l'avant-bras gauche :

Ouvrier apprêteur :

Salaire de base......	1.050	
Réduction...........	60 $^0/_0$	
Rente allouée........	315	**30** $^0/_0$

Jugement du Trib. civ. de *Lille*, 2 novembre 1900.

Impotence absolue du bras gauche :

Ouvrier employé dans une fabrique de rubans :

Salaire de base......	1.281	
Réduction...........	66,66 $^0/_0$	
Rente allouée.......	420	**33,33** $^0/_0$

Trib. civ. de *Saint-Étienne* (1ʳᵉ ch.), 27 novembre 1900.

Perte de l'usage du bras gauche par suite d'une fracture double de l'humérus gauche, d'une fracture double de l'avant-bras et d'une fracture des métacarpiens de la main gauche :

Ouvrier graisseur dans une fabrique d'automobiles :

Salaire de base......	906	
Réduction..........	71,74 %	
Rente allouée........	325	**35,87 %**

Trib. civ. de *Péronne*, 16 janvier 1900.

Amputation de l'avant-bras gauche :

Ouvrier agricole chauffeur engreneur d'une batteuse à vapeur :

Salaire de base......	1.050	
Réduction..........	50 %	
Rente allouée........	262,50	**25 %**

C. de *Douai* (1re ch.), 30 mai 1900, confirme jugement du Trib. civ. de *Cambrai*, 25 janvier 1900.

Amputation de l'avant-bras gauche :

Ouvrier papetier :

Salaire de base......	675	
Réduction..........	80 %	
Rente allouée........	270	**40 %**

Trib. civ. de *Lille*, 8 mars 1900.

Amputation de l'avant-bras gauche :

Ouvrier ajusteur :

Salaire de base......	1.650	
Réduction..........	60 %	
Rente allouée........	490	**30 %**

Trib. civ. de *Versailles* (2e ch.), 22 février 1901.

Amputation du bras gauche :

Ouvrier papetier :

> Salaire de base...... 909,30
> Réduction.......... 50 %
> Rente allouée....... 227,33   **25** %

Trib. civ. de *la Roche-sur-Yon*, 31 juillet 1900.

Amputation du bras gauche :

Ouvrier d'usine :

> Salaire de base...... 1.770
> Réduction.......... 50 %
> Rente allouée....... 442,50   **25** %

Trib. civ. de la *Seine*, 28 septembre 1900.

Amputation du bras gauche et ablation en partie de l'omoplate correspondante :

Ouvrière agricole employée à une batteuse :

> Salaire de base...... 365
> Réduction.......... 75 %
> Rente allouée....... 136,87   **37,50** %

Trib. civ. de *Lavaur*, 14 février 1900.

2° BRAS DROIT

Blessure à l'avant-bras droit :

Ouvrier occupé comme manœuvre dans une scierie :

> Salaire de base...... 675
> Réduction.......... 49,92 %
> Rente allouée....... 168,50   **24,96** %

(réduite de moitié par suite de reprise du travail).

Trib. civ. de *Mirande*, 19 juillet 1900.

Affaiblissement du bras droit :

Ouvrier occupé à décharger du bois :

Salaire de base......	987,85	
Réduction............	10 $^0/_0$	
Rente allouée........	49,40	**5 $^0/_0$**

Dans la circonstance le Tribunal a tenu compte de la faute inexcusable de l'ouvrier.

Trib. civ. de *Saint-Étienne*, 23 juillet 1900.

Fracture de la clavicule droite. — Saillie d'une partie osseuse :

Manœuvre :

Salaire de base......	900	
Réduction..........	25 $^0/_0$	
Rente allouée........	112,50	**12 $^0/_0$**

C. d'appel de *Montpellier*, 27 mars 1901, confirme jugement du Trib. de *Millau*, 28 décembre 1900.

Gêne du mouvement de l'épaule et affaiblissement du bras droit :

Ouvrier employé à la Compagnie de navigation H. G. L. M.

Salaire de base......	1.874,65	
Réduction...........	64,42 $^0/_0$	
Rente allouée........	603,88	**32,21 $^0/_0$**

Trib. civ. de *Louviers*, 15 juin 1900.

Cal volumineux au niveau de la fracture du bras droit avec gêne dans le mouvement de flexion de l'avant-bras sur le bras. — Impossibilité d'exécuter le mouvement de rotation de l'avant-bras et léger œdème de la main droite :

Ouvrier :

Salaire de base......	1.431	
Réduction..........	47,52 $^0/_0$	
Rente allouée........	340	**23,76 $^0/_0$**

Trib. civ. d'*Épinal*, 31 mai 1900.

Fracture de l'humérus droit :

Ouvrier d'entreprise de voie ferrée :
Salaire de base...... 1.980
Réduction.......... 25 $^0/_0$
Rente allouée........ 247,50   **12,50** $^0/_0$

Trib. civ. du *Havre*, 11 janvier 1901.

Humérus droit fracturé. — Fonctions du bras incomplètes. — Gêne fonctionnelle du bras :

Cocher :

Salaire de base...... 1.620
Réduction.......... 20 $^0/_0$
Rente allouée........ 162   **10** $^0/_0$

Trib. civ. de *Coulommiers*, 28 décembre 1900.

Déformation du membre supérieur du bras droit par déviation de l'axe de l'avant-bras. — Fonctionnement de l'articulation du coude, défectueuse par suite de la limitation du mouvement d'extension. — Mouvements de pronation et de supination également défectueux :

Ouvrier :

Salaire de base...... 1.149
Réduction.......... 30 $^0/_0$
Rente allouée........ 172,35   **15** $^0/_0$

Trib. civ. de *Saint-Quentin*, 6 juillet 1900.

Perte partielle de l'usage du bras droit avec impossibilité de tout mouvement d'élévation un peu violent :

Ouvrier :

Salaire de base...... 960,75
Réduction.......... 72,84 $^0/_0$
Rente allouée........ 350   **36,42** $^c/_0$

Trib. civ. de *Montdidier*, 23 mai 1901.

Fracture de l'extrémité inférieure de l'avant-bras droit vicieusement consolidé (apophyse styloïde du cubitus détachée avec impossibilité de coaptation) :

Maçon :

Salaire de base...... 1.200
Réduction........... 10 %
Rente allouée........ 60   **5 %**
fixée à 120 francs pour la première année.

Trib. civ. de *Chambéry*, 29 novembre 1900.

Fracture du cubitus avec impossibilité de fléchir complètement les doigts de la main droite :

Charretier :

Salaire de base...... 900
Réduction........... 67,32 %
Rente allouée........ 303   **33,66 %**

Trib. civ. de *Clermont*, 8 août 1900.

Fracture de la clavicule et violent traumatisme de l'articulation scapulo-humérale, ayant occasionné une ankylose partielle de cette articulation :

Chalandier :

Salaire de base....... 1.596,95
Réduction........... 33,33 %
Rente allouée........ 266,15 **16,66 %**

Trib. civ. du *Havre*, 10 janvier 1901.

Perte des deux tiers de l'avant-bras droit :

Ouvrier :

Salaire de base......
Réduction........... 75 %
Rente allouée........   **37,50 %**

C. de *Grenoble*, 5 novembre 1900.

Perte de l'usage de la main et de l'avant-bras du côté droit :

Employé à la Compagnie P.-L.-M. :

Salaire de base......	1.100	
Réduction..........	60 %	
Rente allouée........	330	**30 %**

C. de *Paris* (7e ch.), 2 mars 1901, infirme jugement du Trib. civ. de *Fontainebleau* du 11 juillet 1900.

Amputation de l'avant-bras droit :

Ouvrier travaillant dans une sucrerie :

Salaire de base......	1.300	
Réduction..........	61,44 %	
Rente allouée........	400	**30,72 %**

C. de *Douai* (2e ch.), 22 février 1900, infirme jugement du Trib. civ. de *Valenciennes*, 28 décembre 1899.

Amputation de l'avant-bras droit :

Manœuvre au service de constructeurs :

Salaire de base......	1.569	
Réduction..........	70 %	
Rente allouée........	600	**35 %**

Trib. civ. de *Lille*, 8 novembre 1900.

Amputation de l'avant-bras droit :

Ouvrier :

Salaire de base......	1.300	
Réduction..........	76,92 %	
Rente allouée........	500	**38,46 %**

C. de *Paris* (7e ch.), 23 juin 1900, confirme jugement du Trib. civ. de *Fontainebleau*, 22 mars 1900.

Perte du bras droit :

Apprenti :

Salaire de base...... 831,90
Réduction........... 72,12 $^0/_0$
Rente allouée........ 300 au lieu   **36,06** $^0/_0$
de 375 francs accordés par le tribunal de Lille.

C. de *Douai* (1re ch.), 20 mai 1901, infirme jugement du Trib. civ. de *Lille* du 31 janvier 1901.

Perte du bras droit :

Ouvrier :

Salaire de base...... 900
Réduction........... 70 $^0/_0$
Rente allouée........ 315   **35** $^0/_0$

Convertie en un capital égal à 3 fois la rente, soit de 945 francs à raison de la qualité d'étranger de la victime.
C. de *Douai* (1re ch.), 14 novembre 1900.

Perte complète du bras droit :

Ouvrier :

Salaire de base...... 900
Réduction........... 90 $^0/_0$
Rente allouée........ 405   **45** $^0/_0$

C. de *Poitiers*, 28 décembre 1899, infirme jugement du Trib. civ. de *Bressuire*, 15 novembre 1899.

Amputation du bras droit :

Ouvrier aux mines de Bruay :

Salaire de base...... 1.705,85
Réduction........... 33 $^0/_0$
Rente allouée........ 284,30   **16,50** $^0/_0$

Trib. civ. de *Béthune*, 8 mars 1900.

Perte du bras droit :

Ouvrier engreneur occupé au fonctionnement d'une machine agricole mue par la vapeur :

Salaire de base...... 750
Réduction.......... 90 $^0/_0$
Rente allouée........ 337,50   **45 $^0/_0$**

C. de *Bordeaux* (1re ch.), 5 décembre 1900, infirme Trib. civ. de *Libourne*, 29 décembre 1900.

Amputation totale du bras droit :

Engraisseur de machine à battre :

Salaire de base...... 721,35
Réduction.......... 75 $^0/_0$
Rente allouée....... 270   **37,50 $^0/_0$**

Trib. civ. de *la Châtre*, 1er février 1900.

Perte du bras droit. — Arrachement jusqu'au-dessus du tiers supérieur :

Ouvrier :

Salaire de base...... 900
Réduction.......... 50 $^0/_0$
Rente allouée........ 150 mais réduite   **25 $^0/_0$**
à 100 francs par suite de la faute inexcusable de l'ouvrier.

Trib. civ. de *Lille*, 18 février 1900.

Arrachement du bras droit :

Mécanicien de la Compagnie des Bateaux-Parisiens :

Salaire de base...... 4.400
Réduction........... 79,20 $^0/_0$
Rente allouée....... 1.150   **39,60 $^0/_0$**

Trib. civ. de la *Seine* (4e ch.), 24 mars 1900.

Amputation complète du bras droit pratiquée au ras de l'épaule :

Charretier :

Salaire de base......	1.080	
Réduction...........	75 %	
Rente allouée........	405	**37,50 %**

C. d'*Orléans*, 26 juillet 1900, infirme jugement du Trib. civ. de *Tours*, 6 mars 1900.

3° DIVERS

Plaies au bras avec cicatrisation :

Ouvrier papetier :

Salaire de base.......	659,31	
Réduction............	75,82 %	
Rente allouée.........	250	**37,91 %**

C. de *Limoges*, 16 juillet 1900, confirme jugement du Trib. civ. de *Rochechouart*, 18 mai 1900.

Atrophie et raccourcissement de 2 centimètres de longueur et de 2 centimètres de circonférence de l'humérus :

Apprenti menuisier, âgé de quatorze ans :

Salaire de base......	729	
Réduction..........	50 %	
Rente allouée........	182,25	**25 %**

Trib. civ. de *Lorient*, 3 juillet 1900.

Déviation marquée de la main en dehors, avec saillie très prononcée du cubitus et une certaine ankylose de l'articulation de l'épaule :

Ouvrier employé à la Compagnie d'Orléans :

Salaire de base......	1.370,58	
Réduction..........	68 %	
Rente allouée........	465	**34 %**

Trib. civ. de *Bordeaux*, 23 juillet 1900.

BRAS ET JAMBE

Amputation du bras droit et partie de jambe consolidée :

Charretier :

Salaire de base......	900	
Réduction..........	80 %	
Rente allouée........	360	**40 %**

Trib. civ. de *Mayenne*, 23 mars 1900.

COLONNE VERTÉBRALE

Lésion à la colonne vertébrale, par suite d'efforts :

Ouvrier occupé à des transports :

Salaire de base......	1.800	
Réduction..........	44,44 %	
Rente allouée........	400	**22,22 %**

Réduite au cinquième, soit à 80 francs, par suite de l'état antérieur de la victime, atteinte d'une maladie chronique de la région lombaire.

Trib. civ. de *Limours*, 13 novembre 1900.

CRANE

Voir *Tête*.

CUISSE

Fracture de la cuisse ayant entraîné un raccourcissement et une certaine faiblesse du membre inférieur :

Ouvrier terrassier :

Salaire.............	1.127	
Réduction..........	20 %	
Rente allouée........	112	**10 %**

C. de *Douai*, 26 février 1901, confirme jugement du Trib. civ. de *Lille*, 9 août 1900.

Luxation irréductible de l'articulation coxo-fémorale :

Charretier :

Salaire de base......　1.320
Réduction..........　75 %
Rente allouée........　495　　　　　**37,50 %**

Trib. civ. de *Narbonne*, 25 avril 1901.

Amputation de la jambe au-dessus du genou :

Ouvrier agricole batteur employé à l'engrenage des gerbes :

Salaire de base......　800
Réduction..........　43,75 %
Rente allouée........　175　　　　　**21,87 %**

Trib. civ. de *Paimbœuf*, 9 mars 1900.

Amputation de la cuisse au tiers inférieur :

Ouvrière agricole occupée à délier des gerbes de blé sur la plate-forme d'une batteuse mue par la vapeur :

Salaire de base......　300
Réduction..........　50 %
Rente allouée........　75　　　　　**25 %**

Trib. civ. de *Toulouse*, 29 décembre 1899.

Amputation de la jambe pratiquée au sommet de la cuisse, à 8 centimètres de l'aine :

Ouvrier plombier :

Salaire de base......　1.320
Réduction..........　82,94 %
Rente allouée........　547,50　　　　　**41,47 %**

Trib. civ. d'*Auxerre*, 14 février 1900.

CUISSE GAUCHE

Fracture de la cuisse gauche ayant provoqué un raccourcissement de 2 centimètres :

Portefaix :

Salaire de base......	1.062	
Réduction...........	50 %	
Rente allouée........	265,55	**25 %**

Trib. civ. de *Montpellier*, 13 juillet 1900.

Cuisse gauche cassée; raccourcissement et faiblesse de ce membre :

Ouvrier :

Salaire de base......	1.127	
Réduction...........	20 %	
Rente allouée........	112	**10 %**

Trib. civ. de *Lille*, 9 août 1900, confirmé par arrêt de la C. de *Douai* du 26 février 1901.

Amputation de la jambe gauche à l'union du tiers inférieur et du tiers moyen de la cuisse :

Ouvrier au service d'une entreprise de battage :

Salaire de base......	900	
Réduction...........	66,66 %	
Rente allouée........	300	**33,33 %**

Trib. civ. d'*Angoulême*, 23 janvier 1901.

Amputation au tiers supérieur de la cuisse gauche :

Conducteur d'omnibus :

Salaire de base......	1.500	
Réduction...........	65 %	
Rente allouée........	487,50	**32,50 %**

Trib. civ. de *Lyon*, 25 mars 1900.

Amputation de la jambe au tiers supérieur de la cuisse gauche :

Conducteur au service de la Compagnie des Omnibus et Tramways de Lyon :

Salaire de base......	1.500	
Réduction............	65 %	
Rente allouée........	487,50	**32,50 %**

Trib. civ. de *Lyon*, 27 mars 1900.

CUISSE DROITE

Amputation de la cuisse droite :

Charretier :

Salaire de base......	1.332	
Réduction...........	70 %	
Rente allouée........	466,20	**35 %**

Trib. civ. de *Montpellier* (1re ch.), 28 juillet 1900, confirmé par arrêt de la C. de *Montpellier* (2e ch.), 13 décembre 1900.

Amputation de la jambe droite au-dessus du genou :

Aiguilleur-chargeur de la Compagnie de l'Est :

Salaire de base......	1.300	
Réduction...........	75 %	
Rente allouée........	487,50	**37,50 %**

C. de *Besançon* (1re ch.), 6 mai 1900, infirme jugement du Trib. civ. de *Lure*, 21 mars 1900.

Amputation de la jambe droite au-dessus du genou :

Manœuvre :

Salaire de base......	1.500	
Réduction...........	90 %	
Rente allouée........	675	**45 %**

C. de *Bordeaux* (4e ch.), 29 juin 1900, infirme jugement du Trib. civ. de *Bordeaux*, 28 mars 1900.

Amputation de la jambe droite ne laissant subsister qu'un infime moignon de cuisse :

Brigadier poseur à la Compagnie des Tramways :

Salaire de base......	1.741,15	
Réduction..........	95 $^{0}/_{0}$	
Rente allouée........	827,05	47,50 $^{0}/_{0}$

Trib. civ. de *Nantes*, 7 mai 1900.

Atrophie musculaire de la cuisse, avec fracture comminutive de l'extrémité inférieure du fémur droit, etc. :

Voir *Jambe*.

DENTS

Perte des dents de la mâchoire supérieure :

Ouvrier au service d'une entreprise de camionnage :

Rente allouée........	Néant	0 $^{0}/_{0}$

Trib. civ. de la *Seine* (4ᵉ ch.), 4 août 1900.

DOIGTS

I. — MAIN GAUCHE

1º UN DOIGT

Écrasement d'un doigt entraînant l'ablation de deux phalanges de ce doigt de la main gauche :

Terrassier :

Salaire de base......	1.050	
Réduction..........	12 $^{0}/_{0}$	
Rente allouée........	63	6 $^{0}/_{0}$

Trib. civ. de *Narbonne*, 7 juin 1900.

A. — *Petit doigt*

**Petit doigt de la main gauche écrasé par la roue d'un chariot.
— Articulation de la première phalange, celles de la deuxième
et de la troisième en partie ankylosées. — Extrémité palmaire
présentant un manque de tissus de 1 centimètre et demi environ et la phalangette étant à fleur de cicatrice. — Sensibilité
ainsi que facultés de flexion et d'extension amoindries. — Doigt
un peu atrophié et offrant une légère incurvation dans le sens
de la flexion :**

> *Ouvrier :*
>
> Salaire de base......   1.413,33
> Réduction..........   6 %
> Rente allouée........   42,39   **3** %

C. de *Dijon*, 3 juillet 1900, confirme jugement du Trib. civ. de
Chalon-sur-Saône, 20 mars 1900.

Désarticulation du petit doigt gauche :

> *Ouvrier de la Société pour la fabrication des appareils télé-
> phoniques et électriques :*
>
> Salaire de base......   2.310
> Réduction..........   25,96 %
> Rente allouée........   300   **12,98** %

Trib. civ. de la *Seine*, 6 octobre 1900.

Perte du petit doigt de la main gauche :

> *Ouvrier mineur :*
>
> Salaire de base......   1.500
> Réduction..........   14,26 %
> Rente allouée........   107   **7,13** %

Trib. civ. de *Brioude*, 7 juin 1900.

Ablation du petit doigt de la main gauche :

Ouvrier menuisier :

Salaire de base......	1.282,30	
Réduction....... ...	12,50 %	
Rente allouée........	80	**6,25** %

Trib. civ. de *Moulins*, 31 mai 1900.

B. — *Doigt annulaire*

Annulaire de la main gauche écrasé, raideur rendant difficile le mouvement de flexion de la troisième phalange sur la deuxième :

Manœuvre :

Salaire de base......	1.200	
Réduction..........	3,33 %	
Rente allouée........	20	**1,66** %

Trib. civ. de *Gex*, 13 mars 1901.

Raideur dans l'articulation phalangetto-génienne du doigt annulaire de la main gauche :

Ouvrier :

Rente allouée........	Néant	**0** %

Trib. civ. de *Marseille*, 28 décembre 1900.

Ecrasement de l'extrémité de l'annulaire de la main gauche. — Déformation de la dernière phalange et abolition des mouvements de flexion :

Ouvrier maçon :

Salaire de base......	1.600	
Réduction..........	10 %	
Rente allouée........	80	**5** %

Trib. civ. de la *Seine* (4e ch.), 26 mai 1900.

Amputation de l'annulaire de la main gauche :

Ouvrier ferblantier :

Salaire de base......	1.500	
Réduction..........	10 %	
Rente allouée........	75	**5 %**

Trib. civ. de *Nantes*, 31 juillet 1900.

C. — *Doigt médius*

Ecrasement de la première phalange du médius de la main gauche :

Journalier :

Salaire de base......	750	
Réduction..........	5,32 %	
Rente allouée........	20	**2,60 %**

Jugement du Trib. civ. de *Lille*, 23 février 1901.

Raideur du médius de la main gauche :

Ouvrier au service d'un entrepreneur :

Salaire de base......	450	
Réduction..........	15 %	
Rente allouée........	33,75	**7,50 %**

Trib. civ. de *Saint-Bricuc*, 29 mars 1900.

Amputation du doigt médius de la main gauche, au niveau du tiers postérieur de la deuxième phalange :

Ouvrier :

Salaire de base......	1.221,41	
Réduction..........	8 %	
Rente allouée........	48,45	**4 %**

Trib. civ. d'*Angers*, 6 août 1900.

Ablation du médius de la main gauche à la hauteur de la deuxième phalange :

Ouvrier scieur :

Salaire de base......	1.233	
Réduction..........	19,46 $^o/_o$	
Rente allouée........	120	**9,73 $^o/_o$**

Trib. civ. de *Nancy*, 14 février 1900.

D. — *Doigt index*

Accident à l'index de la main gauche :

Ouvrière travaillant au fondoir marseillais :

Rente allouée........　Néant　　　**0 $^o/_o$**

Trib. civ. de *Marseille*, 14 décembre 1900.

Le Tribunal rejette la demande d'allocation de rente viagère, par le motif que l'ouvrière a été reprise par son patron après l'accident avec un salaire égal à celui qu'elle touchait avant l'accident.

Gêne dans l'articulation de l'index de la main gauche :

Portefaix :

Rente allouée........　Néant　　　**0 $^o/_o$**

C. d'*Aix* (2e ch.), 18 mai 1900, confirme jugement du Trib. civ. de *Tarascon*, 23 février 1900.

Rétractation musculaire de l'index de la main gauche :

Ouvrière employée à la fabrication de vis dans une usine :

Salaire de base......	572,10	
Réduction..........	7 $^o/_o$	
Rente allouée........	20,02	**3,50 $^o/_o$**

C. de *Besançon*, 4 juillet 1900, infirme jugement du Trib. civ. de *Lure*, 11 mai 1900.

Ankylose de l'index gauche :

Ouvrier :

Rente allouée........   Néant   **0** %

C. de *Nancy*, 11 janvier 1901.

L'arrêt est motivé par cette considération que, lorsque, malgré des traces physiques, telles que l'ankylose de l'index gauche, l'ouvrier n'éprouve aucune gêne dans l'exercice de son travail habituel et continue à gagner chez le même patron ou chez un tiers le même salaire qu'auparavant, il ne saurait avoir droit à une rente pour cause d'incapacité permanente partielle.

Ankylose de l'articulation phalango-phalangienne de l'index gauche. — Raideur de ce doigt :

Menuisier :

Salaire de base......   1.308,40
Réduction...........   2,50 %
Rente allouée........   16   **1,25** %

Trib. civ. de *Lille* (1re ch.), 17 décembre 1900.

Extrémité de l'index gauche arraché au niveau du sillon unguéal :

Ouvrier ajusteur :

Rente allouée........   Néant   **0** %

Trib. civ. de *Toulon*, 23 janvier 1900.

Perte d'une partie de la troisième phalange et ankylose à peu près complète de la deuxième et troisième articulation de l'index de la main gauche :

Ouvrier employé dans une huilerie :

Salaire de base......   900
Réduction...........   8,88 %
Rente allouée........   40   **4,44** %

Trib. civ. de *Marseille*, 30 mai 1900.

Perte de la troisième phalange de l'index gauche :

Ouvrier mineur :

Salaire de base......	1.286,30	
Réduction..........	11,66 %	
Rente allouée........	75	5,83 %

Trib. civ. de *Valenciennes*, 3 mai 1900.

Perte complète de la troisième phalange de l'index de la main gauche :

Ouvrier scieur :

Salaire de base......	1.200	
Réduction..........	10 %	
Rente allouée........	60	5 %

Trib. civ. de *Toulouse*, 26 avril 1901.

Section de l'index de la main gauche réduit à la première moitié de la première phalange, la deuxième partie de cette phalange et la deuxième et troisième phalanges, manquant en totalité :

Tisseur en sparterie :

Salaire de base......	1.440	
Réduction..........	12 %	
Rente allouée........	86,40	6 %

Trib. civ. de *Lyon*, 19 juillet 1900.

Ablation de la première phalange de l'index gauche avec raccourcissement du reste du doigt :

Maître menuisier :

Salaire de base......	2.000	
Réduction..........	10 %	
Rente allouée........	100	5 %

Trib. civ. de *Lyon*, 4 avril 1900.

Perte du doigt indicateur gauche :

Ouvrier tourneur :

Salaire de base......　　　»
Réduction...........　　10 à 12 %
　　d'après le rapport d'expert.
Rente allouée........　Néant　　　　　**0 %**

Trib. civ. de *Marseille* (2ᵉ ch.), 21 décembre 1900.

Le Tribunal rejette la demande d'allocation de rente par ce
motif que si, d'après le rapport d'expert, l'ouvrier a perdu 10
à 12 % de ses aptitudes professionnelles, en fait le salaire n'a
subi aucune réduction par suite de l'accident.

E. — *Doigt pouce*

**Perte d'une phalange du pouce de la main gauche avec possibi-
lité du mouvement d'opposition du pouce aux autres doigts :**

*Ouvrier âgé de quinze ans, employé à jeter des galettes de
terre dans une presse à pannes :*

Salaire de base......　450
Réduction...........　20 %
Rente allouée........　45　　　　　**10 %**

Trib. civ. de *Saint-Omer*, 15 mars 1900.

**Ankylose presque complète de la phalange du pouce de la main
gauche avec impossibilité de produire le mouvement d'opposition :**

Charretier :

Salaire de base......　1.000
Réduction...........　25 %
Rente allouée........　125　　　　　**12,50 %**

Trib. civ. de *Lunéville*, 3 mai 1900.

Ankylose de la dernière phalange du pouce gauche :

Ouvrier mineur occupé à la construction du Métropolitain :

Salaire de base......	2.400	
Réduction............	15 %	
Rente allouée........	180	**7,50 %**

C. de *Paris* (7ᵉ ch.), 23 juin 1900, infirme jugement du Trib. civ. de la *Seine* (4ᵉ ch.), 13 janvier 1900.

Section des tendons extenseurs du pouce de la main gauche :

Terrassier :

Salaire de base......	1.300	
Réduction..........	30,76 %	
Rente allouée........	200	**15,38 %**

C. de *Nancy*, 15 janvier 1901.

Perte de l'extrémité du pouce gauche :

Ouvrier mécanicien :

Rente allouée........	Néant	**0 %**

Trib. civ. de la *Seine* (5ᵉ ch.), 16 janvier 1901.

Amputation de la première phalange du pouce gauche :

Ouvrier tourneur :

Salaire de base......	3.319	
(2.400 + 919)		
Réduction..........	15 %	
Rente allouée........	197,24	**7,50 %**

Jugement Trib. civ. *Seine*, 2 février 1901.

Amputation de la deuxième phalange du pouce gauche :

*Ouvrier employé au nettoyage d'une machine dite boudi-
neuse :*

Salaire de base......	825	
Réduction..........	24,50 %	
Rente allouée........	103,12	**12,25 %**

Rente portée à 150 francs, par suite de la faute inexcusable
du patron.
Trib. civ. de *Valenciennes*, 3 mai 1900.

**Perte partielle de la phalangette du pouce gauche avec raideur
et atrophie partielle du doigt :**

Apprenti tourneur :

Salaire de base......	900	
Réduction..........	10 %	
Rente allouée........	45	**5 %**

Trib. civ. de *Saint-Étienne* (1re ch.), 13 mai 1901.

Perte de la deuxième phalange du pouce de la main gauche :

Ouvrier mineur :

Salaire de base......	1.158	
Réduction..........	10,80 %	
Rente allouée........	62,60	**4,40 %**

Trib. civ. de *Mende*, 16 mars 1900.

**Arrachement des deux phalanges du pouce de la main gauche et
enlèvement de la tête du premier métacarpien de ce pouce :**

*Ouvrier préposé à la conduite d'une raboteuse à bois et
occupé à façonner des fragments de madrier :*

Salaire de base......	900	
Réduction..........	60 %	
Rente allouée........	270	**30 %**

Trib. civ. de *Lectoure*, 3 janvier 1900.

Perte de la dernière phalange du pouce de la main gauche :

Homme d'équipe à la Compagnie des chemins de fer du Midi :

    Salaire de base......   1.080
    Réduction...........   40 %
    Rente allouée........   216   20 %

Trib. civ. de *Carcassonne*, 23 novembre 1900.

Perte du pouce gauche :

Ouvrier d'usine :

    Salaire de base......   795
    Réduction...........   16 %
    Rente allouée........   60   8 %

Trib. civ. de *Valence*, 9 juillet 1900.

Amputation du pouce de la main gauche :

Ouvrier maçon :

    Salaire de base......   1.440
    Réduction...........   25 %
    Rente allouée........   180   12,50

C. d'appel de *Paris* (7e ch.), 1e décembre 1900, réformant un
jugement du Trib. civ. de la *Seine* du 2 avril 1900, qui avait alloué
273 fr. 75 de rente calculée sur un salaire de 1.825 francs.

2º DEUX DOIGTS

**Petit doigt de la main gauche ankylosé et annulaire de cette
main gravement écorché :**

Ouvrier modeleur :

Reprise du travail dans la même usine avec le même salaire.

    Rente allouée........   Néant   0 %

Trib. civ. de *Montluçon*, 18 mai 1900.

Ecrasement de la troisième phalange du médius et de l'annulaire de la main gauche :

Ouvrier ajusteur :

Salaire de base......	1.050	
Réduction...........	37,50 %	
Rente allouée.........	197	**18,75** %

Trib. civ. de *Lyon*, 24 février 1900.

Ankylose de l'index et perte de la deuxième phalange du médius de la main gauche :

Ouvrier préposé au fonctionnement d'une raboteuse :

Rente allouée........	Néant	**0** %

C. de *Nancy*, 9 mars 1900. La Cour donne pour motif la rentrée de l'ouvrier chez son patron au même salaire.

Amputation des deux dernières phalanges du médius et de l'annulaire de la main gauche :

Contremaître au service d'une entreprise de travaux publics :

Salaire de base......	2.400	
Réduction...........	10 %	
Rente allouée........	120	**5** %

Trib. civ. de *Nancy*, 2 juillet 1900.

Amputation des phalanges extrêmes du médius et de la dernière phalange de l'index gauche :

Garde-moulin :

Salaire de base......	951	
Réduction...........	20 %	
Rente allouée........	95,10	**10** %

Trib. civ. de *Bourg*, 8 août 1900.

Amputation de l'auriculaire et perte partielle de l'annulaire de la main gauche :

Maître scieur :

        Salaire de base......   1.368
        Réduction..........   33,32 $^0/_0$
    ·   Rente allouée........   228   **16,66** $^0/_0$

C. de *Besançon* (1re ch.), 14 février 1900, confirme jugement du Trib. civ. de *Dôle*, 29 décembre 1899.

Amputation de deux doigts de la main gauche :

Ouvrier estampeur :

        Salaire de base......   2.490
        Réduction..........   34,80 $^0/_0$
        Rente allouée........   435   **17,40** $^0/_0$

Trib. civ. de la *Seine* (4e ch.), 7 avril 1900.

Le Tribunal ne semble pas, dans l'espèce, avoir tenu compte de l'article 2 de la loi du 9 avril 1898 (2e alin.), aux termes duquel les ouvriers dont le salaire annuel dépasse 2.400 ne bénéficient des dispositions nouvelles que jusqu'à concurrence de cette somme. Pour le surplus, ils n'ont droit qu'au quart des rentes ou indemnités stipulées par l'article 3.

Amputation des deux premières phalanges de l'index et du médius de la main gauche :

Apprenti scieur :

        Salaire de base......   660
        Réduction..........   33,33 $^0/_0$
        Rente allouée........   110   **16,66** $^0/_0$

Trib. civ. de *Saint-Omer*, 8 février 1900.

Amputation du médius de la main gauche et de l'index à la hauteur de la moitié du doigt :

Ouvrier chargé de retirer et de placer les planches d'une scie circulaire :

    Salaire de base...... 540
    Réduction........... 30 %
    Rente allouée....... 84   **15 %**

C. de *Dijon*, 25 février 1901, infirme jugement du Trib. civ. de *Châtillon-sur-Seine*, 31 octobre 1900.

La Cour rejette l'allocation de la rente allouée, l'accident ayant été occasionné à l'ouvrier au cours d'un travail dont il n'était pas chargé (graissage de la scie).

Perte du pouce et de l'index de la main gauche :

Ouvrier agricole (moteur inanimé) :

    Salaire de base...... 1.000
    Réduction........... 50 %
    Rente allouée........ 250   **25 %**

C. de *Bourges*, 27 février 1900, infirme jugement du Trib. civ. de *Sancerre* du 26 décembre 1899.

3° TROIS DOIGTS

Ankylose de trois doigts de la main gauche après perte antérieure de l'usage de la main droite :

Débourreur dans un atelier de filature :

    Salaire de base...... 1.060
    Réduction........... 60 %
    Rente allouée........ 318   **30 %**

Trib. civ. de *Lille*, 17 décembre 1900.

Amputation de la dernière phalange du médius de la main gauche avec écrasement de l'extrémité du doigt indicateur et de l'annulaire avec chute des ongles pour ces derniers doigts :

Ouvrier :

Salaire de base......	1.980	
Réduction...........	33,32 %	
Rente allouée........	330	**16,66 %**

Trib. civ. de la *Seine*, 19 novembre 1900.

Amputation de la première phalange de l'index et de deux phalanges du médius et de l'annulaire de la main gauche :

Ouvrier d'atelier :

Salaire de base......	525	
Réduction...........	10,18 %	
Rente allouée........	26,75	**5,09 %**

Trib. civ. de *Vervins*, 5 janvier 1900.

Ablation de deux phalanges de l'index et de deux phalanges du médius de la main gauche avec ankylose des articulations du pouce, mais possibilité de flexion sur la paume de la main :

Ouvrier déchargeur :

Salaire de base......	936	
Réduction...........	30 %	
Rente allouée........	140,40	**15 %**

Trib. civ. de *Toulouse*, 29 décembre 1899.

Amputation de deux phalanges au médius et à l'auriculaire et d'une phalange du pouce de la main gauche :

Ouvrier chargé de la conduite d'une grosse meule à broyer la tuile :

Salaire de base......	732	
Réduction...........	49,86 %	
Rente allouée........	182,50	**24,93 %**

Trib. civ. de *Neufchâteau*, 23 novembre 1899.

Privation, de façon sinon complète, du moins très notable, de la
puissance et de l'étendue du mouvement de préhension ; deux
doigts, le pouce et l'auriculaire, restant seuls valides à la
main gauche :

Manœuvre :

Salaire de base......	1.320	
Réduction...........	33,33 %	
Rente allouée........	220	**16,66 %**

Trib. civ. de *Bordeaux*, 6 mai 1901.

**Perte de deux doigts de la main gauche avec incapacité du
médius :**

Ouvrier scieur :

Salaire de base......	1.350	
Réduction...........	30 %	
Rente allouée........	202,60	**15 %**

Trib. civ. de *Laon*, 22 mai 1900.

Perte de la phalange unguinale du médius de la main gauche, de
la moitié de la même phalange de l'index, déformation du
quatrième doigt à son extrémité, avec ongle incomplet et
déformé ; atrophie des doigts blessés et ankylose des articulations :

Ouvrier employé dans une usine :

Salaire de base......	991,25	
Réduction...........	30,76 %	
Rente allouée........	152,50	**15,38 %**

Trib. civ. de *Saint-Amand*, 27 décembre 1900.

Amputation de trois doigts de la main gauche au milieu de la deuxième phalange de ces doigts :

Ouvrier occupé à assurer le fonctionnement d'une scie mécanique :

Salaire de base...... 1.800
Réduction........... 16,66 $^0/_0$
Rente allouée... 150   **8,33 $^0/_0$**

Trib. civ. de *Pontoise*, 14 novembre 1900.

Privation de l'usage des trois doigts de la main gauche :

Ouvrier scieur :

Salaire de base...... 900
Réduction........... 66,66 $^0/_0$
Rente allouée........ 300   **33,33 $^0/_0$**

Trib. civ. d'*Arras*, 19 décembre 1900.

Perte complète des trois derniers doigts de la main gauche :

Scieur de long :

Salaire de base...... 730
Réduction........... 50 $^0/_0$
Rente allouée........ 182,50   **25 $^0/_0$**

Trib. civ. de *Vannes*, 2 novembre 1900.

Amputation de trois doigts, index, médius et annulaire :

Ouvrier d'atelier :

Salaire de base...... 1.887,60
Réduction........... 26,40 $^0/_0$
Rente allouée........ 250   **13,20 $^0/_0$**

Trib. civ. de *Lille*, 3 mars 1900.

Réduction des doigts de la main gauche au pouce et à l'index avec ankylose presque complète à la jointure de la deuxième avec la troisième phalange et à trois moignons de grandeur décroissante :

Ouvrier :

Salaire de base......	1.792,90	
Réduction...........	60 %	
Rente allouée........	537,87	**30 %**

Trib. civ. de *Nevers*, 14 mai 1900.

4° QUATRE DOIGTS

Amputation de quatre doigts de la main gauche :

Ouvrier :

Salaire de base......	1.469,75	
Réduction...........	30,60 %	
Rente allouée........	225	**15,30 %**

Trib. civ. de *Valenciennes*, 21 février 1900.

Amputation de quatre doigts de la main gauche :

Ouvrier à la Société des Glaces d'Aniche :

Salaire de base......	1.468,75	
Réduction...........	30,32 %	
Rente allouée........	225	**15,31 %**

Trib. civ. de *Douai*, 21 février 1900.

Amputation de quatre doigts de la main gauche au ras du métacarpe :

Ouvrière préposée au fonctionnement d'une machine à découper le fer-blanc :

Salaire de base......	1.050	
Réduction...........	60 %	
Rente allouée........	315	**30 %**

Trib. civ. de *Lorient*, 17 juillet 1900.

5° CINQ DOIGTS

Raideur et gêne dans le mouvement des doigts de la main gauche :

Ouvrier :

Salaire de base......	1.425	
Réduction..........	25 %	
Rente allouée.......	178,12	**12,50** %

Trib. civ. de *Nantua*, 24 août 1900.

Amputation de l'index de la main gauche avec gêne sensible à se servir des autres doigts de cette main pour une préhension quelconque :

Ouvrier mécanicien :

Salaire de base......	1.895	
Réduction..........	42,10 %	
Rente allouée.......	399	**21,05** %

Trib. civ. d'*Ambert*, 5 juin 1900.

II. — MAIN DROITE

1° UN DOIGT

A. — *Petit doigt*

Amputation de l'auriculaire de la main droite :

Ouvrier :

Salaire de base......	1.095	
Réduction..........	27,38 %	
Rente allouée.......	150	**13,69** %

C. de *Rouen*, 8 août 1900, infirme jugement du Trib. civ. de *Bernay*, du 19 juin 1900.

B. — *Doigt annulaire*

Amputation d'une phalange et demie de l'annulaire de la main droite :

Chef conducteur de machine :

Salaire de base......	2.400	
Réduction...........	10 $^0/_0$	
Rente allouée........	120	**5** $^0/_0$

C. de *Paris*, 4 août 1900, confirme jugement du Trib. civ. de la *Seine* (4ᵉ ch.), 26 mars 1900.

Amputation de la phalange et de la phalangine de l'annulaire de la main droite avec cicatrice :

Ouvrier :

Salaire de base......	2.000	
Réduction...........	12 $^0/_0$	
Rente allouée........	120	**6** $^0/_0$

Trib. civ. de la *Seine*, 7 juillet 1900.

C. — *Doigt médius*

Amputation de la moitié de la phalangette du doigt majeur de la main droite :

Ouvrier emballeur :

Salaire de base......	1.300	
Réduction...........	1 $^0/_0$	
Rente allouée........	6,50	**0,50** $^0/_0$

Trib. civ. de *Boulogne-sur-Mer*, 4 avril 1901.

Amputation de la dernière phalange du médius de la main droite :

Ouvrier travaillant dans une fabrique de ciment :

Salaire de base......	1.800	
Réduction...........	6 $^0/_0$	
Rente allouée........	54	**3** $^0/_0$

Trib. civ. de la *Seine* (4ᵉ ch.), 7 juillet 1900.

Amputation de la phalangette du médius de la main droite :

Ouvrier d'usine :

    Salaire de base......   900
    Réduction..........   10 $^0/_0$
    Rente allouée........   45   5 $^0/_0$

En fait, la rente a été réduite à 25 francs, la faute inexcusable de l'ouvrier ayant été admise.
Trib. civ. de *Sarlat*, 12 décembre 1900.

Amputation de la phalangette du médius de la main droite :

Ouvrier :

    Salaire de base......   975
    Réduction..........   3,08 $^0/_0$
    Rente allouée........   15   1,54 $^0/_0$

Trib. civ. de *Lille*, 25 mai 1900.

Écrasement du médius de la main droite :

Manœuvre :

    Salaire de base......   1.800
    Réduction..........   8,20 $^0/_0$
    Rente allouée........   75   4,10 $^0/_0$

Trib. civ. de *Marseille* (2ᵉ ch.) du 18 juin 1901.

Arrachement du médius de la main droite :

Ouvrier décolleteur :

    Salaire de base 1.500
    Réduction..........   12 $^0/_0$
    Rente allouée........   90   6 $^0/_0$

Trib. civ. de *Lyon* (1ʳᵉ ch.), 7 juillet 1900.

D. — *Doigt index*

Impossibilité de flexion complète de la troisième phalange de l'index de la main droite sur la deuxième et de la deuxième sur la première :

Ouvrier plombier :

Salaire de base......	1.500	
Réduction..........	20 %	
Rente allouée........	150	10 %

La rente a été réduite dans l'espèce à 100 francs, par suite de la négligence de la victime à laquelle le Tribunal a attribué en partie l'impotence fonctionnelle de l'index.

Trib. civ. de *Narbonne*, 17 juillet 1900.

Perte de la dernière phalange de l'index de la main droite :

Tourneur-mécanicien :

Salaire de base......	1.600	
Réduction..........	10 %	
Rente allouée........	80	5 %

Trib. civ. de *Lille*, 28 juin 1900.

Perte des deux dernières phalanges de l'index droit, laissant subsister la faculté de préhension avec le pouce :

Ouvrier brocheur :

Salaire de base......	1.275	
Réduction..........	20 %	
Rente allouée........	127,50	10 %

Trib. civ. de *Nancy*, 30 octobre 1900.

Amputation de deux phalanges de l'index de la main droite :

Ouvrier :

Salaire de base......	1.800	
Réduction..........	33,32 %	
Rente allouée........	300	16,66 %

Trib. civ. de *Corbeil*, 2 août 1900.

Amputation de l'index de la main droite au niveau de la partie moyenne de la phalangine (deuxième phalange entre les deux articulations) :

Ouvrier teinturier :

Salaire de base...... 1.106
Réduction.......... 10 %
Rente allouée........ 55,30 **5 %**

Trib. civ. de *Villefranche-sur-Saône*, 13 juillet 1900.

Ablation complète de l'index de la main droite :

Ouvrier :

Salaire de base...... 1.275
Réduction.......... 20 %
Rente allouée........ 127,50 **10 %**

C. de *Besançon* (1re ch.), 8 août 1900, infirme jugement du Trib. civ. de *Dôle*, 5 juillet 1900.

Amputation complète de l'index de la main droite :

Ouvrier nettoyeur de machine à refendre les cuirs :

Salaire de base 1.275
Réduction.......... 30 %
Rente allouée........ 191,25 **15 %**

Trib. civ. de *Dôle*, 5 juillet 1900.

E. — *Doigt pouce*

Perte de la première phalange du pouce droit :

Conducteur typographe :

Salaire de base...... 3.991,45
Réduction.......... 12 %
Rente allouée........ 168 **6 %**

Cette rente se compose : 1° d'un revenu à 6 % sur 2.400 francs, soit 144 francs ; 2° d'un revenu à 1,50 % sur 1.591 fr. 45, soit 24 francs.

C. de *Paris* (7e ch.), 5 janvier 1901, infirme Trib. civ. de la *Seine* (4e ch.), 12 juin 1900.

Rigidité définitive du pouce droit, par suite du sectionnement presque complet de ce doigt au niveau de l'articulation inter-phalangienne :

Ouvrier maçon :

Salaire de base......	1.650
Réduction..........	10 $^0/_0$
Rente allouée........	82,50

        5 $^0/_0$

Trib. civ. de *Lyon* (2ᵉ ch.), 2 mars 1900.

Amputation du pouce de la main droite au niveau de l'origine de la première phalange :

Ouvrier scieur :

Salaire de base......	1080,50
Réduction..........	20 $^0/_0$
Rente allouée.......	108

C. d'*Angers*, 7 décembre 1900, réformant un jugement du Tribunal civil de *Laval* du 10 août 1900 qui avait admis une réduction de 40 $^0/_0$.

Amputation du pouce de la main droite :

Mécanicien :

Salaire de base......	1.800
Réduction..........	20 $^0/_0$
Rente allouée........	180

        10 $^0/_0$

Trib. civ. de *Lille*, 15 novembre 1900.

Ablation du pouce de la main droite :

Ouvrier :

Salaire de base.......	1.435
Réduction..........	40 $^0/_0$
Rente allouée........	287

        20 $^0/_0$

Trib. civ. de *Bordeaux*, 7 mai 1900.

Perte du pouce de la main droite :

Ouvrier mineur :

Salaire de base...... 1.601
Réduction........... 10 %
Rente allouée........ 80,05   **5 %**

Trib. civ. de *Béthune*, 18 janvier 1900.

2° DEUX DOIGTS

Ankylose de l'annulaire rendant difficile et incomplète la flexion de ce doigt sur la paume de la main droite avec augmentation de volume de l'index rendant impossible la flexion de la phalange moyenne :

Ouvrier tuilier :

Salaire de base...... 550
Réduction........... 50 %
Rente allouée........ 137,50   **25 %**

C. de *Nancy* (1re ch.), 4 août 1900.

Sectionnement des phalangettes du médius et de l'annulaire de la main droite :

Ouvrier :

Salaire de base....... 1.670
Réduction........... 11,96 %
Rente allouée........ 100   **5,98 %**

C. de *Douai*, 18 juin 1900, confirme jugement du Trib. civ. de *Valenciennes*, 23 novembre 1899.

Perte de la troisième phalange de l'annulaire et de l'auriculaire de la main droite :

Ouvrière :

Salaire de base...... 600
Réduction........... 12 %
Rente allouée........ 36   **6 %**

Trib. civ. de *Marseille*, 30 juillet 1900.

Amputation des deux premières phalanges de l'annulaire de la main droite et ankylose du médius :

Ouvrier dégauchisseur :

Salaire de base......	2.400	
Réduction...........	12,50 $^0/_0$	
Rente allouée........	150	**6,25 $^0/_0$**

Trib. civ. de la *Seine*, 8 septembre 1900.

Perte de deux phalanges de l'annulaire de la main droite avec une certaine ankylose et une atrophie de l'auriculaire :

Ouvrière teinturière âgée de dix-huit ans :

Salaire de base......	470	
Réduction...........	15 $^0/_0$	
Rente allouée........	35	**7,50 $^0/_0$**

Trib. civ. de *Lille*, 6 juillet 1900.

Amputation de l'auriculaire de la main droite au niveau de la première articulation, et amputation de l'annulaire un peu au-dessus de la première articulation :

Ajusteur mécanicien :

Salaire de base......	1.900	
Réduction.....	13,15 $^0/_0$	
Rente allouée........	125	**6,57 $^0/_0$**

Trib. civ. de *Lille*, 28 juin 1900.

Blessure à la main droite ayant eu pour conséquence l'amputation de l'annulaire de cette main et la perte de la moitié de la valeur fonctionnelle du médius :

Ouvrier menuisier :

Salaire de base......	1.383	
Réduction...........	15 $^0/_0$	
Rente allouée........	104	**7,50 $^0/_0$**

Trib. civ. de *Lille* (1re ch.), 8 décembre 1900.

Amputation de deux phalangettes du médius et de l'annulaire de la main droite :

Ouvrier tuilier :

        Salaire de base......   900
        Réduction..........   22,22 %
        Rente allouée........   100   **11,11 %**

Trib. civ. de *Narbonne*, 30 janvier 1900.

Amputation de la première phalange d'un doigt de la main droite et dépouillement du médius, amputation ultérieure par suite d'un nouvel accident de l'extrémité de la première phalange du médius de la main gauche :

Ouvrier travaillant à la dégauchisserie :

        Salaire de base (journalier)...   5
        Réduction :
        Pour le 1er accident...   10 % }
        Pour le 2e accident...   6 % } 16 %
        Rente allouée...............   120   **8 %**

Trib. civ. de *Bar-le-Duc*, 1er août 1900.

Sectionnement du médius et de l'annulaire de la main droite au niveau de l'articulation supérieure :

Ouvrier menuisier :

        Salaire de base......   1.670
        Réduction..........   11,96 %
        Rente allouée........   100   **5,98 %**

Trib. civ. de *Valenciennes*, 23 novembre 1899.

Amputation du médius et de l'annulaire de la main droite :

Ouvrier :

        Salaire de base......   900
        Réduction..........   33,32 %
        Rente allouée........   150   **16,66 %**

Trib. civ. de *Senlis*, 1er mai 1900.

Perte de l'usage de l'index et du médius de la main droite :

Apprenti :

Salaire de base...... 1.050
Réduction........... 30 %
Rente allouée........ 157,50   **15 %**

Trib. civ. de *Lyon,* 13 novembre 1900.

Amputation totale de l'index et des articulations de la dernière phalange du pouce de la main droite :

Employé dans un atelier de constructeur mécanicien :

Salaire de base...... 1.271,20
Réduction........... 40 %
Rente allouée........ 254,25   **20 %**

Trib. civ. de *Rouen,* 10 août 1900.

Perte de deux doigts de la main droite :

Ouvrier :

Salaire de base...... 2.400
Réduction........... 29,16 %
Rente allouée........ 350   **14,58 %**

Trib. civ. de la *Seine,* 11 octobre 1900.

3° TROIS DOIGTS

Ankylose du médius, de l'index et de l'annulaire de la main droite :

Margeur (imprimeur) :

Salaire de base...... 750
Réduction........... 30 %
Rente allouée........ 112,50   **15 %**

Trib. civ. de *Lille* (1re ch.), 21 décembre 1900.

Amputation du médius, de l'annulaire et de deux phalanges de l'index de la main droite :

Mécanicien :

Salaire de base......	1.230	
Réduction..........	48,76 %	
Rente allouée........	300	**24,38 %**

Trib. civ. de *Remiremont*, 9 août 1900.

Amputation au-dessus de la deuxième phalange de l'index, du médius et de l'annulaire de la main droite :

Ouvrière estampeuse :

Salaire de base......	799,60	
Réduction..........	60 %	
Rente allouée........	240	**30 %**

Trib. civ. de la *Seine*, 24 mars 1900, infirmé en ce qui concerne l'évaluation du salaire de base par C. de *Paris*, 21 juillet 1900.

Ablation des doigts auriculaire et annulaire de la main droite et perte de toute utilité du médius de cette main :

Manœuvre et portefaix :

Salaire de base......	1.500	
Réduction..........	80 %	
Rente allouée........	600	**40 %**

C. de *Bordeaux*, 27 juillet 1900, confirme jugement du Trib. civ. de *Bordeaux*, 21 mai 1900.

Amputation de trois doigts de la main droite :

Ouvrier de quinze ans préposé au fonctionnement d'un métier d'apprêt :

Salaire de base......	750	
Réduction..........	60 %	
Rente allouée........	225	**30 %**

Trib. civ. de *Saint-Quentin*, 5 janvier 1900.

Ablation des trois derniers doigts de la main droite, par suite de leur écrasement dans l'engrenage d'un treuil :

Ouvrier :

Salaire de base......	900	
Réduction...........	38,88 %	
Rente allouée........	175	**19,44 %**

Réduite à 100 francs, par suite de la faute inexcusable de l'ouvrier.

Trib. civ. de *Dunkerque*, 2 février 1900.

Perte de trois doigts de la main droite :

Ouvrière :

Salaire de base......	450	
Réduction...........	50 %	
Rente allouée........	112,50	**25 %**

C. de *Toulouse*, 6 mars 1900, infirmant jugement du Trib. de *Castres* du 28 décembre 1899.

Amputation de trois doigts de la main droite

Mécanicien :

Salaire de base.......	»	
Réduction...........	50 %	
Rente allouée........	»	**25 %**

C. de *Besançon*, 14 août 1900.

Impotence des trois derniers doigts de la main droite :

Ouvrier mineur et boiseur :

Salaire de base.......	2.046	
Réduction...........	33 %	
Rente allouée........	337,60	**16,50 %**

Trib. civ. de *Versailles* (1re ch.), 22 novembre 1900.

Perte de trois doigts de la main droite :

Mécanicien :

Salaire de base......	»	
Réduction...........	50 %	
Rente allouée........	»	**25 %**

C. de *Besançon*, 21 novembre 1900.

Perte à peu près complète de l'usage de la main droite, par suite de la perte totale pour le majeur et l'annulaire des mouvements de flexion et de la raideur de l'index, malgré la conservation des tendons fléchisseurs et extenseurs :

Ouvrier travaillant dans une usine :

Salaire de base......	1.674	
Réduction...........	45 %	
Rente allouée.......	376,65	**22,50 %**

Trib. civ. des *Andelys*, 30 octobre 1900.

4° QUATRE DOIGTS

Sectionnement des deuxième et troisième phalanges des quatre derniers doigts de la main droite :

Ouvrier presseur (employé au fonctionnement d'une machine dite galetière) :

Salaire de base......	900	
Réduction...........	66,66 %	
Rente allouée........	300	**33,33 %**

Trib. civ. de *Confolens*, 2 mars 1900.

Perte de la dernière phalange à hauteur successive des quatre derniers doigts de la main droite ; gêne des mouvements de flexion et impossibilité de tenir des outils un peu lourds :

Ouvrier :

Salaire de base......	1.532,25	
Réduction...........	50 %	
Rente allouée........	383,30	**25 %**

C. de *Lyon*, 25 juillet 1900, confirme jugement du trib. civ. de *Villefranche* du 3 février 1900.

Amputation de quatre doigts de la main droite et de leurs métacarpiens :

Ouvrier mécanicien :

Salaire de base......	3.166,75	
Réduction..........	37,27 $^0/_0$	
Rente allouée........	302,09	**18,63** $^0/_0$

Cette somme est certainement le résultat d'une erreur, car la rente, d'après les bases indiquées par le jugement lui-même, devrait être de 482 fr. 73, soit de 18,63 $^0/_0$ sur 2.408 et de 4 fr. 65 $^0/_0$ sur 766,75.

Trib. de *Briey*, 15 février 1900.

5° CINQ DOIGTS

Amputation du pouce et de l'index de la main droite, avec ankylose des trois autres doigts :

Ouvrier raboteur :

Salaire de base......	900	
Réduction..........	66,66 $^0/_0$	
Rente allouée........	300	**33,33** $^0/_0$

Trib. civ. de *Castres*, 29 juin 1900.

Amputation du pouce de la main droite et section partielle des ligaments articulaires ayant pour conséquence l'ankylose des quatre autres doigts :

Ouvrier employé dans une scierie :

Salaire de base......	1.064,20	
Réduction..........	60 $^0/_0$	
Rente allouée........	319,26	**30** $^0/_0$

Trib. civ. d'*Ambert*, 10 juillet 1900.

DIVERS

1° UN DOIGT

Perte d'un doigt :

Ouvrier :

Salaire de base...... 1.200
Réduction........... 25 $^0/_0$
Rente allouée........ 150 **12,50** $^0/_0$

C. de *Toulouse*, 12 mars 1901, sur infirmation d'un jugement du Trib. de Toulouse, du 21 décembre 1900, qui avait estimé que la réduction de puissance du travail devait être évaluée à 50 $^0/_0$.

A. — *Petit doigt*

Abolition partielle du mouvement d'extension du petit doigt :

Ouvrier :

Rente allouée........ Néant **0** $^0/_0$

Le tribunal estime que cette lésion n'est pas susceptible d'entraîner une diminution appréciable dans les aptitudes du blessé au travail.

Jugement du Trib. civ. de *Marseille*, 7 décembre 1900.

B. — *Doigt annulaire*

Ablation de deux phalanges de l'annulaire :

Terrassier occupé au transport par wagonnets :

Salaire de base...... 1.050
Réduction........... 12 $^0/_0$
Rente allouée........ 63 **6** $^0/_0$

Trib. civ. de *Narbonne*, 7 juin 1900.

C. — *Doigt médius*

Section de l'extrémité du médius. — Perte d'une partie de l'ongle :

Ouvrier menuisier :

Rente allouée........   Néant   0 %

Trib. civ. de *Toulouse* (1re ch.), 29 février 1900.

Amputation du médius à la hauteur de la deuxième phalange :

Ouvrier :

Salaire de base......   975
Réduction..........   5 %
Rente allouée........   24,40   **2,50** %

Trib. civ. d'*Arbois*, 11 septembre 1900.

D. — *Doigt index*

Ankylose de la première phalange de l'index :

Ouvrier mécanicien :

Salaire de base......   2.520
(Le salaire n'a pas été divisé en 2.400 + 120).
Réduction...........   5 %
Rente allouée........   63   **2,50** %

C. d'appel de *Nîmes* (2e ch.), 16 avril 1901, infirmant jugement du Trib. civ. de *Nîmes*, du 29 décembre 1900.

Perte partielle des mouvements de flexion de l'index :

Ouvrier d'entreprise :

Salaire de base......   1.280
Réduction...........   15,62 %
Rente allouée........   100   **7,81** %

Trib. civ. de *Valenciennes*, 10 mai 1900.

Perte de l'index réduit à un simple moignon :

Ouvrier :

Salaire de base...... 915
Réduction.......... 24,98 %
Rente allouée....... 114,37 **12,49 %**

Trib. civ. de *Saint-Amand*, 27 décembre 1900.

E. — *Pouce*

Écrasement du pouce. — Ankylose rendant la préhension des objets difficiles :

Maçon :

Salaire de base...... 1.534
Réduction.......... 10 %
Rente allouée....... 76,70 **5 %**

C. d'appel de *Nancy* (1re ch.), 28 mars 1901, réformant un jugement du Trib. civ. de *Nancy*, du 18 février 1901, qui avait admis une réduction de 20 %.

Ankylose des articulations du pouce avec impossibilité de flexion sur la paume de la main :

Ouvrier employé à des déchargements :

Salaire de base...... 934
Réduction.......... 30 %.
Rente allouée....... 140,10 **15 %**

Trib. civ. de *Toulouse*, 30 décembre 1899.

Pouce sans consistance avec articulations ankylosées :

Ouvrier employé à la conduite d'une machine à goujer :

Salaire de base...... 600
Réduction.......... 25 %
Rente allouée....... 75 **12,50 %**

Trib. civ. de *Corbeil*, 20 juillet 1900.

Amputation du pouce au niveau de la partie moyenne de la première phalange :

Ouvrier toupilleur :

Salaire de base......	1.200	
Réduction...........	15 $^0/_0$	
Rente allouée........	90	**7,50** $^0/_0$

Trib. civ. de *Lille*, 3 mai 1900.

2° DEUX DOIGTS

Perte de la phalangette de l'auriculaire et de l'annulaire :

Monteur de chaînes :

Salaire de base......	1.500	
Réduction...........	23,32 $^0/_0$	
Rente allouée........	175	**11,66** $^0/_0$

Trib. civ. de *Lille*, 5 avril 1900.

Perte de la deuxième phalange du médius et ankylose de l'index :

Ouvrier :

Salaire de base......	»	
Réduction...........	0 $^0/_0$	
Rente allouée........	»	**0** $^0/_0$

C. de *Nancy* (1re ch.), 1er mars 1900, infirme jugement du Trib. civ. de *Nancy*, du 11 décémbre 1900.

Raideur articulaire de l'annulaire, rigidité du médius par suite d'une fracture au milieu de la première phalange et, à raison de l'exubérance du cal, de la très vicieuse consolidation de la fracture et surtout des adhérences intimes du squelette, de la peau et du tendon extenseur :

Ouvrier :

Salaire de base......	1.464	
Réduction...........	38,48 $^0/_0$	
Rente allouée........	282	**19,24** $^0/_0$

Trib. civ. de Narbonne, 18 octobre 1900.

Amputation des deux premières phalanges de l'annulaire et du médius :

Ouvrier occupé à hacher l'absinthe :

Salaire de base......   970,60
Réduction..........   40 $^0/_0$
Rente allouée........   194,12   **20** $^0/_0$

Trib. civ. de *Lons-le-Saunier*, 24 juillet 1900.

Perte de deux phalanges de l'index, aggravée par l'état de flexion permanente du médius :

Ouvrier lamineur :

Salaire de base......   600
Réduction..........   50 $^0/_0$
Rente allouée........   150   **25** $^0/_0$

C. de *Rennes*, 26 décembre 1900, infirme jugement du Trib. civ. de *Lorient*, 7 août 1900.

Écrasement du médius et de l'annulaire. — Amputation du médius et ankylose de l'annulaire avec gêne dans le mouvement du petit doigt :

Ouvrier employé à débiter du bois à la fendeuse mécanique :

Salaire de base......   1.080
Réduction..........   40 $^0/_0$
Rente allouée........   216   **20** $^0/_0$

C. de *Nancy*, 7 août 1900, confirme jugement du Trib. civ. de *Nancy*, 30 avril 1900.

Privation de l'index droit et perte de souplesse du médius :

Ouvrier :

Salaire de base......   891,65
Réduction..........   19,32 $^0/_0$
Rente allouée........   86,20   **9,66** $^0/_0$

Trib. civ. de *Saint-Étienne*, 25 juin 1900.

Ablation presque complète de l'index réduit à un petit moignon de la première phalange et ablation des deux dernières phalanges du médius :

Ouvrier occupé à la confection de coins de bois pour la consolidation de cadres de boisage :

Salaire de base......	1.404,40	
Réduction...........	40 %	
Rente allouée........	280,88	**20 %**

Trib. civ. de *Riom*, 2 février 1900.

Amputation de l'index et du médius :

Ouvrier préposé au fonctionnement d'un treuil destiné à charger des bateaux :

Salaire de base.......	1.700	
Réduction..........	25 %	
Rente allouée.......	212,50	**12,50 %**

Trib. civ. de *Bayonne*, 12 juin 1900.

3° TROIS DOIGTS

Mutilation de trois doigts :

Ouvrier occupé au fonctionnement d'une raboteuse :

Salaire de base......	1.025,30	
Réduction..........	50 %	
Rente allouée........	256,35	**25 %**

Trib. civ. de *Gray*, 29 novembre 1900.

Amputation de l'auriculaire. — Perte d'une partie des mouvements de flexion et d'extension du médius et de l'annulaire :

Ouvrier occupé à pousser des wagonnets chargés de minerai :

Salaire de base......	810	
Réduction..........	50 %	
Rente allouée........	202,50	**25 %**

C. de *Montpellier*, 6 avril 1900, confirme jugement du Trib. civ. de *Prades*, 6 décembre 1899.

Doigts médius et annulaire fortement contusionnés, avec perte partielle de leur mouvement de flexion et d'extension et amputation complète de l'auriculaire :

Manœuvre employé à pousser des wagonnets chargés de minerai :

Salaire de base...... 810
Réduction..........., 50 %
Rente allouée........ 202,50   **25 %**

Trib. civ. de *Prades*, 6 décembre 1899.

Perte complète de l'auriculaire et perte partielle des mouvements de flexion et d'extension du médius et de l'annulaire :

Ouvrier occupé à pousser des wagonnets chargés de minerai :

Salaire de base...... 810
Réduction.......... 50 %
Rente allouée........ 202,50   **25 %**

C. de *Montpellier*, 6 mars 1900.

Perte totale du pouce et de l'index avec rigidité presque complète du médius :

Ouvrier filateur :

Salaire de base...... 750
Réduction.......... 53,32 %
Rente allouée........ 200   **26,66 %**

Trib. civ. du *Havre*, 13 juillet 1900.

Perte de l'annulaire et de l'auriculaire et réduction du médius à un simple moignon :

Terrassier :

Salaire de base...... 1.050
Réduction.......... 28,56 %
Rente allouée........ 150   **14,28 %**

Trib. civ. de *Narbonne*, 13 février 1900.

4° QUATRE DOIGTS

Désarticulation de l'index, du médius et de l'annulaire au niveau de la région métacarpophalangienne avec atrophie de l'auriculaire :

Ouvrier employé dans une scierie mécanique :

Salaire de base...... 1.473,55
Réduction.......... 50 %
Rente allouée........ 368,28   **25** %

Trib. civ. de *Reims*, 13 juillet 1900.

Section totale du petit doigt, section du médius et de l'annulaire à la hauteur de la première phalange et ankylose complète de l'index :

Ouvrier :

Salaire de base...... 1.200
Réduction.......... 54,16 %
Rente allouée........ 325   **27,08** %

Trib. civ. de la *Seine*, 7 mai 1900.

5° CINQ DOIGTS

Amputation de deux doigts et ankylose de deux autres doigts :

Scieur :

Salaire de base...... 1.350
Réduction.......... 40 %
Rente allouée........ 270   **20** %

Arrêt de la C. d'*Amiens* (1ʳᵉ ch.), 7 novembre 1900, reformant jugement du Trib. civ. de *Laon*, du 22 mai 1900.

ÉPAULE

Fracture de l'extrémité de la clavicule de l'épaule droite, gêne et douleur dans les mouvements de l'épaule, le bras ne pouvant atteindre complètement la verticale :

Maçon :

Salaire de base......	1.183,35	
Réduction..........	15 %	
Rente allouée........	88,75	**7,50 %**

Arrêt de la C. de *Nancy*, du 23 avril 1901, reformant un jugement du Trib. civ. de *Nancy*, du 16 janvier 1901, qui avait admis le même taux de réduction, mais avait estimé le salaire de base à 1.700.

Fracture de l'épaule droite ayant entraîné une certaine diminution dans la faculté d'exécution de travail, impossibilité de se servir longtemps de l'épaule comme levier ou point d'appui :

Ouvrier charpentier :

Salaire de base......	1.155	
Réduction..........	10 %	
Rente allouée........	57,77	**5 %**

Trib. civ. de *Mende*, 31 décembre 1900.

Luxation de l'épaule droite avec fracture comminutive de l'extrémité inférieure du fémur droit, etc. :

Voir *Jambe*.

ÉTAT GÉNÉRAL

Diminution des forces et aptitudes évaluée aux 9/10 de la puissance de travail :

Ouvrier :

Salaire de base......	800	
Réduction...........	90 %	
Rente allouée........	360	45 %

Trib. civ. d'*Alais*, 5 janvier 1900.

FÉMUR

Fracture comminutive de l'extrémité inférieure du fémur droit :

Voir *Jambe.*

GENOU

Contusion du genou gauche ; arthrite traumatique avec épanchement ; gêne dans les mouvements de flexion et limitation desdits mouvements :

Ouvrier au service d'un entrepreneur de salubrité :

Salaire de base......	1.095	
Réduction...........	14,60 %	
Rente allouée........	80	7,30 %

Trib. civ. de *Narbonne*, 6 mars 1900.

Ankylose presque complète de l'articulation du genou avec fracture comminutive de l'extrémité inférieure du fémur droit, etc. :

Voir *Jambe.*

HANCHE

Lésion localisée à l'articulation de la hanche droite et occasionnée par une chute :

Ouvrier menuisier :

Salaire de base......	1.395,65	
Réduction..........	12 $^0/_0$	
Rente allouée........	83,75	**6 $^0/_0$**

Trib. civ. de *Nancy*, 4 mars 1901.

HERNIE

Hernie :

Ouvrier occupé sur un échafaudage à soulever des madriers

Salaire de base......	»	
Réduction..........	0 $^0/_0$	
Rente allouée........	»	**0 $^0/_0$**

Le motif donné par le jugement, dans la circonstance, a été que les lésions occasionnées par un effort nécessaire pour le travail normal ne rentrent pas dans les prévisions de la loi de 1898.

Trib. civ. de *Bordeaux* (1re ch.), 17 décembre 1900.

Hernie inguinale. — Infirmité antérieure :

Ouvrier :

Salaire de base......	»	
Réduction..........	0 $^0/_0$	
Rente allouée........	»	**0 $^0/_0$**

C. de *Limoges*, 27 février 1901, confirme jugement du Trib. civ. d'*Aubusson*, 14 août 1900.

Hernie inguinale :

Ouvrier :

Salaire de base...... »
Réduction........... 0 %
Rente allouée........ »   **0 %**

La victime n'ayant pu prouver que l'infirmité résultait de son travail.

Trib. civ. d'*Autun*, 6 mars 1901.

Hernie inguinale :

Ouvrier employé à l'enlèvement des boues et ordures de la ville de Cholet :

Salaire de base...... 885
Réduction........... 0 %
Rente allouée........ »   **0 %**

C. d'*Angers*, 24 mai 1901, infirme le jugement du Trib. civ. de *Cholet*, du 6 décembre 1900.

Fracture de l'extrémité inférieure du sternum et hernie de la ligne blanche au-dessus de l'ombilic :

Ouvrier :

Salaire annuel....... 1.350
Réduction.......... 14,80 %
Rente allouée........ 100   **7,40 %**

C. d'appel de *Limoges* du 26 avril 1901, réformant le jugement du Trib. civ. de *Limoges* du 8 février 1901, qui avait admis une rente de 150 francs.

Hernie inguinale causée par une blessure antérieure :

Ouvrier occupé à des transports :

Salaire de base...... 1.800
Réduction.......... 5 %
Rente allouée........ 45   **2,50 %**

C. de *Chambéry*, 19 novembre 1900.

Hernie :

Ouvrier :

Salaire de base......	1.920	
Réduction..........	10 %	
Rente allouée........	96	**5 %**

Jugement du Trib. civ. de *Saint-Étienne* (1re ch.), 14 février 1901.

Hernie :

Ouvrier employé aux transports d'une usine :

Salaire de base......	1.140	
Réduction..........	65 %	
Rente allouée........	200	**32,50 %**

Trib. civ. de *Tulle* (1re ch.), 29 décembre 1900.

A. — HERNIE (COTÉ GAUCHE)

Hernie inguinale gauche, d'origine antérieure :

Ouvrier occupé à des déchargements :

Salaire de base......	»	
Réduction..........	0 %	
Rente allouée........	»	**0 %**

C. de *Rennes* (1re ch.), 3 décembre 1900.

Hernie inguinale gauche :

Ouvrier :

Salaire de base......	»	
Réduction..........	0 %	
Rente allouée........	»	**0 %**

Trib. civ. de *Toulouse* (1re ch.), 3 mai 1901.

Hernie provoquée par le choc contre l'aine gauche du fer détaché d'un marteau de forge :

Ouvrier papetier :

Salaire de base......	750	
Réduction..........	30,40 %	
Rente allouée........	114,05	**15,20 %**

Trib. civ. de *Saint-Gaudens*, 11 avril 1900.

B. — HERNIE (COTÉ DROIT)

Hernie inguinale droite :

Ouvrier ferblantier :

Salaire de base......	1.157	
Réduction..........	15 %	
Rente allouée........	86	**7,50 %**

Trib. civ. de *Lille*, 8 novembre 1900.

Hernie inguinale droite :

Ouvrier au service de la Compagnie des Soudières de la Meurthe :

Salaire de base......	600	
Réduction..........	16,66 %	
Rente allouée........	50	**8,33 %**

Trib. civ. de *Nancy* (1re ch.), 21 mai 1900.

Hernie inguinale droite :

Tourneur :

Salaire de base......	2.000	
Réduction..........	20 %	
Rente allouée........	200	**10 %**

Trib. civ. de *Valenciennes*, 20 décembre 1900.

Hernie inguinale du côté droit :

Manœuvre occupé à transporter des pièces de bois :

Salaire de base......	900	
Réduction..........	25 $^0/_0$	
Rente allouée........	112,50	**12,50** $^0/_0$

Trib. civ. de *Dijon*, 14 février 1901.

C. — HERNIE ÉPIGASTRIQUE

Hernie épigastrique :

Voiturier :

Salaire de base......	799,14	
Réduction..........	16,66 $^0/_0$	
Rente allouée........	66,60	**8,33** $^0/_0$

Jugement du Trib. civ. de *Chambéry* (1re ch.), 16 février 1901.

JAMBE

Gêne dans la marche :

Terrassier :

Salaire de base......	900	
Réduction..........	13,32 $^0/_0$	
Rente allouée........	60	**6,66** $^0/_0$

Trib. civ. de *Narbonne*, 25 juillet 1900.

Pseudarthrose de l'articulation tibiotarsienne de la jambe :

Ouvrier mineur :

Salaire de base......	1.023	
Réduction..........	33,32 $^0/_0$	
Rente allouée........	170,50	**16,66** $^0/_0$

Trib. civ. d'*Ambert*, 5 juin 1900.

Jambe fracturée à la suite d'un déraillement d'un train de ballast. — Raccourcissement du membre fracturé :

Ouvrier occupé à la construction de la voie de la Loupe à Bra :

Salaire de base...... 1.000
Réduction............ 33,40 $^0/_0$
Rente allouée........ 167   **16,70** $^0/_0$

C. de *Paris* (7e ch.), 7 juillet 1900, infirme le jugement du Trib. civ. de *Nogent-le-Rotrou*, du 7 mars 1900, qui avait admis une réduction de 50 $^0/_0$.

Fracture d'une jambe rendant impossible toute station debout :

Scieur de long :

Salaire de base...... 900
Réduction............ 66,66 $^0/_0$
Rente allouée........ 300   **33,33** $^0/_0$

Trib. civ. d'*Aurillac*, 6 mars 1900.

Amputation d'une jambe :

Charretier :

Salaire de base...... »
Réduction............ 95 $^0/_0$
Rente allouée........ »   **47,50** $^0/_0$

C. de *Rouen*, 27 février 1901.

A. — JAMBE GAUCHE

Blessure à la jambe gauche :

Ouvrier mineur :

Salaire de base...... 926
Réduction............ 50,52 $^0/_0$
Rente allouée....... 234   **25,26** $^0/_0$

Trib. civ. de *Privas*, 17 mai 1900.

Fracture de la jambe gauche consolidée, mais avec déviation du pied :

Ouvrier mineur :

Salaire de base......	1.058	
Réduction..........	20 $^0/_0$	
Rente allouée........	105,80	**10** $^0/_0$

Trib. civ. de *Marseille*, 4 décembre 1900.

Fracture du péroné gauche. — Arrachement de la malléole interne et subluxation du pied :

Charretier :

Salaire de base......	720	
Réduction..........	65 $^0/_0$	
Rente allouée........	234	**32,50** $^0/_0$

Trib. civ. de *Vannes*, 9 août 1900.

Contusion de la jambe gauche ayant entraîné une phlébite empêchant à l'avenir le sinistré de se livrer à un travail exigeant la station debout et des efforts considérables :

L'ouvrier avait été atteint antérieurement d'une contusion à la hanche et à la cuisse droite ; les conséquences de cet accident ont été écartées au point de vue de l'évaluation.

Ouvrier brasseur :

Salaire de base......	1.080	
Réduction..........	20 $^0/_0$	
Rente allouée........	108	**10** $^0/_0$.

Trib. civ. de *Nancy*, du 4 novembre 1900.

Arthrite chronique entraînant la claudication de la jambe gauche, mais laissant subsister, malgré la raideur du membre,

les mouvements de flexion et d'extension de la jambe dans toute leur amplitude :

Ouvrier :

Salaire de base......	1.279,20	
Réduction...........	18 %	
Rente allouée........	115,20	**9 %**

Trib. civ. de *Lyon* (1re ch.), 17 mai 1901.

NOTA. — Le Tribunal écarte dans l'espèce la surdité de l'oreille gauche, surdité provoquée par la fissure du rocher et alléguée par l'ouvrier, les circonstances établissant que cet ouvrier était atteint de ladite infirmité avant l'accident. Pour ces deux infirmités, un premier expert avait évalué la réduction du salaire de 25 à 30 %.

Raccourcissement de 7 millimètres de la jambe gauche; écartement malléolaire de 7 millimètres, plus grand à gauche qu'à droite, avec déviation du pied en dehors :

Ouvrier zingueur :

Salaire de base......	1.625,23	
Réduction...........	44,62 %	
Rente allouée........	362,60	**22,31 %**

Trib. civ. de *Villefranche*, 13 juillet 1900.

Œdème de la jambe gauche à la suite d'une consolidation d'une fracture à cette jambe :

Ouvrier :

Salaire de base......	1.200	
Réduction...........	66,66 %	
Rente allouée........	400	**33,33 %**

Trib. civ. de *Narbonne*, 16 mai 1900.

Amputation de la jambe gauche un peu au-dessous du genou :

Aiguilleur-chargeur à la Compagnie des chemins de fer de l'Est :

Salaire de base......	1.250	
Réduction...........	80 %	
Rente allouée........	500	**40 %**

Trib. civ. de *Vouziers*, 28 mars 1900.

Amputation de la jambe gauche :

Scieur de long :

Salaire de base	1.350	
Réduction..........	70 %	
Rente allouée.......	460	**35 %**

Trib. civ. de *Castellane*, 15 mars 1901.

Amputation de la jambe gauche :

Forgeron :

Salaire de base......	900	
Réduction..........	62,22 %	
Rente allouée.......	280	**31,11 %**

Trib. civ. de *Wassy*, en date du 26 juillet 1900.

Amputation de la jambe gauche :

Ouvrier au service d'un entrepreneur de travaux publics :

Salaire de base......	950	
Réduction..........	60 %	
Rente allouée.......	285	**30 %**

Trib. civ. de *Marseille*, du 11 décembre 1900.

Amputation de la jambe gauche :

Ouvrier terrassier :

Salaire de base......	1.324,27	
Réduction..........	70 %	
Rente allouée.......	463,50	**35 %**

Trib. civ. de *Versailles*, 25 octobre 1900.

Amputation de la jambe gauche :

Ouvrier terrassier :

Salaire de base......	1.000	
Réduction..........	72 %	
Rente allouée.......	360	**36 %**

Trib. civ. de *Bar-le-Duc*, 27 juin 1900.

Amputation de la jambe gauche :

Garde-frein :

Salaire de base......	1.388,25
Réduction..........	75 %
Rente allouéé.......	520,59

       37,50 %

Trib. civ. de *Toulouse*, 14 mars 1901.

Amputation de la jambe gauche :

Ouvrier occupé sur un échafaudage :

Salaire de base......	1.050
Réduction..........	75 %
Rente allouée.......	393,75

       37,50 %

Trib. civ. de *Narbonne*, 5 décembre 1900.

B. — JAMBE DROITE

Fracture compliquée du tiers inférieur de la jambe droite ; écartement de 4 centimètres entre les fragments supérieurs et inférieurs. — Raccourcissement de la jambe ; mouvement de l'articulation du cou-de-pied à peu près impossible :

Ouvrier terrassier :

Salaire de base......	1.188
Réduction..........	84 %
Rente allouée.......	498,96

       42 %

Trib. civ. de *Trévoux*, 14 août 1900.

Fracture de la jambe droite par coup de pied de cheval, claudication définitive :

Cocher :

Salaire de base.......	2.100
Réduction...........	33,33 %
Rente allouée........	350

       16,66 %

Arrêt de la C. d'appel de *Paris* (7ᵉ ch.), 1ᵉʳ février 1901, réformant un jugement du Trib. civ. de la *Seine*, du 13 octobre 1900, qui avait alloué une rente de 500 francs, estimant la réduction à 47,62 %.

Fracture comminutive de l'extrémité inférieure du fémur droit et luxation de l'épaule droite, avec, pour la première lésion, ankylose presque complète de l'articulation du genou avec atrophie musculaire de la cuisse et de la jambe, et, pour la seconde, raideur des mouvements de latéralité d'abduction en arrière et de haussement de l'épaule :

Ouvrier couvreur :

Salaire de base...... 2.200
Réduction.......... 66,72 %
Rente allouée....... 734　　　　　**33,36 %**

Trib. civ. de la *Seine*, 14 septembre 1900.

Boiterie de la jambe droite par suite de raccourcissement notable du membre :

Ouvrier maçon :

Salaire de base...... 1.112
Réduction.......... 28,04 %
Rente allouée....... 156　　　　　**14,02 %**

Trib. civ. de *Nancy*, 13 juillet 1900.

Boiterie de la jambe droite avec raccourcissement notable de ce membre :

Ouvrier d'entreprise de construction :

Salaire de base...... 1.112
Réduction.......... 28,04 %
Rente allouée....... 156　　　　　**14,02 %**

C. de *Nancy*, 20 décembre 1900, confirme jugement du Trib. civ. de *Nancy*, 13 juillet 1900.

Raccourcissement de la jambe droite par suite de fracture avec forte claudication :

Employé âgé de onze ans :

Salaire de base......	900	
Réduction	25 $^0/_0$	
Rente allouée........	112	**12,50** $^0/_0$

Trib. civ. de *Lille*, 28 juin 1900.

Consolidation vicieuse des os fracturés de la jambe droite, lesdits os n'ayant plus par rapport l'un à l'autre leur position normale; en outre, cal volumineux du péroné venant en contact avec le tibia et comprimant, par suite, les organes logés dans l'espace interosseux :

Manœuvre :

Salaire de base......	720	
Réduction..........	40 $^0/_0$	
Rente allouée........	144	**20** $^0/_0$

Trib. civ. de *Chambéry*, 11 août 1900.

Jambe droite écrasée. — Diminution d'une partie notable des deux os. — Coaptation des extrémités restantes impossible. — Large pseudarthrose avec raccourcissement de 7 à 8 centimètres. — Marche possible avec appui sur pilon du genou plié :

Ouvrier :

Salaire de base......	873	
Réduction..........	80 $^0/_0$	
Rente allouée........	349,20	**40** $^0/_0$

C. de *Besançon*, 11 juillet 1900, confirme jugement du Trib. civ. de *Lure*, 11 mars 1900.

Amputation de la jambe droite pratiquée au ras du genou :

Ouvrier d'entreprise :

Salaire de base......	2.400	
Réduction..........	66 $^0/_0$	
Rente allouée........	800	**33** $^0/_0$

C. de *Paris* (7ᵉ ch.), 12 janvier 1901, confirme le jugement du Trib. civ. de la *Seine*, du 14 septembre 1900.

Amputation de la jambe droite :

Ouvrier occupé dans un chantier de coupe de bois :

    Salaire de base......   1.030
    Réduction..........   90 %
    Rente allouée........   472   **45** %

C. de *Limoges*, 7 novembre 1900, confirme le jugement du Trib. civ. de *Tulle*, 29 mai 1900.

Amputation de la jambe droite :

Ouvrier de chantier de coupe de bois :

    Salaire de base......   1.050
    Réduction..........   90 %
    Rente allouée........   472,50   **45** %

Trib. civ. de *Tulle* (1re ch.), 29 décembre 1900.

Amputation de la jambe droite :

Ouvrier scieur :

    Salaire de base......   1.050
    Réduction..........   90 %
    Rente allouée........   472,50   **45** %

Trib. civ. de *Tulle* (1re ch.), 29 mai 1900.

Amputation de la jambe droite :

Verrier manœuvre portefaix :

    Salaire de base......   1.200
    Réduction..........   83,332 %
    Rente allouée........   500   **44,666** %

C. de *Bordeaux*, 20 juin 1900, infirme jugement du Trib. civ. de *Bordeaux*, du 5 mars 1900.

Amputation un peu au-dessous du genou :

Ouvrier mineur :

    Salaire de base......   900
    Réduction..........   62,20 %
    Rente allouée........   280   **31,10** %

Arrêt de la C. de *Douai*, du 4 juillet 1901, confirme jugement
du Trib. civ. de *Douai*, du 12 mars 1901.

C. — JAMBE (COTÉS DROIT ET GAUCHE)

**Fracture de la jambe droite et contusion de la jambe gauche,
diminution de force de la jambe droite :**

Terrassier :

Salaire de base......	1.305	
Réduction...........	20 %	
Rente allouée........	130	**10 %**

Trib. civ. de *Lille* (1re ch.), 29 novembre 1900.

**Cuisse gauche et jambe droite fracturées. — Raccourcissement
d'environ 5 centimètres de la jambe gauche avec une certaine
faiblesse, par suite de la déviation du membre :**

Ouvrier terrassier :

Salaire de base......	1.000	
Réduction...........	40 %	
Rente allouée........	200	**20 %**

Trib. civ. de *Lille*, 2 août 1900.

**· Amputation de la jambe gauche et écrasement du pied droit
ayant nécessité l'amputation de deux orteils :**

Ouvrier plombier :

Salaire de base......	1.275	
Réduction...........	75 %	
Rente allouée........	478	**37,50 %**

C. de *Riom*, du 24 décembre 1900, réforme jugement du Trib.
civ. de *Montluçon*, en date du 22 juin 1900, qui avait admis une
réduction de 100 %.

Amputation de la jambe droite à 10 centimètres au-dessous du genou et amputation des premières phalanges des deux doigts du milieu du pied gauche :

Ouvrier affecté à des transports :

Salaire de base......	810	
Réduction...........	79 $^0/_0$	
Rente allouée........	320	**39,50** $^0/_0$

Trib. civ. de *Béthune*, 15 février 1900.

Perte de la jambe gauche et écrasement du pied droit :

Ouvrier employé à la réparation des becs de gaz :

Salaire de base......	1.530	
Réduction...........	100 $^0/_0$	
Rente allouée........	765	**50** $^0/_0$

Trib. civ. de *Montluçon*, 22 juin 1900.

Le jugement, du 22 juin 1900, a certainement commis une erreur dans la détermination de la rente allouée, cette rente étant, d'après le jugement, la moitié du salaire, alors qu'elle ne pouvait être au maximum que la moitié de la réduction du salaire, du moment qu'il s'agit d'une incapacité permanente partielle, ce que le tribunal admet bien, puisqu'il estime que l'accident n'a pas eu pour conséquence de mettre la victime dans l'incapacité absolue de se livrer à aucun travail, mais qu'il a seulement mis cette dernière dans la situation de ceux qui sont obligés de se servir de béquilles.

Voir *Bras* et *Jambe*.

Voir *Cuisse*.

MAIN

Accident à la main :

Chauffeur dans une papeterie :

Salaire de base......	1.650	
Réduction...........	29,08 $^0/_0$	
Rente allouée........	240	**14,54** $^0/_0$

Trib.-civ. de *Nantes*, 7 août 1900.

Faiblesse de la main résultant de la raideur du pouce et de l'index :

Ouvrier tourneur sur métaux au service de la Compagnie générale électrique :

Salaire de base......	1.650	
Réduction...........	33,33 %	
Rente allouée........	275	**16,66 %**

Trib. civ. de *Nancy*, 30 mai 1900.

Perte d'une main :

Ouvrier occupé à placer des galettes d'argile sous une presse destinée à les comprimer :

Salaire de base......	900	
Réduction...........	40 %	
Rente allouée........	180	**20 %**

Trib. civ. de *Marseille*, 6 novembre 1900.

A. — MAIN GAUCHE

Impotence fonctionnelle de la main gauche par suite de la perte du médius et de la diminution des mouvements de flexion de l'annulaire et de l'auriculaire :

Ouvrier scieur :

Salaire de base......	1.165	
Réduction...........	30 %	
Rente allouée........	174,75	**15 %**

Trib. civ. de *Reims*, 4 janvier 1901.

Mutilation de la main gauche :

Ouvrier scieur :

Salaire de base......	900	
Réduction...........	33,32 %	
Rente allouée........	150	**16,66 %**
(sur transaction).		

Trib. civ. de *Dax*, 9 novembre 1900.

Diminution de capacité fonctionnelle de la main gauche, par
suite de la difficulté et de la réduction du mouvement de
flexion et d'extension des doigts, avec commencement d'atrophie musculaire à la main et à l'avant-bras correspondant,
laquelle se mesure par une différence de 1 centimètre sur la
circonférence par rapport à l'autre bras ; en outre, fourmille-
ments douloureux manifestant une névrite d'origine traumatique :

Ouvrier d'atelier :

Salaire de base......   1.200
Réduction...........   33,32 $^0/_0$
Rente allouée.......   200   **16,66** $^0/_0$

C. de *Douai*, 14 novembre 1900, confirme jugement du Trib.
civ. de *Valenciennes*, 5 juillet 1900.

Piqûre par un clou ayant entraîné l'ankylose presque totale de
l'annulaire et de l'auriculaire, ankylose partielle et moins
importante de l'index et du médius et une légère gêne dans les
mouvements du poignet :

Ouvrier terrassier :

Salaire de base......   1.050
Réduction...........   40 $^0/_0$
Rente allouée.......   210   **20** $^0/_0$

Trib. civ. de *Lille*, 8 décembre 1900.

Écrasement de la partie supérieure de la main gauche, ayant
entraîné la perte complète de trois phalangettes du médius,
de l'annulaire et de l'index :

Ouvrier fabricant des papiers-dentelles :

Salaire de base......   1.550
Réduction...........   20 $^0/_0$
Rente allouée.......   155   **10** $^0/_0$

Trib. civ. de la *Seine* (4e ch.), 10 novembre 1900.

Abolition presque complète des fonctions de la main gauche avec déformation de cette main :

Ouvrière d'atelier :

Salaire de base......	600	
Réduction...........	50 %	
Rente allouée........	172,50	**25 %**

Trib. civ. de *Saint-Étienne*, 2 août 1900.

Section de la dernière phalange du petit doigt et du second doigt de la main gauche par une lame de raboteuse. — Affaiblissement général de la main :

Manouvrier :

Salaire de base......	975	
Réduction...........	23 %	
Rente allouée........	112,50	**11,50 %**

Trib. civ. de *Lille* (1re ch.), 15 février 1900.

Perte partielle de la main gauche. — Amputation de la dernière phalange du pouce et des deux dernières phalanges de l'index. — Ankylose des deux dernières articulations du médius gauche, flexion impossible. — Raideur de la première articulation de l'annulaire entraînant une gêne sensible dans les mouvements de flexion :

Ouvrier scieur :

Salaire de base......	1.350	
Réduction...........	40 %	
Rente allouée........	270	**20 %**

Trib. civ. de *Nancy*, du 6 mai 1901.

Écrasement de la main gauche et ankylose articulaire des phalanges de tous les doigts, à l'exception du pouce, ce dernier ne pouvant plus, d'ailleurs, fonctionner et rendre aucun ser-

vice sérieux à raison de la contraction musculaire qui maintient les doigts en demi-flexion irréductible :

Terrassier :

Salaire de base...... 1.219
Réduction........... 50 $^0/_0$
Rente allouée........ 305   **25** $^0/_0$

C. d'appel de *Grenoble*, du 26 mars 1901, réformant un jugement du Trib. de *Saint-Marcellin*, du 1er décembre 1900, qui avait admis une réduction de 60 $^0/_0$.

Mutilation de la main gauche ayant entraîné : 1° l'amputation du petit doigt en totalité ; 2° la section du médius et de l'annulaire au niveau de la première phalange ; 3° l'ankylose de l'index et, par suite, la privation complète de l'usage de la main gauche :

Ouvrier maroquinier :

Salaire de base...... 1.200
Réduction........... 54 $^0/_0$
Rente allouée....... 325   **27** $^0/_0$

Trib. civ. de la *Seine* (4ᵉ ch.), 7 mars 1900.

Perte de la plus grande partie des fonctionnements de la main gauche par suite de : 1° une ankylose complète de l'annulaire gauche, rendant impossible tout usage de ce doigt et en faisant, au contraire, une sorte de gêne pour les divers usages de la main ; 2° une ankylose à peu près complète de la dernière phalange du médius de la main gauche, ne permettant qu'un usage imparfait de ce doigt ; 3° une ankylose complète de la dernière phalange du pouce de la main gauche, rendant très difficile et imparfait le mouvement d'opposition du pouce :

Chauffeur d'une machine à battre le blé au service d'un entrepreneur de battage :

Salaire de base...... 1.264
Réduction........... 50 $^0/_0$
Rente allouée....... 316   **25** $^0/_0$

Trib. civ. de *Bellac*, 31 mai 1900.

Incapacité totale de la main gauche :

Ouvrière :

Salaire de base......	600	
Réduction..........	60 %	
Rente allouée........	180	**30 %**

Trib. civ. de *Saint-Étienne*, 18 juillet 1900.

Impotence fonctionnelle de la main gauche par suite d'une plaie ayant intéressé les trois derniers doigts de la main gauche, avec raccourcissement de l'annulaire par suite de la perte d'une partie de la troisième phalange :

Ouvrier scieur :

Salaire journalier....	6,50	
Réduction..........	6 %	
Rente allouée........	58,50	**3 %**

Trib. civ. de *Lyon*, 7 août 1900.

Amputation de la main gauche :

Manœuvre à l'arsenal de Besançon, conducteur d'une machine dite dégauchisseuse :

Salaire de base......	1.056	
Réduction..........	60 %	
Rente allouée........	316,80	**30 %**

C. de *Besançon* (1re ch.), 28 février 1900, infirme jugement du Trib. civ. de *Besançon*, 1er février 1900.

Atrophie des muscles déterminée par une grave morsure de cheval, impossibilité d'exercer une profession nécessitant l'usage de la main gauche :

Maréchal ferrant :

Salaire de base......	2.100	
Réduction..........	40 %	
Rente allouée........	420	**20 %**

Trib. civ. de la *Seine* (4e ch.), 26 janvier 1901.

B. — MAIN DROITE

Main droite mutilée par l'écrasement de l'extrémité de tous les doigts :

Ouvrier tanneur :

Salaire de base.......	831,51	
Réduction...........	40 %	
Rente allouée........	166,35	**20 %**

Trib. civ. de *Valence* (1re ch.), du 26 novembre 1900.

Impotence fonctionnelle des trois quarts de la main droite :

Ouvrier d'atelier :

Salaire de base......	300	
Réduction...........	67,32 %	
Rente allouée........	101	**33,66 %**

Trib. civ. de *Valenciennes*, 2 novembre 1900.

Perte presque complète de l'usage de la main droite :

Comptable distributeur de matières dans une filature :

Salaire de base......	1.800	
Réduction...........	50 %	
Rente allouée........	450	**25 %**

Trib. civ. de *Lille*, 3 mai 1900.

Arthrite et ankylose des jointures, mettant l'ouvrier dans l'impossibilité de se servir de sa main :

Maçon :

Salaire de base......	1.773	
Réduction...........	40 %	
Rente allouée........	354,60	**20 %**

Trib. civ. du *Havre*, 10 janvier 1901.

Amputation de l'index et du médius de la main droite ; perte du pouce ; articulations de la main ankylosées :

Ouvrier occupé à décharger :

Salaire de base...... 2.000
Réduction........... 50 %
Rente allouée........ 500   **25 %**

Trib. civ. de *Montpellier*, 11 mai 1900.

Perte de l'usage de la main droite, par suite de l'amputation du pouce, de l'index et du médius de cette main, avec amaigrissement de deux doigts restant avec ankylose apparente aux articulations :

Ouvrier :

Salaire de base...... 975
Réduction........... 61,74 %
Rente allouée........ 300   **30,87 %**

Trib. civ. de *Castres*, 23 mai 1900.

Fracture des deux métacarpiens correspondant au médius et à l'index. — Fractures comminutives ou à plusieurs fragments. — Articulations métacarpophalangiennes complètement détruites. — Ankylose à peu près complète de l'index et du médius de la main droite entraînant la perte complète de l'usage de cette main :

Charretier :

Salaire de base...... 1.320
Réduction........... 60 %
Rente allouée........ 400   **30 %**

Trib. civ. de *Narbonne*, 21 février 1900.

Perte de l'usage de la main, par suite de l'amputation du pouce et des trois premiers doigts de la main droite, l'auriculaire restant seul intact :

Manœuvre dans une scierie mécanique :

Salaire de base...... 600
Réduction........... 60 %
Rente allouée........ 180   **30 %**

Trib. civ. de *Bagnères-de-Bigorre*, 8 mars 1901.

Perte complète de l'usage de la main droite :

Charretier :

Salaire de base......	1.200	
Réduction...........	50 $^0/_0$	
Rente allouée........	300	**25** $^0/_0$

Trib. civ. d'*Avignon*, 6 avril 1900.

Perte de l'usage de la main droite :

Ouvrier scieur :

Salaire de base......	2.400	
Réduction...........	74 $^0/_0$	
Rente allouée........	900	**37** $^0/_0$

Trib. civ. de la *Seine* (4e ch.), 12 mars 1900.

Amputation de la main droite :

Ouvrier occupant un métier appelé ouvreuse :

Salaire de base......	975	
Réduction...........	76,92 $^0/_0$	
Rente allouée........	375	**38,46** $^0/_0$

C. de *Rouen* (2e ch.), 11 mai 1900, infirme le jugement du Trib. civ. *des Andelys*, 20 février 1899.

Amputation de la main droite :

Ouvrier :

Salaire de base......	975	
Réduction...........	76,92 $^0/_0$	
Rente allouée........	375	**38,46** $^0/_0$

C. d'*Aix*, 25 mai 1900.

Perte de la main droite :

Ouvrier agricole, préposé au fonctionnement d'une machine à battre le grain, mue par la vapeur :

Salaire de base......	912,50	
Réduction...........	75 $^0/_0$	
Rente allouée........	338,437	**37, 50** $^0/_0$

C. de *Poitiers* (1re ch.), 6 mars 1900, confirme le jugement du Trib. civ. de *Jonzac*, 16 janvier 1900.

Perte de la main droite :

Homme d'équipe au P.-L.-M. :

Salaire de base......	1.149,30	
Réduction..........	60,90 %	
Rente allouée........	350	**30,45 %**

Trib. civ. de *Fontainebleau*, 24 janvier 1901.

Perte de l'usage de la main droite :

Roulier :

Salaire de base......	1.000	
Réduction..........	60 %	
Rente allouée........	300	**30 %**

C. de *Toulouse* (1ʳᵉ ch.), 13 mai 1901, confirme le jugement du Trib. civ. de *Toulouse*, du 8 décembre 1900, sauf rectification du chiffre du salaire, primitivement fixé à 988 francs, ce qui portait la rente à 296 fr. 40.

Amputation de la main droite :

Ouvrier papetier :

Salaire de base......	1.050	
Réduction..........	80 %	
Rente allouée........	420	**40 %**

Trib. civ. de *Corbeil*, 3 août 1900.

Amputation de la main droite :

Ouvrier cardeur (machine le Loup) :

Salaire de base......	1.171,55	
Réduction..........	70 %	
Rente allouée........	410,40	**35 %**

Trib. civ. de *Beauvais*, 11 janvier 1900.

Perte antérieure de la main droite :

Voir *Doigt, Main gauche, Trois doigts.*

Voir *Doigt* et *Main.*

Voir *Poignet.*

NÉVRITE

Névrite traumatique :

Ouvrier maçon :

Salaire de base......	1.200	
Réduction..........	73,32 $^0/_0$	
Rente allouée.......	440	**36,66** $^0/_0$

Trib. civ. de *Narbonne*, 13 novembre 1900.

ŒIL

Opacité transparente de la cornée pour les deux tiers inférieurs du champ pupillaire; opacité très légère, ne gênant pas sensiblement la vision.

Ouvrier :

Salaire de base......	1.444,80	
Réduction..........	5 $^0/_0$	
Rente allouée.......	36,12	**2,50** $^0/_0$

Trib. civ. de *Chalon-sur-Saône*, 2 mai 1900.

Perte de l'œil (cornée opaque), par suite d'un éclat de chaux vive :

Ouvrier travaillant au transport de la chaux :

Salaire de base......	1.800	
Réduction..........	33,33 $^0/_0$	
Rente allouée.......	300	**16,66** $^0/_0$

C. de *Montpellier* (2ᵉ ch.), 29 mars 1900, confirme le jugement du Trib. civ. de *Narbonne*, 23 janvier 1900.

Perte d'un œil :

Ouvrier :

Salaire de base......		
Réduction..........	25 $^0/_0$	
Rente allouée...		**12,50** $^0/_0$

C. de *Rennes*, 15 mai 1901, confirme jugement du Trib. civ. de *Saint-Nazaire*, du 21 décembre 1900.

Perte d'un œil :

Ouvrier maréchal-ferrant :

Salaire de base......	1.642,50
Réduction..........	50 %
Rente allouée........	410,50 **25** %

Trib. civ. d'*Aix*, 13 mars 1900, jugement infirmé par C. d'*Aix* (4ᵉ ch.), 17 novembre 1900.

L'arrêt décharge le patron de la rente allouée à raison du caractère de son atelier, trop modeste pour pouvoir être assimilé à une usine ou à une manufacture. Le Tribunal fixait la réduction à 50 % et la rente à 25 %.

Perte d'un œil :

Ouvrier métallurgiste :

Salaire de base......	928,60
Réduction..........	33,33 %
Rente allouée........	153,75 **16,66** %

Trib. civ. de *Saint-Étienne*, 28 mai 1900.

Perte d'un œil :

Ouvrière tisseuse :

Salaire de base.......	900
Réduction..........	40 %
Rente allouée........	180 **20** %

Trib. civ. de *Lyon*, 1ᵉʳ août 1900.

Perte d'un œil :

Ouvrier employé à la Société des forges et chantiers :

Salaire de base......	1.208
Réduction..........	50 %
Rente allouée........	302 **25** %

C. d'*Aix* (2ᵉ ch.), 3 août 1900, infirme jugement du Trib. civ. de *Toulon*, du 29 juin 1900.

Perte de l'œil :

Ouvrière agricole employée au service d'une batteuse mécanique :

Salaire de base......	750	
Réduction..........	30 %	
Rente allouée........	112,50	**15** %

C. d'appel d'*Amiens*, 1er mars 1901, réformant un jugement du Trib. civ. de *Soissons*, du 28 novembre 1900, qui avait admis la même réduction, mais fixé le salaire à 1.000 francs.

Perte de l'œil :

Casseur de pierres :

Salaire de base......	900	
Réduction..........	33,33 %	
Rente allouée........	150	**16,66** %

C. d'appel de *Paris*, 27 avril 1901, réformant un jugement de *Fontainebleau*, du 26 décembre 1900, qui avait admis 44,44 % de réduction, soit 22,22 % de rente.

Perte d'un œil :

Ouvrier de chantier :

Salaire de base......	1.260	
Réduction..........	28,56 %	
Rente allouée........	180	**14,28** %

Trib. civ. de *Montreuil-sur-Mer*, 27 juillet 1900.

A. — ŒIL GAUCHE

Diminution de la vision binoculaire par suite d'un éclat d'acier dans l'œil gauche :

Mécanicien préposé à la cannelure d'un arbre d'acier :

Salaire de base......	1.500	
Réduction..........	16 %	
Rente allouée........	120	**8** %

Trib. civ. de *Tonnerre*, 4 janvier 1900.

Affaiblissement de l'acuité de vision de l'œil gauche :

Ouvrier ajusteur à l'arsenal de Besançon :

  Salaire de base...... 1.607,78
  Réduction.......,... 49,86 %
  Rente allouée........ 401,95   24,93 %

C. de *Besançon*, 11 juillet 1900, par arrêt avant faire droit confirme jugement du Trib. civ. de *Besançon*, 5 avril 1900.

Diminution de la fonction visuelle de l'œil gauche :

Ouvrier perceur :

  Salaire de base...... 1.409
  Réduction.......... 25,88 %
  Rente allouée........ 182,35   12,94 %

C. de *Nancy*, 18 octobre 1900.

Perte du quart environ de l'acuité visuelle de l'œil gauche :

Ouvrier chaudronnier :

  Salaire de base...... 1.140
  Réduction.......... 9,12 %
  Rente allouée........ 51,84   4,56 %

Trib. civ. d'*Avesnes*, 2 juin 1900.

Diminution notable de l'acuité visuelle de l'œil gauche :

Ouvrier burineur :

Reprise du travail à la même usine pour le même salaire.

  Salaire de base...... »
  Réduction.......... 0 %
  Rente allouée........ »   0 %

Trib. civ. de *Montluçon*, 18 mai 1900.

Diminution notable de l'acuité de vision de l'œil gauche :

Ouvrier burineur :

Reprise du travail avec augmentation de salaire dans la même usine.

Salaire de base......	»	
Réduction..........	0 $^0/_0$	
Rente allouée........	»	0 $^0/_0$

Trib. civ. de *Montluçon*, 18 mai 1900.

Plaie à la cornée de l'œil gauche, diminution notable de vision :

Casseur de pierres :

Salaire de base......	1.005,50	
Réduction..........	40 $^0/_0$	
Rente allouée........	219,10	20 $^0/_0$

Trib. civ. de *Chambéry*, 2 décembre 1900.

Réduction de vision de l'œil gauche dans la proportion de 8 $^0/_0$:

Ouvrier :

Salaire de base......	1.260	
Réduction..........	25 $^0/_0$	
Rente allouée.......	157,50	**12,50** $^0/_0$

Trib. civ. de *Nancy*, 8 août 1900.

Œil gauche crevé :

Ouvrier tisserand :

Salaire de base......	906,55	
Réduction..........	50 $^0/_0$	
Rente allouée.......	226,60	**25** $^0/_0$

C. de *Douai* (1re ch.), 19 juin 1900, confirme jugement du Trib. civ. de *Hazebrouck*, 16 mars 1900.

Ablation de l'œil gauche par suite d'un éclat de métal dans cet œil :

Ouvrier forgeron :

Salaire de base......	1.660,40	
Réduction..........	18,18 $^0/_0$	
Rente allouée........	150	**9,09** $^0/_0$

Trib. civ. d *Avesnes*, 15 mars 1900.

Énucléation de l'œil gauche :

Forgeron au service de la Compagnie de l'Est :

Salaire de base......	1.273,48	
Réduction..........	40 $^0/_0$	
Rente allouée........	254,696	**20** $^0/_0$

Trib. civ. de *Toul*, 21 juin 1900.

Perte de l'œil gauche :

Manœuvre :

Salaire de base......	900	
Réduction..........	33,32 $^0/_0$	
Rente allouée........	150	**16,66** $^0/_0$

Trib. civ. de *Grenoble*, 19 janvier 1900.

Perte de l'œil gauche :

Ouvrier :

Salaire de base......	1.052,57	
Réduction..........	47,50 $^0/_0$	
Rente allouée........	250	**23,75** $^0/_0$

C. de *Douai*, 26 février 1900.

Perte de l'œil gauche :

Ouvrier employé à de gros travaux mécaniques :

Salaire de base......	768,55	
Réduction..........	25 $^0/_0$	
Rente allouée........	96,05	**12,50** $^0/_0$

Trib. civ. de *Mont-de-Marsan*, 11 janvier 1901.

Perte de l'œil gauche :

Apprenti :

Salaire de base......	750
Réduction..........	33,32 %
Rente allouée........	125 **16,66 %**

C. de *Lyon* (3ᵉ ch.), 28 juin 1900, infirme Trib. civ. de *Villefranche*, 29 juillet 1899.

Perte de l'œil gauche :

Maçon :

Salaire de base......	2.314
Réduction..........	33,33 %
Rente allouée.......	385,20 **16,66 %**

C. Appel de *Paris*, 8 juin 901, infirme jugement du Tribunal civil de *Versailles* du 27 décembre 1900 qui avait admis 25 % de réduction.

Perte de l'œil gauche :

Ouvrier :

Salaire de base......	1.342,50
Réduction..........	33,40 %
Rente allouée........	225 **16,70 %**

C. de *Douai* (1ʳᵉ ch.), 10 décembre 1900.

Perte de l'œil gauche :

Employé d'usine :

Salaire de base......	600
Réduction..........	50 %
Rente allouée.......	150 **25 %**

Trib. civ. de *Lorient*, 6 novembre 1900.

Ablation de l'œil gauche :

Ouvrier casseur de pierre :

Salaire de base......	500
Réduction..........	34 %
Rente allouée.......	85 **17 %**

Trib. civ. de *Mâcon*, 8 août 1900.

Perte de l'œil gauche :

Ouvrier :

Salaire de base......	900	
Réduction..........	44,44 $^0/_0$	
Rente allouée........	200	**22,22** $^0/_0$

Trib. civ. de *Fontainebleau*, 26 décembre 1900.

Perte de l'œil gauche :

Préposé au chauffage et à la marche des machines d'alimentation d'eau des gares :

Salaire de base......	1.500	
Réduction..........	50 $^0/_0$	
Rente allouée........	375	**25** $^0/_0$

Trib. civ. de *Narbonne*, 2 janvier 1901.

Perte de l'œil gauche :

Ouvrier verrier :

Salaire de base.......	720	
Réduction..........	25 $^0/_0$	
Rente allouée........	90	**12,50** $^0/_0$

Trib. civ. de *Privas*, 9 mai 1900.

Ablation de l'œil gauche :

Ouvrier tôlier :

Salaire de base......	1.560	
Réduction..........	40 $^0/_0$	
Rente allouée........	312	**20** $^0/_0$

Trib. civ. de *Laval*, 1ᵉʳ juin 1900.

Perte de l'œil gauche :

Manœuvre :

Salaire de base......	902	
Réduction...........	50 $^0/_0$	
Rente allouée........	225,50	**25 $^0/_0$**

C. d'*Orléans*, 30 mai 1900, confirme le jugement du Trib. civ. d'*Orléans*, 14 février 1900.

Perte complète de l'œil gauche :

Ouvrier d'atelier aux chantiers de la Loire :

Salaire de base......	1.528,05	
Réduction...........	25 $^0/_0$	
Rente allouée........	191	**12,50 $^0/_0$**

Trib. civ. de *Nantes*, du 18 juin 1900, confirmé par C. de *Rennes*, du 22 novembre 1900.

Perte de l'œil gauche :

Ouvrier tisseur, employé, dit le jugement, à un travail relativement minutieux :

Salaire de base......	1.040,45	
Réduction...........	35 $^0/_0$	
Rente allouée........	182,07	**17,50 $^0/_0$**

C. de *Lyon*, 24 juillet 1900, confirme jugement du Trib. civ. de *Villefranche*, 27 janvier 1900.

Perte de l'œil gauche :

Ouvrier d'usine :

Salaire de base......	1.984	
Réduction...........	25 $^0/_0$	
Rente allouée........	248	**12,50 $^0/_0$**

Trib. civ. de *Saint-Étienne*, en date du 5 juillet 1900.

Perte presque complète de l'œil gauche :

Tisseuse :

Salaire de base......	660	
Réduction..........	25 $^0/_0$	
Rente allouée........	82,50	**12,50 $^0/_0$**

Trib. civ. de *Roanne*, 3 avril 1901.

Perte de l'œil gauche :

Tailleur de pierres :

Salaire de base......	1.808,10	
Réduction..........	33,33 $^0/_0$	
Rente allouée........	301,35	**16,66 $^0/_0$**

Trib. civ. de *Provins*, 22 février 1900, confirmé par arrêt de la C. d'appel de *Paris*, du 26 mai 1900.

Perte de l'œil gauche :

Maçon :

Salaire de base......	2.314	
Réduction..........	33,33 $^0/_0$	
Rente allouée........	385,20	**16,66 $^0/_0$**

C. de *Paris*, 8 juin 1901, infirme jugement du Trib. civ. de *Versailles*, du 27 décembre 1900, qui avait admis 25 $^0/_0$ de réduction.

Perte totale de l'œil gauche. — Contusions au bras gauche et aux deux jambes :

Mineur :

Salaire de base......	1.200	
Réduction..........	25 $^0/_0$	
Rente allouée........	150	**12,50 $^0/_0$**

Trib. civ. de *Marseille*, 18 décembre 1900.

B. — ŒIL DROIT

Vision de l'œil droit réduite des 5/6 :

Ouvrier :

Salaire de base......   2.496
Réduction...........   20 $^0/_0$
Rente allouée........   242,40   **10 $^0/_0$**
Dont 240 sur 2.400 francs et 2,40 sur 96 fr.

Trib. civ. de *Reims*, 15 mars 1901.

Vision de l'œil droit presque nulle :

Ouvrier casseur de pierres :

Salaire de base......   600
Réduction...........   66,64 $^0/_0$.
Rente allouée........   100   **33,32 $^0/_0$**

Trib. civ. de *Grenoble*, 13 décembre 1900.

Obnubilation presque complète de la vue de l'œil droit :

Ouvrier serrurier :

Salaire de base......   1.260
Réduction...........   50 $^0/_0$
Rente allouée........   315   **25 $^0/_0$**

Trib. civ. de *Saint-Dié*, 27 juillet 1900.

Perte de la vision de l'œil droit :

Teinturier :

Salaire de base......   975
Réduction...........   30,76 $^0/_0$
Rente allouée........   150   **15,38 $^0/_0$**

Trib. civ. de *Troyes*, 26 décembre 1900.

Perte des fonctions visuelles de l'œil droit :

Apprenti mécanicien :

Salaire de base...... 1.200
Réduction........... 60,82 $^0/_0$
Rente allouée........ 365   30,41 $^0/_0$

Trib. civ. d'*Uzès*, 19 juillet 1900.

Perte de vision d'un œil, par suite de la réception dans l'œil droit d'un gravier, dont le choc avait déterminé une hératite traumatique avec conjonctivite intense :

Ouvrier :

Salaire de base...... 1.060
Réduction.... ...... 33,98 $^0/_0$
Rente allouée........ 180   16,98 $^0/_0$

Trib. civ. de *Gray*, 11 avril 1900.

Perte complète de la vision de l'œil droit :

Ouvrier terrassier :

Salaire de base...... 822,50
Réduction........... 20 $^0/_0$
Rente allouée........ 82,25   10 $^0/_0$

Trib. civ. de *Lunéville*, 9 août 1900.

Perte de l'œil droit :

Ouvrier terrassier :

Salaire de base...... 900
Réduction........... 33,33 $^0/_0$
Rente allouée........ 150   16,66 $^0/_0$

C. de *Riom*, 21 février 1901, réformant jugement de *Brioude*, du 6 juillet 1900, qui avait admis une réduction de 50 $^0/_0$.

Perte de l'œil droit :

Ouvrier :

Salaire de base...... 600
Réduction.......... 30 $^0/_0$
Rente allouée........ 90   **15** $^0/_0$

Trib. civ. de *Montbrison*, du 6 février 1901.

Ablation de l'œil droit, par suite d'une déchirure de l'iris :

Charpentier :

Salaire de base...... 1.500
Réduction.......... 40 $^0/_0$
Rente allouée........ 300   **20** $^0/_0$

C. de *Chambéry*, 14 novembre 1900.

Perte de l'œil droit :

Ouvrier carrier :

Salaire de base...... 810
Réduction.......... 25 $^0/_0$
Rente allouée........ 101,25   **12,50** $^0/_0$

C. de *Rennes* (1re ch.), 27 novembre 1900.

Perte de l'œil droit :

Manœuvre :

Salaire de base...... »
Réduction.......... 25 $^0/_0$
Rente allouée........ »   **12,50** $^0/_0$

C. de *Nancy*, 6 mars 1901.

Perte de l'œil droit :

Ouvrier chaudronnier :

Salaire de base...... 1.608
Réduction.......... 33,32 $^0/_0$
Rente allouée........ 268   **16,66** $^0/_0$

Trib. civ. de *Bourges*, 20 décembre 1900.

Perte de l'œil droit :

Tailleur de pierres :

Salaire de base......	1.500	
Réduction..........	20 %	
Rente allouée........	150	**10 %**

C. de *Nancy* (1re ch.), 14 juin 1901.

Perte de l'usage de l'œil droit :

Ouvrier menuisier :

Salaire de base......	1.333,95	
Réduction..........	50 %	
Rente allouée........	333,45	**25 %**

Trib. civ. d'*Aix*, 19 février 1900.

Perte de l'œil droit :

Ouvrier occupé au martelage des métaux :

Salaire de base......	1.587,65	
Réduction..........	30 %	
Rente allouée........	238,15	**15 %**

Trib. civ. de *Lyon*, 27 octobre 1900.

Perte de l'œil droit :

Casseur de pierres :

Salaire de base......	1.200	
Réduction..........	33,33 %	
Rente allouée........	200	**16,66 %**

Réduite à 100 francs, par suite de la faute inexcusable de l'ouvrier.
Trib. civ. de *Chambéry*, 6 avril 1901.

Perte de l'œil droit :

Ouvrier :

Salaire de base......	1.075,70	
Réduction..........	33,46 %	
Rente allouée........	180	**16,73 %**

Trib. civ. de *Valenciennes*, 14 juin 1900.

Perte de l'œil drcit :

Ouvrier :

Salaire de base...... 1.825
Réduction.......... 32,86 $^0/_0$
Rente allouée........ 300   **16,43** $^0/_0$

C. d'*Orléans*, 11 août 1900, infirme le jugement du Trib. civ. de *Tours*, 29 mai 1900.

Perte de l'œil droit :

Ouvrier riveur :

Salaire de base...... 1.800
Réduction.......... 25 $^0/_0$
Rente allouée........ 225   **12,50** $^0/_0$

C. d'*Agen*, 7 août 1900, confirme le jugement du Trib. civ. de *Marmande*, 17 mai 1900.

Ablation de l'œil droit, déchirure de l'iris :

Charpentier :

Salaire de base...... 1.500
Réduction.......... 40 $^0/_0$
Rente allouée........ 300   **20** $^0/_0$

C. de *Chambéry*, 8 décembre 1900.

Perte de l'œil droit :

Ouvrier :

Salaire de base...... 1.342,20
Réduction.......... 33,52 $^0/_0$
Rente allouée........ 225   **16,76** $^0/_0$

C. de *Douai*, 31 décembre 1900, infirme le jugement du Trib. civ. de *Béthune*, 31 mai 1900.

Perte de l'œil droit :

Ouvrier charpentier :

Salaire de base......	1.250
Réduction...........	40 $^0/_0$
Rente allouée........	250 **20** $^0/_0$

Trib. civ. de *Grenoble*, 31 mai 1900.

Perte de l'œil droit :

Ouvrier occupé à relever les rails de la voie ferrée en construction sur la ligne de chemin de fer de Dieppe au Havre, blessé par suite d'un éclat de silex :

Salaire de base......	1.180
Réduction...........	50 $^0/_0$
Rente allouée........	295 **25** $^0/_0$

C. de *Rouen*, 14 août 1900, confirme le jugement du Trib. civ. d'*Yvetot*, 29 juin 1900.

Perte de l'œil droit :

Manœuvrier :

Salaire de base......	1.050
Réduction...........	33 $^0/_0$
Rente allouée........	175 **16,50** $^0/_0$

Trib. civ. de *Doullens*, 6 avril 1900.

Perte de l'œil droit :

Ouvrier carrier :

Salaire de base......	975
Réduction...........	33,33 $^0/_0$
Rente allouée........	162,50 **16,66** $^0/_0$

Trib. civ. de *Saint-Gaudens*, 11 mars 1901.

Perte de l'œil :

Ouvrier puddleur :

Salaire de base.....	2.373
Réduction...........	22,24 $^0/_0$
Rente allouée........	264 **11,22** $^0/_0$

Trib. civ. d'*Avesnes* (1re ch.), 23 novembre 1900.

Perte de l'œil droit :

Constructeur mécanicien :

Salaire de base...... 2.150
Réduction.......... 33 %
Rente allouée........ 354,75 **16,50 %**

Trib. civ. de la *Seine* (4° ch.), 5 janvier 1901.

Perte totale de l'œil droit :

Maçon :

Salaire de base...... 1.000
Réduction.......... 30 %
Rente allouée........ 150 **15 %**

Trib. civ. de *Saint-Dié*, 15 mars 1901.

Extraction de l'œil droit :

Ouvrier :

Salaire de base...... 1.650
Réduction.......... 30 %
Rente allouée........ 247,50 **15 %**

Trib. civ. de *Marseille* (2° ch.), 23 avril 1901.

Perte de l'œil droit :

Ouvrier terrassier :

Salaire de base...... 960
Réduction.......... 50 %
Rente allouée........ 240 **25 %**

Trib. civ. de *Brioude*, 6 juillet 1900, infirmé par C. de *Riom*, 21 février 1901.

Perte complète de l'œil droit :

Portefaix :

Salaire de base...... 1.991
Réduction.......... 25 %
Rente allouée........ 248,87 **12,50 %**

Trib. civ. de *Montpellier* (1re ch.), 6 juillet 1900,

Brûlure de l'œil droit avec impossibilité d'ablation par suite du rapprochement des paupières :

Ouvrier chaudronnier :

Salaire de base......	1.200	
Réduction...........	50 %	
Rente allouée........	300	25 %

C. de *Douai*, 31 octobre 1900, confirme jugement du Trib. civ. de *Béthune*.

Voir *Yeux*.

OMOPLATE

Fracture de l'omoplate gauche. — Épaule amaigrie et couverte d'une large cicatrice. — Articulation scapulo-humérale ankylosée. — Mouvements articulaires réduits. — Bras ne pouvant dépasser en hauteur l'horizontale, par suite de la destruction par suppuration des muscles de l'épaule du deltoïde principalement. — Retour complet des forces et disparition totale de l'ankylose peu probables :

Charretier chargé de transports de soufre :

Salaire de base......	1.020	
Réduction...........	50 %	
Rente allouée........	200	25 %

(réduite à 100 à raison de la faute inexcusable de la victime). Trib. civ. de *Narbonne*, 13 février 1900.

OREILLE

Surdité avec affaiblissement du côté droit du corps :

Chauffeur :

Salaire de base......	1.380	
Réduction...........	25 %	
Rente allouée........	172,50	12,50 %

C. d'*Aix*, 2 mars 1901, confirme jugement du Trib. civ. de *Tarascon*, du 21 décembre 1900.

PIED

Amputation du gros orteil :

Ouvrier :

Salaire de base...... 1.800
Réduction.......... 10 $^0/_0$
Rente allouée........ 91,25 **5** $^0/_0$

Trib. civ. du *Havre*, 31 mai 1900.

Amputation de trois orteils et désarticulation tarsométatarsienne nécessitée par l'infection de la plaie :

Ouvrier d'entreprise de construction de voie ferrée :

Salaire de base...... 868
Réduction.......... 66,66 $^0/_0$
Rente allouée........ 289,33 **33,33** $^0/_0$

Trib. civ. de *Sarlat*, 13 décembre 1899.

Perte d'un pied :

Rattrapeur de rognures de fer, âgé de moins de seize ans :

Salaire de base...... 480
Réduction.......... 50 $^0/_0$
Rente allouée........ 120 **25** $^0/_0$

Trib. civ. de *Lorient*, 12 juin 1900.

Perte d'un pied :

Ouvrier :

Salaire de base...... 1.320
Réduction.......... 50 $^0/_0$
Rente allouée........ 330 **25** $^0/_0$

C.de *Nancy*, 8 mars 1901, infirme le jugement du Trib. civ. de *Nancy*, du 15 janvier 1901, qui avait admis une réduction de 75 $^0/_0$.

Amputation des deux premières phalanges des deux doigts du milieu du pied gauche, avec amputation de la jambe droite :

Voir *Jambe (droite)*.

PIED DROIT

Entorse et arthrite du pied droit : .

Chaudronnier en cuivre :

Salaire de base......	1.928,25	
Réduction...........	20 $^0/_0$	
Rente allouée........	192	10 $^0/_0$

Jugement du Trib. civ. de *Lille*, 24 janvier 1901.

Fracture bimalléollaire tibiotarsienne du pied droit ayant entraîné une déformation du pied occasionnant une gêne pour la marche et la station debout :

Ouvrier d'usine :

Salaire de base......	1.256	
Réduction...........	10 $^0/_0$	
Rente allouée........	62,80	5 $^0/_0$

Trib. civ. de *Nancy*, 13 mai 1901.

Amputation du pied droit :

Ouvrier terrassier :

Salaire de base......	790	
Réduction...........	70 $^0/_0$	
Rente allouée........	276,50	35 $^0/_0$

Trib. civ. de *Villefranche*, du 16 août 1900, confirmé par arrêt de la C. de *Lyon*, du 7 mars 1901, en ce qui touche le taux de réduction ; toutefois, le salaire de base a été ramené à 750 francs, et la rente à 262 fr. 50,

Amputation du pied droit :

Ouvrier terrassier :

Salaire de base......	750	
Réduction..........	70 %	
Rente allouée........	262,50	**35 %**

C. de *Lyon* (2ᵉ ch.), 7 mars 1901, confirme le jugement du Trib. civ. de *Villefranche*, du 11 août 1900, en ce qui concerne le taux de la réduction subie par le salaire.

Amputation du pied droit :

Mineur de moins de seize ans manœuvre employé aux mines de Blanzy :

Salaire de base......	484,70	
Réduction..........	65 %	
Rente allouée........	157,37	**32,50 %**

C. de *Dijon*, 23 juillet 1900, confirme le jugement du Trib. civ. de *Chalon-sur-Saône*, 20 mars 1900.

Écrasement du pied droit avec perte de la jambe gauche :

Voir *Jambe (gauche)*.

Écrasement du pied droit et amputation de la jambe gauche :

Voir *Jambe (côtés droit et gauche)*.

POIGNET

Avant-bras droit entaillé au-dessus du poignet par une rondelle en fer. — Privation, dans une certaine mesure, de l'usage de la main :

Ouvrier tourneur :

Salaire de base......	1.193	
Réduction..........	4,18 %	
Rente allouée........	25	**2,09 %**

Trib. civ. de *Lille* (1ʳᵉ ch.), 21 juin 1900,

Brisure du poignet de la main droite :

Maçon :

Salaire de base......	918	
Réduction...........	66,66 $^0/_0$	
Rente allouée........	306	33,33 $^0/_0$

C. d'*Orléans*, 20 juillet 1900, confirme jugement du Trib. civ. d'*Orléans*, 25 avril 1900, sauf en ce qui concerne la fixation du taux de la rente, fixée à tort à 302 fr. 60, par suite d'une erreur de calcul.

Arthrite grave avec déviation du poignet :

Ouvrier verrier :

Salaire de base......	1.564,80	
Réduction...........	75 $^0/_0$	
Rente allouée........	586,80	37,50 $^0/_0$

Trib. civ. de *Montluçon*, 13 juillet 1900.

Amputation du poignet de la main droite :

Conducteur à la Compagnie des chemins de fer P.-L.-M. :

Salaire de base......	1.500	
Réduction...........	75 $^0/_0$	
Rente allouée........	562,50	37,50 $^0/_0$

C. de *Dijon*, 2 avril 1900.
L'arrêt a été rendu sur appel interjeté d'un jugement du Tribunal civil de *Dijon* (2ᵉ ch.), du 18 janvier 1900.

Perte de l'usage du poignet gauche et valeur fonctionnelle du poignet droit très réduite :

Ouvrier :

Salaire de base......	1.470	
Réduction...........	68,02 $^0/_0$	
Rente allouée........	500	34,01 $^0/_0$

Trib. civ. de *Lille*, 26 avril 1900.

STERNUM

Fracture du sternum et hernie de la ligne blanche au-dessus de l'ombilic :

Voir *Hernie*.

TRAUMATISME

Maladie nerveuse. — Troubles résultant d'une lésion antérieure du système nerveux central :

Ouvrier :

Salaire de base......   »
Réduction...........   0 $^0/_0$
Rente allouée........   »   0 $^0/_0$

C. de *Bordeaux* (2ᵉ ch.), 18 décembre 1900.

URÈTRE

Brisure de l'urètre :

Ouvrier charpentier :

Salaire de base......   900
Réduction...........   40 $^0/_0$
Rente allouée.......   180   20 $^0/_0$

C. de *Nancy*, 28 novembre 1900, confirme jugement du Trib.
civ. de *Nancy* (1ʳᵉ ch.), 2 juillet 1900.

VARICOCÈLE

Maladie n'ayant aucune cause traumatique :

Ouvrier :

Salaire de base......	»	
Réduction...........	0 $^0/_0$	
Rente allouée........	»	0 $^0/_0$

Trib. civ. de *Bordeaux* (1re ch.), 24 décembre 1900.

TESTICULE

Ablation d'un testicule :

Ouvrier relayeur à la Compagnie des Omnibus :

Salaire de base......	1.450	
Réduction...........	8 $^0/_0$	
Rente allouée........	58	4 $^0/_0$

Trib. civ. de la *Seine*, 30 mars 1901.

REIN

Chute du rein dans la cavité abdominale :

Ouvrier occupé chez un négociant en vins :

Salaire de base......	»	
Réduction...........	0 $^0/_0$	
Rente allouée........	»	0 $^0/_0$

Trib. civ. de *Bordeaux*, 7 janvier 1901.

Le Tribunal rejette la demande d'allocation de rente par ce motif que l'accident a été la conséquence d'un effort normal dans le simple exercice d'une profession ne présentant d'ailleurs aucun danger.

TÊTE

Suppression d'une surface égale à celle d'une pièce de 5 francs de la partie osseuse de la boîte crânienne de la région frontale gauche :

Ouvrier maçon :

Salaire de base......	900	
Réduction..........	66,66 $^0/_0$	
Rente allouée........	300	**33,33 $^0/_0$**

Trib. civ. de *Chambéry*, 11 janvier 1900.

Opération du trépan, dépression de 9 centimètres sur 7 centimètres, due à l'enlèvement du pariétal. — Faiblesse du bras gauche, par suite d'une paralysie incomplète, tremblement nerveux, extension de l'avant-bras restreinte, faiblesse de la jambe gauche, troubles de la parole :

Ouvrier carrier :

Salaire de base......	783,76	
Réduction..........	90 $^0/_0$	
Rente allouée........	352,69	**45 $^0/_0$**

Trib. civ. de *Chalon-sur-Saône*, 22 mai 1900.

TRÉPANATION

Voir *Tête*.

YEUX

Perte partielle de la vision de l'œil droit estimée à une réduction d'un tiers de force visuelle, après perte antérieure de l'œil gauche :

Ouvrier plâtrier :

Salaire de base...... 1.500
Réduction........... 50 %
Rente allouée........ 375   **25 %**

Trib. civ. de *Tarascon*, 23 mars 1900.

Perte d'un œil, à la suite de la perte antérieure de l'autre œil:

Ouvrier verrier :

Salaire de base...... 1.590
Réduction........... 66,66 %
Rente allouée........ 530   **33,33 %**

C. de *Paris* (7ᵉ ch.), 16 février 1901, infirme le jugement du Trib. civ. de la *Seine*, 2 juin 1900.

NOTA. — La Cour estime que la perte d'un œil, après la perte antérieure de l'autre œil, ne constitue qu'une infirmité permanente partielle; mais elle considère que le calcul de la rente doit, en pareille circonstance, tenir compte de ce que l'œil atteint avait pour l'ouvrier borgne une valeur double.

Perte de l'œil gauche et gêne de la vision de l'œil droit :

Ouvrier tanneur :

Salaire de base...... 750
Réduction........... 50 %
Rente allouée....... 187,50   **25 %**

Trib. civ. de *Tournon*, 28 décembre 1899.

Perte de l'œil gauche et réduction des fonctions visuelles de l'œil droit dans la proportion de 5/10 :

Ouvrier terrassier :

Salaire de base......	1.000	
Réduction...........	83 $^0/_0$	
Rente allouée........	415	**41,50** $^0/_0$

Trib. civ. de *Saint-Dié*, 3 août 1900.

Perte de l'œil droit et diminution de l'acuité visuelle de l'œil gauche :

Terrassier :

Salaire de base......	1.080	
Réduction...........	75 $^0/_0$	
Rente allouée........	405	**37,50** $^0/_0$

Trib. civ. de *Saint-Marcellin* (Isère), 30 novembre 1900.

Perte de l'œil droit et diminution de l'acuité visuelle de l'œil gauche :

Ouvrier forgeron :

Salaire de base......	1.179	
Réduction...........	54 $^0/_0$	
Rente allouée........	318,33	**27** $^0/_0$

Jugement du Trib. civ. de *Segré*, du 26 février 1901.

Perte totale de la fonction visuelle de l'œil droit et diminution considérable de l'acuité visuelle de l'œil gauche .

Ouvrier :

Salaire de base......	645,85	
Réduction...........	33 $^0/_0$	
Rente allouée........	219	**16,50** $^0/_0$

Trib. civ. des *Andelys*, 23 janvier 1900 ; jugement confirmé par C. de *Rouen* (2ᵉ ch.), 7 avril 1900.

APPENDICE

PREMIRÈE PARTIE

TRIBUNAUX CIVILS

TRIBUNAL CIVIL DE TOURNON

Jugement du 28 décembre 1899

Le Tribunal :

Attendu qu'il est absolument certain et reconnu que Bonnet, Marius, à la date du 7 août 1899, et dans le cours du travail dont il était chargé, s'est blessé à l'œil gauche avec une aiguille d'emballage ; qu'il résulte des constatations médicales qui ont été faites qu'à la suite de cette blessure il a perdu complètement l'œil gauche et que la poussière gêne la vision de l'autre œil ;

Attendu que cet accident entraîne pour Bonnet une incapacité partielle et permanente de travail ; que le Tribunal a les éléments pour fixer la rente à laquelle Bonnet a droit, conformément aux dispositions de l'article 3 de la loi des 9 et 10 avril 1898, § 2 ; que le salaire le plus bas des ouvriers de la catégorie de Bonnet est de 2 fr. 50, soit, en tenant compte des jours fériés, de 750 francs par an ; que la réduction que l'accident a fait subir au salaire doit être fixée à la moitié du salaire, soit à 375 francs, et la rente à moitié de cette réduction, soit à 187 fr. 50 ;

Par ces motifs :

Condamne Franc et Cie à payer à Bonnet une pension annuelle et viagère de 187 fr. 50 ; le condamne aux dépens.

TRIBUNAL CIVIL DE LILLE

Jugement du 15 février 1900

Le Tribunal :

Attendu que Suffys, manouvrier, âgé de soixante ans, a été, le 5 août 1899, chez Joncquey frères, au cours de son travail, blessé par la lame d'une raboteuse qui lui a sectionné presque complètement les dernières phalanges de l'annulaire et de l'auriculaire de la main gauche ;

Attendu que les doigts atteints ont pu être conservés, mais sont dans un état d'impotence fonctionnelle assez accentuée, que la main gauche elle-même, notablement affaiblie, ne pourra retrouver sa force musculaire à raison de l'âge avancé de la victime ; que, par suite, l'ouvrier ne pourra plus se livrer à certains travaux délicats ou pénibles, qu'il en résulte une incapacité partielle et permanente de travail ;

Attendu que le salaire de la victime était de 3 fr. 25 par jour; que sa diminution de valeur productive peut être évaluée à 0 f. 75; qu'il a droit à une rente annuelle de 112 fr. 50 ;

Par ces motifs :

Donne acte à Joncquey frères de ce qu'ils s'en rapportent à justice sur le chiffre de l'indemnité : Les condamne à payer à Suffy une rente viagère annuelle de 112 fr. 50 payable à trimestre échu à partir du 11 octobre 1899 avec les intérêts judiciaires et les dépens.

TRIBUNAL CIVIL DE PROVINS [1]

Jugement du 22 février 1900

Le Tribunal :

Attendu que, le 13 juillet 1899, Lelong qui était occupé à tailler des pierres à l'écluse du Vesoult pour le compte du sieur Clavreuil, a été blessé à l'œil gauche par un éclat qui se détacha d'une pierre ;

1. Ce jugement a été confirmé par arrêt de la Cour de Paris du 26 mai 1900.

Attendu que cet accident a causé la perte totale de l'œil ;

Attendu que Lelong demande la réparation du préjudice qui lui a été causé ;

Attendu qu'il s'agit d'une incapacité permanente partielle, et qu'aux termes de l'article 3 de la loi du 9 avril 1898, Lelong a droit à une rente égale à la moitié de la réduction que subira son salaire, par suite de l'accident ;

Attendu que le demandeur n'était employé chez le sieur Clavreuil que depuis le 9 juillet 1899 ; qu'aux termes de l'article 10 de la loi de 1898 le salaire de base doit s'entendre pour les ouvriers employés depuis moins de douze mois avant l'accident de la rémunération effective reçue depuis l'entrée dans l'entreprise, augmentée de la rémunération moyenne qu'ont reçu, pendant la période nécessaire pour compléter l'année, les ouvriers de la même catégorie ;

Attendu qu'il n'y a donc pas lieu, pour compléter l'année, de tenir compte, comme le demande Lelong, du salaire réellement touché par lui dans les douze mois, mais seulement d'évaluer ce salaire d'après la moyenne touchée par les ouvriers qui, comme lui, exercent la profession de maçon pour les entreprises de travaux publics ;

Attendu que des renseignements fournis au tribunal, il résulte que la journée de ces ouvriers est payée en moyenne 6 francs par jour à raison de trois cents jours par année ; que, pendant les quatre jours employés chez le sieur Clavreuil, Lelong a touché 32 fr. 90 ; que le salaire de base doit donc être fixé à 1.808 fr. 10 ;

Attendu que l'incapacité subie peut réduire les salaires d'un tiers ; que Lelong a droit à une rente égale à la moitié de ce tiers, soit à une rente de 301 fr. 35. payable à dater du jugement par trimestre échu ;

Attendu que les offres faites par Clavreuil d'une rente de 150 francs sont insuffisantes ;

En ce qui concerne le paiement du capital pour le service de la rente ;

Attendu que cette demande est contraire aux prescriptions de l'article 28 de la loi de 1898 ;

Par ces motifs :

Condamne Clavreuil à payer à Lelong une rente annuelle e viagère de 301 fr. 35 payable à dater du jour du présent jugement par trimestre échu ;

Dit n'y avoir lieu que le titre représentant le capital sera remis dans un délai de trois ans ; donne acte aux parties en cause de ce que Lelong s'est désisté de sa demande relative au paiement de l'indemnité journalière ; condamne Clavreuil à tous les dépens.

TRIBUNAL CIVIL DE LA SEINE (4ᵉ CHAMBRE)

Jugement du 7 mars 1900

Le Tribunal :

Attendu que, par exploit du 4 janvier 1900, Laugeois, ouvrier maroquinier, a formé contre Chaupe jeune, son patron, une demande en paiement d'une rente viagère à la suite d'un accident de travail ;

Attendu qu'il a subi une mutilation de la main gauche consistant en : 1° du petit doigt en totalité ; 2° section du médius et de l'annulaire au niveau de la première phalange ; 3° ankylose incomplète de l'index ;

Attendu qu'en admettant que cette mutilation le prive complètement de l'usage de la main gauche, l'incapacité permanente qui en résulte ne saurait être considérée comme absolue ;

Attendu que Laugeois gagnait 1.200 francs par an ; que le Tribunal a les éléments pour fixer à 650 francs la diminution que subira la capacité de travail par le fait de l'accident ; qu'ainsi il a droit à une rente annuelle et viagère de 325 francs payable par trimestre à partir du 20 octobre, date de la consolidation de la blessure ;

Par ces motifs :

Condamne Chaupe jeune à payer à Laugeois une rente annuelle et viagère de 325 francs payable par trimestre et à partir du 20 octobre 1899 ;

Le condamne aux dépens.

TRIBUNAL CIVIL DE LILLE

Jugement du 8 mars 1900

Le Tribunal :

Attendu qu'il résulte de l'enquête de M. le juge de paix que, le 19 octobre 1899, Delpierre travaillant dans l'atelier de Delgatte, a eu la main gauche prise dans la machine et qu'il a dû subir l'amputation de trois doigts, l'index, le médius et l'annulaire ;

Attendu qu'il est donc en droit de réclamer à son patron une rente équivalente à la moitié de la réduction de son salaire ;

Attendu que le salaire de Delpierre était de 36 fr. 60 par semaine, soit 1.887 fr. 60 par an ;

Que rien n'établit qu'il fît des journées supplémentaires ou qu'il ait subi des chômages ;

Attendu que l'accident dont il a été victime peut lui causer une perte de salaire de 500 francs par année, ce qui lui donne droit à une rente annuelle de 250 francs ;

Par ces motifs :

Condamne Delgatte à payer à Delpierre une rente de 250 francs à compter de ce jour ;

Réserve les droits de Delpierre à l'indemnité temporaire ;

Condamne Delgatte aux dépens.

TRIBUNAL CIVIL DE MENDE

Jugement du 16 mars 1900

Le Tribunal :

Attendu que tenant les conclusions du rapport dressé par le Dr Bardol, conformément au jugement du 5 janvier 1900, il est incontestable qu'à la suite de l'accident survenu le 12 septembre dernier, Duclaux est atteint d'une incapacité partielle et permanente, et que c'est dès lors à bon droit que le tribunal a été saisi ;

Que ce point n'est, du reste, plus contesté par Ollagnier;

Qu'il est constant que la perte de la deuxième phalange du pouce de la main gauche est définitive et que cette perte gênera à l'avenir Duclaux dans son travail d'ouvrier mineur;

Que sans doute cette perte ne diminuera pas d'une façon très sensible la capacité de travail de la victime, alors surtout qu'il s'agit de la main gauche et ne l'empêchera pas d'exercer son métier, comme le dit l'expert; mais qu'il n'est pas douteux cependant qu'elle le gênera un peu pour serrer le manche de son outil; que sa main gauche pourra être plus facilement fatiguée et que son salaire se trouvera diminué, surtout s'il travaille à la tâche;

Que les ouvriers de sa catégorie, gagnant en moyenne par jour 3 fr. 70, le Tribunal a des éléments suffisants pour fixer à 40 centimes par jour la réduction que l'accident du 12 septembre 1899 fera subir à Duclaux, ce qui, à raison de trois cent treize journées de travail effectif, donne une réduction annuelle de 125 fr. 20;

Que la rente annuelle et viagère qu'Ollagnier devra fournir à Duclaux est de la moitié de cette somme, soit 62 fr. 60;

Attendu, quant à la fixation du point de départ de cette rente, qu'Ollagnier offre de la fournir à partir du jour du prononcé du jugement, en payant le demi-salaire à Duclaux jusqu'à ce jour;

Qu'il y a lieu de prendre acte de son offre et que le point de départ proposé pour la rente doit d'autant plus être adopté que Duclaux vient de se remettre au travail, en s'embauchant aux mines de la Grand'Combe;

Attendu, en ce qui concerne le taux de l'indemnité temporaire, que si l'article 15 de la loi du 9 avril 1898 attribue aux juges de paix le règlement de ces indemnités, il ne fait pas obstacle à ce que le Tribunal civil, Tribunal de pleine juridiction, ne s'occupe de ce règlement lorsqu'il en est saisi accessoirement à une demande principale de sa compétence;

Que c'est d'autant plus le cas de trancher le différend, qui divise les parties qu'aucune n'a soulevé l'exception d'incompétence;

Attendu que les livres de comptabilité d'Ollagnier, dans un extrait certifié conforme par le juge de paix de Bleymard, et joint au dossier, établissent que le prix moyen de l'heure de travail est de 0 fr. 35 et que la moyenne des heures de travail quotidien est de dix heures vingt-sept minutes ;

Qu'il s'ensuit que le salaire journalier moyen étant de 3 fr. 60, l'indemnité journalière due à Duclaux à partir du 16 septembre 1899 jusqu'à ce jour est de 1 fr. 80 (art. 3, § 13 de la loi du 9 avril 1898) ;

Qu'il n'y a pas à faire état des dimanches ou jours de repos, puisqu'il en est tenu compte dans la détermination de la moyenne des heures de travail ;

Attendu, quant aux frais médicaux, pharmaceutiques et autres s'élevant à 18 fr. 25, qu'Ollagnier n'a jamais refusé de les payer ;

Attendu que les dépens sont à la charge de la partie qui succombe ;

Par ces motifs :

Dit qu'à la suite de l'accident du 12 septembre 1899 Duclaux est atteint d'une incapacité permanente et partielle se déclare en conséquence compétent ;

Fixe à 125 fr. 20 par an la réduction que l'accident entraîne pour Duclaux et, par suite, à 62 fr. 60 la rente annuelle et viagère à laquelle il a droit ;

Condamne Ollagnier à lui payer par trimestre et à terme échu à partir de ce jour ladite rente annuelle et viagère de 62 fr. 60 ;

Dit que l'indemnité journalière à laquelle Duclaux a droit, du 16 septembre 1899 à ce jour, est de 1 fr. 80 et condamne Ollagnier à la lui payer, déduction faite des acomptes versés ;

Donne acte au défendeur de son offre de payer les 18 fr. 25 montant des frais médicaux, pharmaceutiques et autres réclamés ;

Condamne Ollagnier aux dépens.

TRIBUNAL CIVIL DE LYON

Jugement du 25 mars 1900

Le Tribunal :

Attendu qu'il est constant en fait et reconnu par toutes les parties que, le 22 octobre dernier, Bojon, conducteur au service des Omnibus et Tramways de Lyon, a été victime d'un accident survenu par le fait ou à l'occasion du travail, lequel a eu pour résultat l'amputation au tiers supérieur de la cuisse gauche ;

Attendu que Bojon soutient que cet accident lui a causé une incapacité permanente absolue de travail, laquelle lui donnerait droit aux deux tiers de son salaire annuel. Il demande, en outre, la somme de 100 francs pour frais de maladie et le paiement d'une somme de 500 francs à valoir à titre de provision ;

Attendu que si, par suite du malheureux accident dont il a été victime, Bojon est incapable d'exercer aujourd'hui son ancienne profession ou une profession similaire, il reste néanmoins apte à se livrer à d'autres travaux, pouvant lui permettre de subvenir dans une certaine mesure à sa subsistance ; que l'incapacité absolue de travail, bien différente de l'incapacité absolue professionnelle, doit s'entendre de l'impossibilité dans laquelle se trouve la victime de se livrer à une occupation quelconque, lui donnant droit à un salaire certain et appréciable ;

Attendu que Bojon, jeune encore, n'est pas complètement invalide ; que son état général de santé est satisfaisant, et lui permet de se livrer à d'autres travaux rémunérateurs ; que, dans ces conditions, la perte de sa jambe ne peut constituer pour lui qu'une incapacité permanente et partielle ;

Attendu que le tribunal trouve dans les documents soumis à son appréciation des éléments pour évaluer à 65 0/0 la réduction que l'accident a fait subir au salaire et de fixer par l'application de l'article 3 de la loi précitée, l'indemnité à laquelle il a droit à une rente égale à la moitié de cette réduction ;

Attendu, en ce qui concerne le point de départ de cette rente, que Bojon a touché jusqu'au 15 mars suivant l'indemnité temporaire de son demi-salaire, qu'à cette date sa blessure était définivement consolidée ; que c'est donc à partir du 16 mars qu'elle devra commencer à courir ;

Attendu qu'il résulte des documents de la cause, et notoirement des déclarations faites devant le juge de paix par le mandataire de la Compagnie défenderesse que Bojon gagnait 4 fr. 25 par jour ; que si, du 22 octobre 1898 au 22 octobre 1899, jour de l'accident, il n'a, en réalité, gagné que la somme de 1.414 fr. 75, cela tient à ce que son travail a été interrompu par une cause accidentelle, savoir l'obligation dans laquelle il s'est trouvé d'effectuer, du 1er au 14 juillet dernier, une période d'exercice militaire ; que son salaire annuel a ainsi subi une diminution qu'il n'est ni juste ni équitable de lui faire supporter ;

Attendu que le Tribunal trouve dans la cause des éléments permettant de fixer à 1.500 francs le salaire annuel, qui doit servir de base à la détermination de l'indemnité ;

Attendu que les constatations relatives aux frais de maladies sont de la compétence exclusive et en dernier ressort du juge de paix (art. 15 et art. 4, § 2, loi du 9 avril 1898); qu'il y a lieu, en présence des conclusions d'incompétence prises de ce chef par la Compagnie, de renvoyer sur ce point Bojon à se pourvoir devant le Tribunal compétent ;

Attendu que Bojon a reçu la totalité de son indemnité temporaire depuis le jour de l'accident jusqu'au 15 mars courant; qu'il ne justifie pas de besoins urgents; qu'il n'y a pas lieu en l'état de lui allouer une provision ;

Attendu que les offres faites par la Compagnie dans ses conclusions sont à la fois tardives et insuffisantes; qu'elle doit supporter la totalité des dépens ;

Par ces motifs :

Déclare Bojon atteint d'une incapacité permanente partielle de travail ;

Fixe à 1.500 francs le salaire annuel qui doit servir de base à la détermination de l'indemnité ;

Dit que la diminution de capacité de travail éprouvée par Bojon entraîne une réduction de 65 0/0 du salaire annuel ;

Condamne, en conséquence, la Compagnie des Omnibus et Tramways à lui payer par trimestres échus et à lui compter du 16 mars courant une rente annuelle et viagère égale aux 32 fr. 50 0/0 de son salaire annuel, soit 487 fr. 50 ;

Se déclare incompétent en ce qui concerne les frais de maladies et renvoie Bojon à se pourvoir de ce chef ainsi qu'il avisera ;

Dit n'y avoir lieu de lui allouer une provision ;

Rejette comme irrecevables et mal fondées toutes autres demandes fins et conclusions des parties ;

Condamne la Compagnie des Omnibus et Tramways à tous les dépens.

TRIBUNAL CIVIL DE LA SEINE [1]

Jugement du 2 avril 1900

Le Tribunal :

Attendu que, par exploit du 13 décembre 1899, Brard, terrassier, a formé contre Hanquette et Marlaud, entrepreneurs, au service desquels il a été blessé, une demande en paiement d'une rente viagère de 365 francs, payable par trimestre et d'avance à partir du 2 avril 1899, date à laquelle a cessé l'incapacité temporaire de travail ;

Attendu que, le 10 juillet 1899, sur les chantiers de Hanquette et Marlaud, Brard a été victime d'un accident de travail, par suite duquel il a subi l'amputation du pouce de la main gauche; qu'ainsi il est atteint d'une incapacité partielle et permanente. Attendu qu'il prétend que le salaire annuel qui doit servir de base au calcul de la rente viagère est d'une somme de 1.825 francs, tandis que Hanquette et Marlaud l'estiment à 1.440 francs ;

Attendu que Brard, qui a travaillé du 3 au 10 juillet, soit pendant huit jours, a touché un salaire de 40 francs, ainsi qu'il est reconnu par les défendeurs ; que, si Hanquette et Marlaud prétendent que le salaire moyen des ouvriers de même catégorie a été de 1.400 francs pendant le reste de la période annuelle qui a suivi l'accident, ils n'apportent à cet égard aucune preuve ; qu'en l'absence de tout autre élément d'appréciation, il y a lieu de présumer que Brard eût continué à gagner un salaire de 5 francs par jour ;

Attendu qu'il subira par le fait de sa blessure une réduction que le tribunal estime à 1 fr. 50 par jour, soit 547 fr. 50 par an, dont la moitié, soit 273 fr. 75, lui est due à titre de rente viagère, aux termes de la loi du 9 avril 1898 ;

Attendu que le point de départ de ladite rente doit être fixé au 20 août 1899 ;

---

1. Ce jugement a été confirmé par arrêt de la Cour de Paris du 1er décembre 1900,

Attendu qu'il y a lieu d'en ordonnancer le paiement par trimestre, mais non d'avance, les charges résultant de la loi nouvelle ne pouvant être aggravées ;

Par ces motifs :

Condamne Hanquette et Marlaud à payer à Brard une rente annuelle et viagère de 273 fr. 75, payable par trimestre, à dater du 20 août 1899 ;

Les condamne aux dépens.

TRIBUNAL CIVIL D'AVIGNON

Jugement du 6 avril 1900

Le Tribunal :

Attendu que Perrin, charretier au service de Lombard, adjudicataire des travaux de manœuvre à la gare de Sorgues, a, le 13 octobre 1890, été victime d'un accident, qui lui a enlevé complètement l'usage de la main droite, déterminant ainsi une incapacité partielle et permanente tombant sous l'application de l'article 3 de la loi du 9 août 1888 ;

Attendu que le tribunal possède des éléments d'appréciation suffisants pour fixer à 50 $^0/_0$ la réduction que l'accident fera subir au salaire de la victime ;

Attendu que les parties sont d'acord pour reconnaître que le salaire du demandeur s'élevait annuellement à 1.200 francs ; — qu'il sera réduit à 600 francs, dont la moitié constitue l'indemnité accordée par la loi susvisée ;

Par ces motifs :

Condamne Lombard à payer à Perrin une pension annuelle et viagère de 300 francs, payable trimestriellement, à compter du jour où son salaire n'aura plus été payé, et ce en sus des frais médicaux et pharmaceutiques ;

Condamne, en outre, Lombard aux dépens.

TRIBUNAL CIVIL DE CHALON-SUR-SAONE

Jugement du 22 *mai* 1900

Le Tribunal :

Attendu que l'expert commis par le jugement en date du 31 janvier 1900 s'est acquitté de la mission qui lui avait été confiée et a dressé de ses opérations un rapport déposé au greffe du Tribunal;

Attendu qu'il résulte de ce travail que Skibiski, frappé au côté droit de la tête par une pierre pouvant peser de 1 à 2 kilogrammes, a dû subir l'opération du trépan et présente actuellement une dépression de 9 centimètres sur 7 centimètres due à l'enlèvement du pariétal; que la plaie est cicatrisée, mais qu'au niveau atteint le cerveau n'est plus recouvert que par la peau et les tissus sous-jacents; que, d'autre part, le bras gauche, par suite d'une paralysie incomplète, est très faible et ne peut serrer qu'imparfaitement la main, agité d'une espèce de tremblement qui se manifeste surtout pendant l'effort; que, s'il n'existe pas d'atrophie sensible, l'extension de l'avant-bras est toutefois restreinte; que la jambe gauche offre de la paresse et se traîne pendant la marche; que le blessé présente même parfois quelques troubles de la parole, qu'il ne peut lire sans éprouver de la fatigue et peut à peine signer son nom; que ces diverses lésions se rapportant directement à la fracture du pariétal droit, Skibiski doit être considéré comme étant en quelque sorte hors d'état de travailler et subissant une réduction de 90 0/0 de sa valeur professionnelle; que, d'autre part, la blessure n'a perdu son caractère aigu et n'a été consolidée qu'après une période de cinq mois;

Attendu que Skibiski accepte les conclusions formulées par l'expert; que Theureau les discute, au contraire, et signale comme exagérées la réduction admise, mais sans apporter aucune justification à l'appui de son dire et sans même indiquer dans quelle proportion l'appréciation de l'homme de l'art lui paraît acceptable;

Attendu que non seulement le demandeur se trouve dans la situation d'un homme dont la boîte crânienne n'est plus fermée que par une membrane fibreuse qui seule protège la matière cérébrale, mais qu'il est encore atteint de troubles cérébraux et d'une paralysie incomplète frappant la jambe et surtout le bras ; que sa profession de carrier l'oblige à une activité physique et à des efforts manifestement incompatibles avec l'état dans lequel il est encore actuellement ; qu'il pourrait même être regardé comme incapable de se livrer à tout autre travail tant soit peu rémunérateur ; que M. le Dr Lagrange, en n'admettant pas une incapacité absolue et en n'évaluant qu'à 90 % la réduction éprouvée, s'est assurément renfermé dans les limites les plus modérées ; que son appréciation acceptée par Skibiski doit donc être maintenue ;

Attendu que les parties sont d'accord pour fixer à 783 fr. 76 le salaire annuel ; que, par suite, la rente à allouer doit être liquidée à 352 fr. 69, étant observé qu'elle sera quérable et devra être servie par trimestre et à terme échu à partir du jour de la consolidation de la blessure, soit, d'après le rapport, à partir du 19 mars 1900 ; qu'aucune contestation n'est d'ailleurs soulevée sur le point de départ et le service de ladite pension ; qu'enfin l'indemnité temporaire, n'étant due que pendant la période de la maladie, il est manifeste que Theureau est autorisé à précompter sur les premiers termes à échoir les sommes qu'il aurait pu verser de ce chef ;

Attendu que le défendeur demande que Skibiski soit tenu d'établir sa qualité de Français, mais qu'à cet égard la cause n'étant pas en état, le Tribunal n'est pas à même de statuer ; que d'ailleurs reste de droit sera fait à Theureau en lui réservant tous ses droits pour le cas où Skibiski viendrait à cesser de résider sur le territoire français, sans avoir rapporté la justification réclamée ; attendu que les dépens sont à la charge de la partie qui succombe ;

Par ces motifs :

Vidant son avant-faire droit du 31 janvier 1900, sans s'arrêter ni avoir égard à toutes fins et conclusions contraires qui sont rejetées, homologuant, le rapport de l'expert Lagrange déposé au greffe du Tribunal, le 3 avril 1900 ;

Dit que l'accident survenu à Skibiski, le 19 octobre 1899,

entraîne une incapacité de travail permanente et partielle et, d'après le salaire annuel fixé de l'accord des parties à 783 fr. 76, liquide à 83 fr. 69 la pension annuelle et viagère à laquelle il a droit ;

Condamne Theureau à lui payer ladite somme par trimestre et à terme échu à partir du 19 mars 1900 non à domicile, sauf à précompter sur les premiers termes à échoir les sommes versées au-delà de cette rente à titre d'indemnité temporaire postérieurement audit jour ; réserve tous les droits à Theureau, en ce qui touche ladite rente pour le cas où Skibiski viendrait à cesser de résider sur le territoire français sans avoir justifié de sa qualité de Français ; condamne Theureau aux dépens.

———

TRIBUNAL CIVIL DE LAON [1]

Jugement du 22 mai 1900

Le Tribunal :

Attendu qu'il résulte des renseignements recueillis en l'enquête, que, le 6 décembre 1899, Doré, ouvrier scieur, au service de M. Pallet, marchand de bois, a été, dans son travail, atteint par une scie circulaire, et blessé à la main gauche ; qu'il résulte des constatations médicales que cet accident a privé Doré de deux doigts de la main et a rendu le médius incapable d'un service effectif, qu'il résulte de cet accident une incapacité partielle et permanente de travail ;

Attendu qu'il résulte des renseignements fournis, que les salaires de Doré, qu'on les envisage soit d'après le mode de calcul de Pallet, soit d'après celui adopté par Doré lui-même, avec déduction, des dimanches et jours fériés, devait être fixé à 1.350 francs par an, soit 4 fr. 50 par jour ;

Attendu que le Tribunal a les éléments suffisants pour apprécier

1. Ce jugement a été infirmé par arrêt de la Cour d'Amiens (1re Chambre) du 7 novembre 1900.

l'importance de la réduction du travail de Doré, et pour le fixer à 30 %, d'où au profit de Doré, une rente annuelle et viagère de 202 fr. 60;

Attendu que Doré a encore droit à une indemnité journalière du demi-salaire, soit 2 fr. 25 à partir du cinquième jour qui a suivi l'accident jusqu'au jour du jugement définitif, et du remboursement des frais médicaux et pharmaceutiques, dont il ne chiffre d'ailleurs pas lui-même le montant;

Attendu que Pallet offre le montant de la rente viagère, et le paiement de l'indemnité journalière;

Par ces motifs :

Donne acte à Pallet de ce qu'il offre de servir et payer à Doré une rente annuelle et viagère de 20 fr. 60, payable par trimestre et à terme échu à compter de ce jour;

Lui donne acte également de ce qu'il offre de payer sous l'imputation de la provision versée à Doré une indemnité journalière à compter du cinquième jour qui a suivi l'accident;

Dit toutefois que cette indemnité sera de 2 fr. 25 par jour sans déduction des dimanches et fêtes ;

Le condamne en tant que de besoin au paiement desdites sommes ;

Le condamne également à rembourser à Doré les frais médicaux et pharmaceutiques d'après la taxe qui en sera faite dans les termes de droit;

A plus prétendre déclare Pallet mal fins en ses fins, moyens et conclusions l'en déboute ;

Le condamne aux dépens.

TRIBUNAL CIVIL DE LA SEINE (4ᵉ CHAMBRE)

Jugement du 26 mai 1900

Le Tribunal :

Attendu, en ce qui touche l'indemnité pour l'incapacité temporaire et les frais médicaux et pharmaceutiques, qu'il est reconnu par le demandeur qu'il a été désintéressé et qu'il n'insiste pas sur ce point ; en ce qui touche la demande de pension pour infirmité permanente et partielle ;

Attendu qu'il résulte des pièces et certificats produits que Pinguet, fils mineur du demandeur, travaillait le 20 juillet 1899 pour le compte des défendeurs à la gare de Boulainvilliers, occupé à déplacer une pierre de taille ; que, par suite d'un mauvais mouvement, cette pierre ayant basculé contre le mur, a écrasé l'extrémité de l'annulaire de la main gauche de Pinguet fils ;

Qu'actuellement le blessé présente une infirmité définitive consistant dans la déformation de la dernière phalange et dans l'abolition des mouvements de flexion unissant la phalangette à la phalangine ;

Attendu que Pinguet gagnant 1.600 francs par an ; que le tribunal estime que, par suite de l'infirmité susmentionnée, la diminution du salaire de Pinguet peut être évaluée à 10 %, qu'aux termes de l'article 3 il y a lieu de lui accorder une pension de 80 francs par an, dont le point de départ est le 20 janvier 1900 ;

Par ces motifs :

Condamne Dedeyn et Chagurud à payer à Pinguet une pension annuelle et viagère de 80 francs payable par trimestre, à partir du 20 janvier 1900.

Les condamne, en outre, en tous les dépens.

TRIBUNAL CIVIL DE MARSEILLE

Jugement du 30 *mai* 1900

Le Tribunal :

Attendu qu'il résulte des débats que l'ouvrier Richardon, travaillant au salaire quotidien de 3 francs dans l'huilerie du sieur Régis, a été victime, le 13 août 1899, d'un accident qui a eu pour effet, aux termes du rapport du Dr Marcorelles, commis par justice, de lui faire perdre une partie de la troisième phalange et d'ankyloser à peu près complètement la deuxième et troisième articulation de l'index de la main gauche ;

Attendu que l'infirmité partielle et permanente dont Richardon est atteint est susceptible de diminuer dans une certaine mesure sa capacité de travail et de le soumettre à une réduction de salaire que le tribunal évalue à 80 francs par an ; d'où il suit que, par application de la loi du 9 avril 1898, il y a lieu de lui allouer une rente viagère annuelle de 40 francs ;

Attendu que Richardon demande encore qu'il lui soit alloué, pour indemnité temporaire, une somme de 79 fr. 80, moitié de son salaire, pour un certain nombre de jours fixé dans ses conclusions ;

Attendu que cette somme lui est incontestablement due ;

Par ces motifs :

Condamne le sieur Régis :

1º A servir à Richardon une pension viagère et annuelle de 40 francs par an, payable par trimestre, et à terme échu à partir du 9 octobre 1899 ;

2º A lui payer la somme de 79 fr. 80, montant de l'indemnité temporaire du demi-salaire dû du cinquième jour après l'accident au 9 octobre 1899 ;

Le condamne, en outre, aux dépens.

TRIBUNAL CIVIL DE MOULINS

Jugement du 31 mai 1900

Le Tribunal :

Considérant qu'il est reconnu par les deux parties que, le 9 octobre 1899, pendant qu'il exécutait son travail, Reisser eut le petit doigt de la main gauche pris sous une raboteuse, que ce doigt fut complètement enlevé, mais que l'accord des mêmes parties cesse lorsqu'il s'agit de déterminer si l'incapacité du travail qui en résulte est temporaire ou plutôt partielle et permanente ;

Considérant qu'il ne paraît pas douteux, que l'ablation du petit doigt gauche entraîne une gêne perpétuelle et une diminution aussi perpétuelle de la faculté complète de travail par la difficulté d'appréhension des objets, que les suites d'un tel accident ne peuvent être considérés comme purement temporaires ; qu'à ce titre le Tribunal est régulièrement saisi ;

En ce qui touche la fixation de la rente et la diminution de salaire subie par l'ouvrier ;

Considérant que Reisser est toujours employé par les mêmes patrons avec un simple rabais de deux centimes et demi par heure ;

Mais, attendu que cette réduction de salaire ne représente pas d'une manière exacte la perte subie par l'ouvrier du fait de l'accident ; que les patrons ont intérêt à maintenir en ce moment et jusqu'à règlement définitif le salaire au taux le plus élevé possible, afin de diminuer le taux de la rente à servir ; mais que rien ne garantit l'ouvrier contre une baisse, très juste d'ailleurs, de ce même salaire, dès que ledit règlement aura reçu sa solution ; que, dans ces conditions, il appartient aux Tribunaux, à l'aide des documents médicaux et autres fournis par le dossier, d'évaluer de suite à sa juste valeur la perte de salaire que subira le blessé dans l'avenir ; que cette évaluation est possible dans l'espèce, soit en prenant pour base les renseignements précités, soit en se fondant sur la légère diminution imposée par les patrons eux-mêmes ; que Reisser gagnait 1.290 fr. 32 par an ; que la dépréciation doit être évaluée à 8 %, soit 160 francs ; que la rente à servir doit être de moitié de cette dépréciation, soit 80 francs, aux termes de l'article 3 de la loi du 9 avril 1898 ;

Par ces motifs :

Dit que l'incapacité du travail subie par Reisser revêt le caractère d'incapacité partielle et permanente ;

En conséquence, se déclare compétent ;

Fixe à 160 francs la dépréciation annuelle du salaire et, par suite, condamne les défendeurs à payer à Reisser une rente annuelle et viagère de 80 francs et ce par trimestre à compter du jour où a cessé le payement de l'indemnité journalière ;

Condamne les défendeurs aux dépens.

TRIBUNAL CIVIL DE NANTES [1]

Jugement du 18 *juin* 1900

Le Tribunal :

Attendu qu'à la suite d'un accident professionnel, Delimèle a perdu complètement l'œil gauche ; qu'il demande une rente viagère de 344 fr. 65 ; que les ateliers et chantiers de la Loire lui offrent une rente de 152 fr. 80 ;

Attendu qu'il n'y a pas de désaccord entre les parties sur les salaires de Delimèle ; qu'ils s'élèvent, pour les douze derniers mois, à 1.528 fr. 05 ;

Attendu que le désaccord n'existe qu'au sujet de la réduction du salaire résultant de la blessure ;

Que les ateliers et chantiers de la Loire estiment qu'elle doit être calculée à 20 $^0/_0$, tandis que Delimèle l'estime à un peu plus de 45 $^0/_0$.

Attendu que, pour l'apprécier, il ne faut pas se baser sur ce que Delimèle prétend ne pouvoir gagner aujourd'hui que 2 fr. 75, au lieu de 5 fr. 05 par jour ; qu'en effet Delimèle a pris l'engagement qu'il a voulu ; qu'il ne faudrait pas se baser non plus sur ce que la Société des chantiers de la Loire proposerait à Delimèle, comme elle l'a déjà fait, de le reprendre aux mêmes conditions que dans le passé ;

Attendu que, quelque pénible que soit la situation de Delimèle par suite de la privation d'un œil, cette privation n'entraînera pas, au point de vue de la diminution de la puissance du travail, des conséquences aussi graves que le prétend Delimèle, tout au moins tant que l'autre œil conservera son intégrité ; qu'il a été appris au Tribunal qu'au bout d'un certain temps la plupart des individus borgnes s'aperçoivent à peine de leur infirmité et que même certains borgnes qui le sont de naissance sont restés indéfiniment sans connaître leur infirmité ;

1. Ce jugement a été confirmé par arrêt de la Cour de Rennes du 22 novembre 1900.

Attendu que, si le second œil subissait le contre-coup de l'accident, il serait évidemment fait droit à une demande ultérieure introduite de ce chef avant l'expiration du délai de revision, c'est-à-dire avant trois ans ; qu'alors l'indemnité pourrait être augmentée ;

Attendu que, pour l'instant et en tenant compte des principes proclamés par la loi du 9 avril 1898, le Tribunal ne peut évaluer à plus de 25 $^0/_0$ la dépréciation occasionnée par l'accident du 12 mars 1900 ;

Par ces motifs :

Condamne la Société des Ateliers et des Chantiers de la Loire à servir à Auguste-Marie Delimèle une rente viagère de 191 francs par an, payable par trimestre, non d'avance, à partir du 1er mai 1900, l'indemnité temporaire du demi-salaire devant lui être payée jusqu'à cette date. La condamne à solder, en outre, les soins médicaux et pharmaceutiques qui n'auraient pas encore été réglés et à payer les dépens de l'instance.

TRIBUNAL CIVIL DE MONTLUÇON[1]

Jugement du 22 juin 1900

Le Tribunal :

Attendu que, le 14 novembre, à une heure quarante minutes du soir, Tiphène a été tamponné par une machine en marche sur une des voies de la gare de Montluçon, a eu la jambe gauche coupée et le pied droit écrasé ; qu'à raison de cet accident, et après une tentative de conciliation restée infructueuse, il a assigné son patron Soulier en paiement : 1º d'une somme de 95 fr. 62, montant de la moitié de son salaire, pendant la période durant laquelle les conséquences de l'accident n'étaient pas encore connues ; 2º d'une rente de 2 fr. 83 par jour, formant les deux tiers de son salaire quotidien ;

---

1. Ce jugement a été infirmé par arrêt de la Cour de Riom du 24 décembre 1900.

Attendu qu'il résulte des documents versés aux débats et spécialement de l'enquête à laquelle il a été procédé par M. le juge de paix du canton de Montluçon, en exécution de l'article 13 de la loi du 9 avril 1898 ; que l'accident est arrivé dans les circonstances suivantes :

Tiphène avait été chargé par son patron Soulier de réparer un certain nombre de becs Auer disséminés sur les différentes parties de la gare de Montluçon. Il avait procédé à ces travaux avec l'aide de l'apprenti Tarret, le 13 novembre, sous la surveillance du sieur Boulle, détaché à cet effet par l'Administration du chemin de fer pour veiller à leur sécurité pendant l'exécution de leur travail ; qu'à la fin de la journée, il restait encore un bec à réparer et que Tiphène et Tarret laissèrent leurs outils sur place, dans l'intention de venir terminer leur ouvrage le lendemain ; que, le lendemain, leur patron leur ayant donné l'ordre de réparer une pompe qui se trouve dans le voisinage, ils revinrent au chemin de fer vers une heure trente-cinq minutes du soir pour chercher leurs outils, et avertirent en passant le sieur Boulle de ne pas se déranger, qu'ils ne travailleraient pas ce jour-là ; puis ils s'engagèrent sur une des voies pour aller à l'endroit où se trouvaient les outils. Qu'après avoir fait un certain parcours sur la voie, Tiphène, se ravisant, dit à l'apprenti qu'un seul bec restant à réparer, il allait faire cette réparation tout de suite et le pria d'aller prévenir le sieur Boulle de venir les surveiller ; que l'apprenti revint et que Tiphène continua de marcher sur la ligne, jusqu'au pont de Bretonnie, où il fut tamponné par une locomotive qui venait derrière lui et traîné sur un espace de 50 mètres environ ; qu'enfin, quand on le releva, il avait la jambe gauche coupée et le pied droit écrasé ;

Attendu que Soulier a conclu au rejet de la demande en alléguant : 1° que le demandeur avait été blessé en dehors de son travail ; 2° que l'accident est arrivé par suite d'une faute sinon intentionnelle, tout au moins inexcusable de la victime ;

Attendu que la loi du 9 avril 1898 a trait non seulement aux accidents survenus par le fait du travail, mais encore à l'occasion du travail ;

Attendu, il est vrai, qu'au moment de l'accident, Tiphène n'avait pas encore commencé son travail, mais qu'il se trouvait sur une des voies du chemin de fer à l'occasion du travail qui lui avait été commandé et qu'il avait exécuté en partie la veille ; que, s'il n'avait pas eu de becs Auer à réparer, il n'eût pas été là ; qu'à la vérité, il avait quitté l'atelier de son patron avec l'intention d'aller réparer une pompe se trouvant dans le voisinage, mais qu'il avait dû pénétrer dans l'enceinte du chemin de fer pour aller chercher ses outils qu'il y avait laissés la veille ; que s'il s'est trouvé à l'endroit où est arrivé l'accident, c'est donc à l'occasion de son travail ;

Attendu que l'accident du 14 novembre 1899 ne saurait être attribué à une faute intentionnelle du demandeur qui aurait volontairement provoqué l'accident ;

Attendu qu'il n'est pas certain non plus que Tiphène, en négligeant de se faire piloter, comme il l'avait fait la veille par le poseur Boulle, ainsi que le prescrit le règlement, ait commis une faute inexcusable, qu'en admettant même que son inobservation du règlement fut constitutive d'une faute inexcusable, il ne serait pas privé pour cela de tout droit à une indemnité, qu'il en résulterait simplement, aux termes de l'article 20 de la loi du 9 avril 1898, la faculté pour le Tribunal de diminuer la pension fixée par l'article 3 de ladite loi ;

Attendu que l'accident du 14 novembre n'a pas eu pour conséquence de mettre Tiphène dans l'incapacité absolue de se livrer à aucun travail ; qu'il peut faire tout ce que font ceux qui sont obligés de se servir de béquilles ; attendu que, dans ces conditions, il y a lieu d'allouer à Tiphène une pension égale à la moitié de son salaire journalier ; qu'il gagnait 4 fr. 25 par jour ; que la pension que devra lui servir le sieur Soulier sera donc de 2 fr. 25 par jour, et à partir du jour de l'accident, sans préjudice du droit qu'il tient de la loi, de se faire rembourser toutes les dépenses de médecin, pharmacien et autres qu'il a été obligé de faire pour se soigner ;

Attendu que la partie qui succombe doit être condamnée aux dépens ;

Par ces motifs :

Dit que l'accident dont se plaint le demandeur est arrivé à l'occasion de son travail ; le déclare bien fondé dans sa demande ;

Condamne Soulier à lui payer une rente viagère de 2 fr. 25 par jour ; dit que cette rente lui sera servie à raison de 191 fr. 25 par trimestre et d'avance, à partir du jour de l'accident ;

Dit que dans cette somme ne sont pas compris les frais médicaux et autres que la loi met à la charge du patron ; condamne Soulier aux dépens.

TRIBUNAL CIVIL DE LILLE

Jugement du 28 juin 1900

Le Tribunal :

Attendu que Dewever, ajusteur mécanicien chez Quentin, constructeur à Lille, a eu, le 15 février 1900, la main prise par les lames mobiles d'une dresseuse ;

Que cet accident a eu pour conséquence l'amputation de l'auriculaire au niveau de la première articulation et l'amputation de l'annulaire un peu au-dessous de la première articulation, d'où une incapacité permanente et partielle de travail ;

Attendu que le salaire annuel de l'ouvrier était de 1.900 francs ;

Que la diminution de sa valeur productive peut être évaluée à 15 $^0/_0$ environ du salaire ;

Qu'il a droit, en conséquence, à une rente viagère annuelle de 125 francs.

Par ces motifs :

Condamne Quentin à payer à Dewever une rente viagère annuelle de 125 francs et payable par trimestre et à terme échu à partir du 1er avril 1900.

Le condamne, en outre, aux dépens.

TRIBUNAL CIVIL DE LYON (1re CHAMBRE)

Jugement du 1er juillet 1900

Le Tribunal :

Attendu que, le 19 août 1899, Paturel, ouvrier au service de Baud, Joatton et Cie, en nettoyant une machine dite : « décolleteuse », a eu le médius de la main droite complètement arraché ;

Attendu que, suivant exploit en date du 23 avril 1900, il a assigné ses anciens patrons en paiement d'une rente annuelle et viagère de 547 fr. 50, à compter du jour de l'accident ;

Attendu qu'il n'est pas contesté que l'accident, dont la réparation est demandée, soit survenu par le fait du travail ou à l'occasion du travail ; qu'il est, d'autre part, constant que l'arrachement du médius a occasionné à Paturel une incapacité de travail permanente et partielle ;

Attendu qu'aux termes de l'article 3, paragraphe 3, de la loi du 9 avril 1898, une semblable incapacité donne droit à une rente égale à la moitié de la réduction que l'accident aura fait subir au salaire ;

Attendu que Paturel affirme qu'au moment de l'accident, il gagnait 5 francs par jour, soit 1.885 francs par an, tandis qu'actuellement il ne gagne plus, chez un sieur Boccard, à Siozier (Haute-Savoie) qui l'a engagé, que 2 francs par jour, soit 730 francs par année, ce qui constitue une diminution de salaire de 1.095 francs, dont la moitié est précisément de 547 fr. 50, montant de la rente réclamée ;

Attendu que le juge ne saurait être tenu, pour déterminer la réduction de salaire réellement entraînée par un accident, de faire état du salaire même effectivement versé à l'ouvrier, soit depuis l'accident, soit au moment où se meut l'instance qu'il a engagée ; que, s'il en devait être ainsi en effet, le quantième de cette réduction et partant le montant de la rente à allouer, ne dépendrait plus de la gravité de l'accident, comme il est juridique et équitable qu'il soit, mais uniquement de la générosité intéressée et sans doute momentanée du patron défendeur, soit, en sens contraire, d'une entente avec l'ouvrier et un autre patron ;

Attendu qu'il importe de considérer la blessure en elle-même et les conséquences qu'au point de vue de la diminution réelle de capacité de travail de l'ouvrier elle peut avoir ;

Qu'à cet égard, et dans l'espèce, le Tribunal estime, d'après les renseignements fournis et les documents de la cause, à 12 $^0/_0$ la réduction de salaire qu'aura à subir Paturel, du chef de l'arrachement du médius droit ;

Attendu, d'autre part, que, s'il est exact que Paturel touchait chez Baud, Joatton et Cie, 5 francs par jour, il est certain qu'il ne travaillait point tous les jours ; que son salaire annuel doit dès lors être calculé sur trois cents jours de travail effectif, et ainsi fixé à 1.500 francs ;

Attendu que la diminution de salaire (12 $^0/_0$ sur 1.500 francs) est donc, en réalité, de 180 francs, et que Paturel a droit à une rente égale à la moitié de cette somme, soit à une rente de 90 francs ;

Attendu, sur le point de départ de cette rente, qu'il résulte des quittances versées au débat, que Paturel a reçu amiablement de Baud, Joatton et Cie, une somme totale de 375 francs, dont le versement, à raison de 2 fr. 50 par jour, montant du demi-salaire qui représente l'indemnité journalière, constitue le paiement de cette indemnité pendant cent cinquante jours, par conséquent, en déduisant les cinq jours pendant lesquels elle n'est pas due, jusqu'au 20 janvier 1900 inclusivement ; qu'il est donc équitable de faire partir du 21 janvier 1900 la rente de 90 francs allouée à Paturel ;

Par ces motifs :

Dit et prononce que Paturel est atteint d'une incapacité de travail permanente et partielle, par suite de l'accident dont il a été victime au cours de son travail et au service de Baud, Joatton et Cie, le 19 août 1899, et que la diminution de capacité ainsi éprouvée par lui équivaut à une réduction de 12 $^0/_0$ sur son salaire annuel ;

Et fixant à 1.500 francs, le salaire annuel destiné à servir de base à l'indemnité, condamne Baud, Joatton et Cie, à payer à Paturel, par trimestre échu et à dater du 21 janvier 1900, une rente annuelle et viagère de 90 francs ;

Rejette toutes autres demandes et conclusions des parties ;

Condamne Baud, Joatton et Cie en tous les dépens.

TRIBUNAL CIVIL DE SAINT-ÉTIENNE

Jugement du 5 juillet 1900

Le Tribunal :

Attendu que le demandeur, ouvrier couleur à l'usine Marre frères, a été victime, par le fait du travail et à l'occasion du travail, d'un accident qui a entraîné pour lui la perte de l'œil gauche ;

Attendu qu'à la suite de cet accident le demandeur est atteint d'une incapacité de travail partielle et permanente ;

Attendu qu'aux termes de l'article 3 de la loi du 9 avril 1898, il a droit à une rente égale à la moitié de la réduction que l'accident aura fait subir à son salaire ; qu'aux termes de l'article 4 de la même loi, le chef d'entreprise doit supporter, en plus, tous les frais médicaux et pharmaceutiques ;

Attendu que la rémunération effective allouée au demandeur pendant les douze derniers mois s'élève à 1.984 francs, que les documents de la cause et l'accord même des parties permettent au tribunal d'évaluer au quart la réduction du salaire qu'il subira à la suite de l'accident dont il s'agit ; qu'en faisant l'application de l'article précité, il s'ensuit que le demandeur a droit à une rente annuelle de 240 francs ;

Attendu, enfin, que le demandeur a été envoyé à l'hôpital de Lyon par MM. Marrel frères, pour y être soigné, et qu'ils doivent supporter les frais de son séjour, soit 60 francs ;

Par ces motifs :

Condamne Marrel frères à payer à Solignac une rente

annuelle et viagère de 248 francs, payable à partir de ce jour et par trimestre ;

Les condamne à supporter les frais de séjour de Solignac à l'hôpital, soit 60 francs et aux dépens.

TRIBUNAL CIVIL DE WASSY

Jugement du 26 juillet 1900

Le Tribunal :

Attendu qu'il est établi que, le 2 avril 1900, le sieur Collot, Joseph, a été victime d'un accident industriel qui a rendu nécessaire l'amputation de la jambe gauche; qu'il n'est pas douteux ni contesté par les défendeurs que cet accident ait entraîné pour l'ouvrier une incapacité partielle permanente, lui donnant droit à une rente viagère, conformément à la loi du 9 avril 1898, que la seule difficulté à résoudre pour le Tribunal est donc d'en fixer le quantum ;

Attendu que Joseph Collot était âgé de moins de seize ans, au moment de l'accident, qu'en ce cas et selon les termes de l'article 8 de ladite loi, le salaire devant servir de base à la fixation de l'indemnité ne doit pas être inférieur au salaire le plus bas des ouvriers valides de la même catégorie occupés dans l'entreprise ;

Attendu que le législateur n'a pas dit non plus qu'on prendrait le salaire le plus élevé, qu'il convient donc de s'arrêter au salaire moyen ;

Attendu que, d'après les documents versés au débat et les explications fournies au Tribunal, le salaire moyen des ouvriers valides de la même catégorie ne semble pas inférieur à 900 francs ;

Attendu qu'on peut évaluer à la somme de 560 francs, la réduction de salaire que l'accident entraînera pour l'ouvrier ; que, par suite, la rente qui lui est due doit être fixée à la moitié de cette réduction, soit à la somme de 280 francs, payables par trimestres échus et à compter du jour de l'accident, comme l'offrent les défendeurs ;

Attendu que la partie qui succombe doit supporter les dépens ;

Par ces motifs :

Sans s'arrêter aux offres faites par les défendeurs qui sont jugées insuffisantes, condamne les sieurs Husson-Thévignot et Cie à payer au demandeur, ès-qualité, à compter du 2 avril 1900, et par trimestres échus, la rente annuelle et viagère de 280 francs ;

Les condamne aux dépens.

TRIBUNAL CIVIL DE MONTPELLIER [1] (1re CHAMBRE)

Jugement du 28 *juillet* 1900

Le Tribunal :

Attendu que le sieur Louis Fort, charretier au service des sieurs Oulès et Faugères, camionneurs à Cette, conduisait, le 30 mars dernier, vers les six heures et demie du soir un cheval attelé à un wagon ; que, voulant décrocher la chaîne pour dégager le cheval, il eut la jambe prise entre le marchepied du wagon et un arbre qui se trouvait sur la voie ; que, transporté à l'hôpital de Cette dans un état lamentable, il fut soigné par le chirurgien en chef de l'hôpital de Cette qui constata une blessure extra-articulaire de l'extrémité inférieure du fémur avec épanchement articulaire et dut pratiquer l'amputation de la cuisse droite ;

Attendu que cet accident entraîne seulement une incapacité permanente partielle de travail, puisque le blessé conserve l'usage de l'autre jambe et de ses deux bras ; mais qu'il demeure certain, tout travail exigeant de lui la marche ou la station debout, que la réduction de son salaire sera importante ; que le Tribunal, en tenant compte de ces éléments de dépréciation, fera une exacte appréciation des faits de la cause, en fixant à 70 0/0 la réduction du salaire ;

Attendu qu'en vertu de la loi 1898 l'ouvrier atteint d'une infirmité permanente partielle a droit à une rente égale à la

---

1. Ce jugement a été confirmé par arrêt de la Cour de Montpellier du 13 décembre 1900.

moitié de la réduction que l'accident à fait subir à son salaire ;
que la rente à allouer au sieur Fort sera donc égale aux 35 % de
la somme de 1.332 francs qui représente son salaire annuel.

Par ces motifs :

Condamne les sieurs Oulès et Faugères à payer conjointement
et solidairement au sieur Fort une rente annuelle et viagère de
466 fr. 20 ; ladite rente exigible par trimestres échus à partir du
24 juillet 1900 ;

Condamne les sieur Oulès et Faugères aux dépens, tous leurs
droits pour toutes actions en garantie réservés.

TRIBUNAL CIVIL DE LILLE

Jugement du 2 août 1900

Le Tribunal :

Attendu que Boerst, terrassier chez Donnaint, entrepreneur de
démolitions à Lille, a eu, le 26 décembre 1899, au cours de la
démolition d'une maison, la cuisse gauche et la jambe droite
fracturées par un bloc de moellons.

Que cet accident a eu pour conséquence un raccourcissement
d'environ 5 centimètres de la jambe gauche avec une certaine
faiblesse par suite de la déviation du membre, d'où une incapacité partielle et permanente de travail ;

Attendu que le salaire annuel de l'ouvrier était de 1.000 francs ;

Que la diminution de sa valeur productive peut être évaluée à
10 % de son salaire, à raison même de sa profession de terrassier ;

Qu'il a droit, en conséquence, à une rente viagère annuelle de
200 francs ;

Attendu que Donnaint s'en rapporte à justice ;

Par ces motifs :

Donne acte à Donnaint de ce qu'il s'en rapporte à justice ;

Le condamne à payer à Boerst une rente viagère annuelle de

200 francs payable par trimestre et à terme échu à partir de ce jour ;

Le condamne, en outre, aux dépens.

TRIBUNAL CIVIL DE LILLE[1]

Jugement du 9 août 1900

Le Tribunal :

Attendu que Dufour, ouvrier terrassier chez Joncquez frères, entrepreneurs à Lille, a eu, le 4 novembre 1899, au cours de son travail, la cuisse gauche cassée par la chute d'une barricade ;

Que cet accident a eu pour conséquence un raccourcissement et une certaine faiblesse du membre inférieur gauche, d'où une incapacité permanente et partielle de travail ;

Attendu que le salaire annuel de l'ouvrier était de 1.127 francs, que la diminution de sa valeur productive peut être évaluée aux 20 % du salaire ;

Qu'il a droit, en conséquence, à une rente viagère de 112 francs ;

Attendu que Joncquez frères déclarent s'en rapporter à justice ;

Par ces motifs :

Donne acte à Joncquez frères de ce qu'ils s'en rapportent à justice ;

Les condamne à payer à Dufour une rente viagère annuelle de 112 francs, payable par trimestre et à terme échu, à partir du 23 mai 1900 ;

Les condamne, en outre, aux dépens :

---

1. Ce jugement a été confirmé par arrêt de la Cour de Douai du 26 février 1901.

TRIBUNAL CIVIL DE LUNÉVILLE

Jugement du 9 *août* 1900

Le Tribunal :

Considérant qu'à la date du 6 janvier dernier Baro travaillait pour le compte de Blavy et Mangon et creusait un trou dans une pierre, quand il a été atteint à l'œil droit par une paille de burin avec lequel il travaillait, et qu'à la suite de cet accident il a perdu la vision complète de cet œil.

Que, se basant sur les dispositions de la loi du 9 avril 1898, il demande que les défendeurs soient condamnés à lui payer une rente viagère de 300 francs par an, en raison de la réduction qui résulterait pour lui dans son salaire, de l'accident qui lui est survenu, et, en outre, une somme de 300 francs pour l'indemnité journalière qui lui était due jusqu'au jour où il a repris son travail, ainsi que pour les soins médicaux ;

Que les défendeurs prétendent que la rente demandée par Baro serait exagérée, attendu que la perte d'un œil ne pourrait pas faire subir une grande réduction à son salaire, que, d'autre part, ils auraient payé les frais du séjour du demandeur à l'hospice de Nancy, et de plus, lui auraient versé une somme de 40 francs sur son indemnité journalière ;

Considérant, en ce qui concerne la rente demandée par Baro, qu'aux termes de l'article 3 de la loi du 9 avril 1898 il a droit à une rente égale à la moitié de la réduction que l'accident peut faire subir à son salaire ;

Considérant qu'il résulte des documents de la cause qu'il travaillait comme terrassier et gagnait en moyenne un salaire journalier de 3 fr. 25 ; mais qu'en raison de la profession exercée par lui et qui est souvent entravée par le mauvais temps, le nombre des jours de travail ne peut pas être évalué à plus de 250, de sorte que le salaire annuel de Baro ne pouvait pas se montrer à plus de 812 fr. 50 ;

Considérant, qu'actuellement Baro n'a pu encore reprendre d'une façon continue son travail, en raison d'une détention assez longue qu'il a dû subir, de sorte qu'il ne peut établir que, depuis son accident, ses salaires sont inférieurs à ceux qu'il gagnait auparavant ;

Considérant, toutefois, que, quoique la perte d'un œil entraîne certainement pour un terrassier une réduction moindre dans sa capacité de travail que pour certains autres ouvriers, il est incontestable que, pour Baro, il en est résulté une diminution certaine dans sa capacité de travail ;

Qu'il y a lieu d'évaluer au cinquième, soit à 165 fr. 50, la réduction qu'il pourra subir à l'avenir dans ses salaires, de sorte qu'il lui est dû une rente annuelle égale à la moitié de cette réduction, par conséquent une rente de 82 fr. 75 ; qu'il y a lieu de condamner les défendeurs à la lui payer, sans avoir égard à leurs offres, qui sont insuffisantes ;

Considérant, en ce qui concerne les frais médicaux, que Baro ne justifie pas qu'il ait dû se faire donner d'autres soins que ceux qui lui ont été donnés à l'hôpital de Nancy et qui ont été payés par les défendeurs ;

Considérant, en ce qui concerne l'indemnité journalière, qu'il n'a repris son travail que le 26 février dernier, de sorte qu'il lui est dû son demi-salaire pendant quarante jours, ce qui produit une somme de 66 francs ;

Considérant qu'il n'a pas contesté à l'audience avoir reçu un acompte de 40 francs, de sorte qu'il lui serait encore dû de ce chef une somme de 26 francs ; qu'il y a lieu de condamner les défendeurs à la lui payer.

Sur les dépens : considérant que la partie qui succombe doit supporter les dépens ;

Par ces motifs :

Sans avoir égard aux offres des défendeurs qui sont insuffisantes, les condamne à payer au demandeur une rente annuelle et viagère de 82 fr. 75 pour les causes susindiquées, laquelle rente sera payable par trimestre, à compter du 26 février 1900;

Les condamne, en outre, à payer au demandeur la somme de 26 francs pour ce qui lui reste dû sur l'indemnité journalière lui revenant pendant le temps où il n'a pas pu travailler;

Déclare Baro mal fondé dans le surplus de ses demandes, l'en déboute ;

Condamne les défendeurs aux dépens.

TRIBUNAL CIVIL DE LAVAL [1]

Jugement du 10 août 1900

Le Tribunal :

Attendu que, le 10 avril dernier, Naturel a eu le pouce de la main droite coupé au niveau de l'origine de la première phalange en manœuvrant une scie circulaire dans les ateliers de Guillois Letessier, maître menuisier, son patron ;

Attendu que les parties sont d'accord pour reconnaître que cet accident occasionna à Naturel une incapacité permanente et partielle de travail ;

Attendu qu'ils sont également d'accord pour reconnaître que le montant du salaire journalier touché par Naturel au moment de l'accident et devant servir de base au calcul de l'indemnité temporaire à laquelle il a droit, est de 3 fr. 85 ;

Mais, attendu qu'ils sont en désaccord tant sur le montant total de l'indemnité temporaire et sur son mode de calcul que sur le montant de la rente à laquelle il a droit ;

En ce qui concerne l'indemnité temporaire :

Attendu que Naturel soutient, en premier lieu, que cette indemnité doit courir jusqu'au jour du jugement définitif ;

En second lieu, qu'elle doit comprendre tous les jours qui se sont écoulés dans cette intervalle sans déduction des jours ouvrables ou non ouvrables.

Sur le premier point :

Attendu que des débats qui ont accompagné le vote de la loi du 9 avril 1898 il résulte que le législateur, pour le règlement des

---

1. Ce jugement a été infirmé par arrêt de la Cour d'Angers du 7 décembre 1900.

droits de l'ouvrier victime d'un accident a eu en vue trois périodes
dans la situation spéciale où se trouve Naturel, soit une première
période dite de l'attente s'écoulant entre la date de l'accident et
la fin du quatrième jour qui le suit, période dans laquelle il n'a
droit à aucune indemnité; puis une seconde période dite de l'invalidité, pendant laquelle le blessé est dans l'impossibilité de se
livrer à aucun travail qui court du cinquième jour après l'accident jusqu'à consolidation de la blessure et pendant laquelle il a
droit à une indemnité journalière égale à la moitié de son salaire
(débats législatifs : *Journal officiel*, 1897, p. 2220; rapport de
M. Berard); et, enfin, une troisième période qui court de la consolidation de la blessure et qui, sous la réserve de droit de revision, durera autant que sa vie et pendant laquelle il aura droit à
une rente viagère égale à la moitié de la perte qu'il subit ;

Que, par suite, c'est bien la date de la consolidation de la blessure qui doit servir tout à la fois de point d'arrêt au service de
l'indemnité temporaire et de point de départ à la rente viagère;

Attendu que des documents de la cause il résulte que la blessure de Naturel a été consolidée le 26 juin dernier et que, par
suite, c'est à cette date qu'il y a lieu d'arrêter l'indemnité temporaire à laquelle il a droit.

Sur le deuxième point :

Attendu qu'il suffit de se reporter également aux travaux préparatoires pour reconnaître que le législateur a bien voulu que
l'indemnité temporaire soit payée pendant toute la durée de la
période d'invalidité sans distinction des jours ouvrables et non
ouvrables ;

Attendu qu'en effet M. Ricard, l'un des rapporteurs de la loi,
s'est exprimé en ces termes lors de la discussion de l'article 3 :
« Le salaire quotidien n'est plus, dans la rédaction actuelle comme
dans les projets antérieurs, le salaire annuel divisé par 365 ou 300,
mais bien le salaire journalier réellement touché par la victime
au moment de l'accident, de telle sorte que l'indemnité sera
égale à la moitié de ce salaire, *sans qu'il y ait lieu de la réduire
à raison de chômage ou du repos hebdomadaire ni de l'augmenter*
à raison de l'âge de la victime. » (D. p., p. 1898, p. 69.)

Attendu, par suite, qu'il y a lieu de déclarer insuffisante l'offre
de 118 fr. 50 faite par Guillois, cette offre ne portant que sur le

nombre des jours ouvrables écoulés pendant ladite période et de dire que l'indemnité journalière de 1 fr. 92 1/2 devra porter sur tous les jours, sans distinction, de ladite période ;

En ce qui concerne l'indemnité définitive :

Attendu que Naturel, tout en étant d'accord avec Guillois sur le prix de ses journées, soutient que c'est à tort que celui-ci ne comprend dans le calcul de son salaire annuel que le prix des journées de travail qu'il aurait effectivement faites, c'est-à-dire 291 journées et qu'il y aurait lieu d'y ajouter le prix des journées pendant lesquelles il n'a pas travaillé ;

Mais, attendu, qu'il est constant et n'est pas d'ailleurs méconnu que le chômage subi par Naturel est dû à la grève qui a éclaté, au cours du mois de juillet, parmi les ouvriers menuisiers ;

Attendu que ce chômage résultant d'un fait volontaire de Naturel, Guillois ne saurait être tenu de lui en tenir compte ;

Attendu, par suite, qu'il y a lieu de fixer à 1.080 fr. 50, chiffre réellement touché par Naturel, le salaire annuel devant servir de base au calcul de la rente viagère à laquelle il a droit ;

Attendu qu'aux termes de la loi, Naturel a droit à une rente viagère égale à la moitié de la réduction de salaire qu'il subira par le fait de l'accident dont il a été victime ;

Attendu que des documents de la cause et notamment du certificat du Dr Bucquet, il résulte que la perte de la première phalange du pouce droit doit mettre Naturel dans l'impossibilité de reprendre son ancien métier ou, tout au moins, ne lui permettra que de se livrer à des travaux grossiers et peu rémunérateurs ;

Attendu que, dans ces conditions, il y a lieu d'évaluer à 40 % la diminution de salaire qu'il subira et, par suite, de fixer la rente viagère à laquelle il a droit à 216 fr. 20 ;

Attendu, enfin, que, comme on l'a dit ci-dessus, aucun intervalle ne devant exister entre le service de l'indemnité temporaire et le service de l'indemnité définitive, il y a lieu le fixer au 24 juin la consolidation de la blessure et le point de départ de cette rente ;

Par ces motifs :

Sans avoir égard ni s'arrêter aux autres demandes fins, et conclusions dont les parties sont déboutées ;

Condamne Guillois-Letessier à payer à Naturel, à raison de l'accident survenu à ce dernier, le 10 avril dernier :

1° Une indemnité temporaire de 1 fr. 92 1/2 par jour, calculés du 15 avril jusqu'au 27 juin, sans déduction des dimanches et jours fériés ;

2° Une rente annuelle et viagère de 216 fr. 20, payable par trimestre et trimestre échu à partir du 27 juin 1900 ;

Condamne Guillois-Letessier en tous les dépens.

TRIBUNAL CIVIL DE VILLEFRANCHE[1]

Jugement du 11 août 1900

Le Tribunal :

Attendu que Chantelot, ouvrier terrassier, au service du sieur Michel, entrepreneur de travaux publics, a été blessé dans un éboulement qui s'est produit au cours de son travail, le 20 janvier 1900, et qu'il a dû être amputé du pied droit ;

Attendu qu'à la suite d'un procès-verbal de non-conciliation, du 26 juin 1900, Chantelot, se prétendant atteint d'une incapacité permanente et totale de travail, a fait assigner Michel, par exploit du 3 juillet 1900, aux fins de s'entendre condamner à lui payer une rente annuelle et viagère de 500 francs et, en outre, une somme de 140 fr. 60 pour soins et achat d'une jambe de bois ;

Mais, attendu qu'il n'est pas douteux que la nature de la lésion subie ne rend pas l'ouvrier complètement invalide et que la perte du pied droit présente les caractères de l'incapacité permanente partielle ;

Attendu que le Tribunal estime que la réduction de capacité de travail subie par le demandeur, doit être estimée à 70 % du salaire annuel ; qu'il y a lieu dès lors de fixer à 35 % de ce salaire la rente à payer au demandeur ;

Attendu que Chantelot gagnait 2 fr. 50 par jour en hiver et 3 francs en été ; ce qui donne, en calculant sur 300 jours ouvrables, un salaire annuel moyen de 790 francs en chiffres ronds ;

1. Ce jugement a été confirmé en ce qui concerne le taux de la réduction par arrêt de la Cour de Lyon (2° Chambre) du 7 mars 1901.

Attendu que, dans ces conditions, il y a lieu de fixer à 276 fr. 50 la rente annuelle due au demandeur;

Attendu, en ce qui concerne les frais de maladie, que les articles 4 et 15 de la loi du 9 avril 1898, en attribuent la compétence au juge de paix, sans qu'on trouve dans l'article 16 une dérogation à ce principe.

Par ces motifs :

Se déclare incompétent pour statuer sur l'indemnité réclamée par Chantelot pour soins et achat d'une jambe de bois;

Condamne Michel à payer au demandeur une rente annuelle et viagère de 276 fr. 50, payable par trimestre à terme échu, à partir du 28 avril 1900, date de sa sortie de l'hôpital;

Condamne Michel aux dépens.

TRIBUNAL CIVIL DE LA SEINE

Jugement du **28** *septembre* 1900

Le Tribunal :

Attendu que Villetelle demande à M. Tourneur fils : 1° une rente viagère de 690 francs par an à raison d'une incapacité permanente partielle de travail que lui aurait causé, alors qu'il travaillait dans l'usine de Tourneur, un accident à lui survenu le 19 janvier 1900 et qui a entraîné l'amputation du bras gauche ; 2° une indemnité journalière de 3 francs depuis le 24 janvier 1900 jusqu'au jour où il serait en état de travailler ;

Attendu que Tourneur fils demande qu'il lui soit donné acte de ce qu'il est prêt à payer au demandeur une indemnité temporaire de 3 francs par jour, déduction faite des dimanches et fêtes à compter du 24 janvier 1900 jusqu'au jour de la consolidation de la blessure et aussi de ce qu'il consent à verser à Villetelle une rente annuelle de 388 fr. 25 à compter du jour où échéera le service de l'indemnité temporaire ;

Attendu qu'il résulte des documents produits que le salaire de Villetelle était de 1.770 francs par an ;

Attendu que les parties sont d'accord pour reconnaître que le demandeur a droit pour l'incapacité partielle et permanente dont il a été frappé par l'accident à une rente égale à la moitié de la réduction que l'accident aura fait subir à son salaire.

Attendu qu'en estimant à la moitié de son salaire, soit à la somme de 885 francs, ladite réduction, il sera fait une juste appréciation ;

Attendu dès lors que la rente à allouer doit être de 442 fr. 50 ;

Attendu que cette rente ne peut et ne saurait être payable qu'à partir du jour où cessera l'allocation de l'indemnité temporaire ;

Attendu, en ce qui concerne cette indemnité, qu'il échet de donner acte à Tourneur fils des offres qu'il a faites à cet égard ;

Par ces motifs :

Donne acte à Tourneur fils de ce qu'il est prêt à payer au demandeur pour indemnité temporaire 3 francs par jour, déduction faite des dimanches et fêtes à partir du 20 janvier 1900 jusqu'au jour de la consolidation de la blessure ; condamne Tourneur fils à payer par trimestre à Villetelle une rente annuelle et viagère de 442 fr. 50, à partir du jour où cessera le service de l'indemnité temporaire ; le condamne, en outre, en tous les dépens.

TRIBUNAL CIVIL DE LA SEINE [1]

Jugement du 13 octobre 1900

Le Tribunal :

Attendu que Joseph Damiano, cocher au service de Theiss, loueur de voitures, a reçu, à l'occasion de son travail, le 12 octobre 1899, un coup de pied de cheval qui a occasionné une fracture de la jambe droite, laquelle est complètement réduite, mais lui a laissé une claudication dont il ne guérira point ;

1. Ce jugement a été confirmé par arrêt de la Cour de Paris (7ᵉ Chambre) du 1ᵉʳ février 1901.

Attendu qu'il demande à son patron : 1° une rente annuelle et viagère de 1.050 francs et une indemnité temporaire de 3 francs par jour, à partir du 9 mai 1900 jusqu'à ce jour ;

Attendu, en ce qui concerne ce dernier chef de la demande, qu'il résulte des certificats médicaux, que la blessure était consolidée à partir du 9 mai et que, par suite, aucune indemnité temporaire ne peut lui être accordée ;

Attendu que sur le reste il est constant que Damiano est atteint d'une infirmité qui lui occasionnera une incapacité partielle et permanente et que dès lors la rente à laquelle il a droit doit être égale à la moitié de la réduction que son salaire a subi ;

Attendu que les parties sont d'accord pour reconnaître que le salaire était de 2.100 francs.

Attendu conséquemment, et sans qu'il y ait lieu de faire état de la faute inexcusable du patron qui est arguée, mais qui n'est point démontrée, qu'en fixant à 1.000 francs la somme dudit salaire et en allouant une rente de 500 francs, il sera fait une juste appréciation du préjudice souffert.

Par ces motifs :

Rejette la demande à fin d'indemnité temporaire ;

Condamne Theiss à payer par trimestre à Damiano une rente annuelle et viagère de 500 francs, à partir du 9 mai 1900 ;

Condamne le défendeur aux dépens.

TRIBUNAL CIVIL DE VERSAILLES

Jugement du 25 octobre 1900

Le Tribunal :

Attendu que Triviaux a subi, le 12 septembre 1889, sur le chantier de Meudon, dépendant de l'exploitation des frères Fougerolles, un accident du travail, à la suite duquel sa jambe gauche a dû être coupée ;

Attendu que les frères Fougerolles, tout en reconnaissant le caractère d'accident du travail, prétendent qu'il a été occasionné par la faute inexcusable de Triviaux, qui a eu le tort, malgré les défenses expresses de ses patrons, de monter sur un wagonnet en marche, duquel il est tombé ;

Attendu que la faute inexcusable est la plus grave qu'un ouvrier puisse commettre, faute sans aucune excuse possible ;

Que la désobéissance de Triviaux constitue une faute lourde, mais qu'elle peut s'excuser par une certaine inexpérience de la conduite des wagonnets et par le dessein de mieux accomplir son service ;

Attendu que Triviaux prétend être, par suite de l'amputation qu'il a subie dans l'incapacité de travail permanente et absolue ;

Attendu que, si grave que la perte d'une jambe soit pour un ouvrier illettré et capable seulement de travaux matériels, elle ne le rend pas pourtant incapable d'aucuns de ceux-ci ;

Qu'en conséquence, il y a lieu de reconnaître seulement une incapacité permanente relative ;

Attendu que le Tribunal a les éléments d'une appréciation éclairée et qu'il y a lieu de fixer à 70 $^0/_0$ la réduction que subira le salaire de Triviaux ;

Attendu qu'il a travaillé dix mois continus avant l'accident dont il a été victime au compte des frères Fougerolles ;

Que, pendant ces dix mois, il a gagné un salaire de 1.135 fr. 07 ;

Qu'aux termes de l'article 10 de la loi du 9 avril 1898, cette rémunération doit être augmentée de la rémunération moyenne qu'ont reçu, pendant la période nécessaire pour compléter les douze mois, les ouvriers de la même catégorie ;

Qu'elle a été de 189 fr. 20 ;

Qu'ainsi le salaire qui doit servir de base à la rente due à Triviaux était de 1.324 fr. 27 ;

Attendu qu'en conséquence Triviaux a droit à une rente viagère annuelle de 463 fr. 50 ;

Attendu qu'elle doit prendre cours à dater du 26 janvier 1900, jour de la consolidation de la blessure ;

Attendu que les frères Fougerolles prétendent avoir payé, à titre d'indemnité temporaire, une somme plus forte que celle dont ils étaient tenus ; moitié du salaire jusqu'audit 26 janvier 1900 ;

Attendu en ce qui concerne les dépens :

Qu'aucun article de la loi du 9 avril 1898 ne déroge aux dispo-

sitions de l'article 130 du Code de procédure civile, aux termes
duquel toute partie qui succombe dans une partie de ses prétentions doit supporter les dépens qu'a occasionnés l'exagération
de sa prétention ;

Attendu qu'il y a lieu, à cet égard, de distinguer les frais occa
sionnés par l'application de ladite loi jusqu'à l'ordonnance du
président qui, faute de conciliation, renvoie à l'audience et les
dépens proprement dits de l'instance qui suit ladite ordonnance ;

Attendu que ces frais préparatoires sont, en tout cas, à la
charge du chef d'industrie ;

Attendu qu'en l'espèce les dépens ayant suivi l'ordonnance
doivent être partagés par moitié, les frères Fougerolles ayant eu
le tort de ne pas avoir exactement indiqué le salaire de Triviaux
et d'avoir soutenu qu'il y avait à sa charge une faute inexcusable, celui-ci ayant eu le tort de soutenir qu'il était dans un état
d'incapacité permanente absolue et d'avoir exagéré le chiffre de
son salaire :

Par ces motifs :

Condamne les frères Fougerolles à servir à Triviaux une rente
viagère annuelle de 463 fr. 50, qui sera payée à trimestre échu
du 26 janvier 1900 ;

Dit que, si les sommes payées par les frères Fougerolles ont
dépassé l'indemnité temporaire due jusqu'à ce jour, 26 janvier 1900, le surplus sera imputé sur ladite rente viagère :

Dit que les frères Fougerolles supporteront les frais jusqu'à
l'ordonnance du président qui a renvoyé à l'audience faute de
conciliation ;

Dit que les dépens de l'instance seront supportés par moitié
par les frères Fougerolles et par Triviaux.

TRIBUNAL CIVIL DE LILLE

Jugement du 2 novembre 1900

Le Tribunal :

Attendu que Duquenne, Jean-Baptiste, quarante-neuf ans, ouvrier apprêteur au service du sieur Eugène Lecomte, apprêteur à Roubaix, a eu, le 3 mars 1900, la main gauche prise entre une pièce d'étoffe et le rouleau d'une machine dite manique ;

Que cet accident a eu pour conséquence la perte de l'usage de l'avant-bras gauche, d'où une incapacité partielle et permanente de travail ;

Attendu que, le salaire annuel de l'ouvrier étant de 1.050 francs, la diminution de sa valeur productive de travail peut être évaluée à 60 $^0/_0$ du salaire, qu'il a droit en conséquence à une rente viagère annuelle de 315 francs.

Par ces motifs :

Condamne Lecomte à payer à Duquenne une rente viagère annuelle de 315 francs, payable par trimestre et à terme échu à partir de ce jour ;

Donne acte à Duquenne de ce qu'il se désiste de sa demande en paiement de demi-salaires formulée dans son assignation ;

Condamne Lecomte aux dépens.

TRIBUNAL CIVIL DE NANCY

Jugement du 4 novembre 1900

Le Tribunal :

Attendu qu'il résulte de l'enquête à laquelle il a été procédé, le 4 juillet dernier, par M. le juge de paix du canton nord de Nancy que, le 4 avril dernier, Guérin, ouvrier aux grandes brasseries de Maxéville, a été victime d'un accident du travail qui s'est produit dans les circonstances suivantes : Guérin était occupé avec d'autres ouvriers à gerber des fûts, quand il fut heurté avec violence par un de ces fûts à la jambe gauche ;

Que Guérin dut cesser son travail ; qu'il se fit, le même jour, visiter par le Dr Specker, qui constata l'existence d'une plaie superficielle à la jambe accompagnée d'un gonflement considérable ;

Que, le même jour aussi, le Dr Specker délivrait le certificat qui a été joint par l'administrateur des grandes brasseries à la déclaration faite à la mairie de Maxéville, conformément à l'article 12 de la loi du 9 avril 1898 ; que, dans ledit certificat, le docteur indiquait l'existence d'une plaie du mollet gauche avec lymphangite ;

Attendu qu'en ces circonstances le fait même de l'accident ne saurait être contesté ;

Attendu qu'il est également certain que Guérin a dû cesser tout travail pendant quelques semaines, qu'il a dû l'interrompre de nouveau après l'avoir repris, et qu'il a été atteint *aux deux jambes de phlébite qui l'empêchera, à l'avenir, de se livrer à un travail exigeant la station debout et des efforts considérables;*

Que le demandeur, étant ainsi atteint d'une infirmité partielle, mais permanente, est fondé à réclamer le paiement d'une rente viagère égale à la moitié de la réduction de salaire que cette infirmité lui fera éprouver ;

Attendu que, pour l'évaluation de cette incapacité de travail et de la réduction de salaire qui en est la conséquence, il y a lieu de tenir compte de cette circonstance que, le 5 juin 1899, au cours de son travail à la grande brasserie, Guérin avait subi une contusion de la hanche et de la cuisse droite avec épanchement suivi de phlébite des deux jambes ;

Que soit par sa négligence, soit par celle de ses patrons, Guérin n'a pas reçu sa part de l'indemnité accordée par le Gouvernement aux ouvriers victimes d'accidents, en juin 1899, c'est-à-dire pendant le mois qui a précédé la mise en vigueur de la loi du 9 avril 1898 ;

Qu'il résulte des faits de la cause que depuis ce premier accident l'état de santé de Guérin était resté précaire, et que la contusion survenue le 4 avril dernier et qui, en d'autres circonstances, n'eût pas eu de suites bien sérieuses, a eu pour résultat de faire reparaître aux deux jambes la phlébite dont il était sans doute insuffisamment guéri ;

Attendu qu'en cet état des choses on ne saurait attacher à l'accident du 4 avril dernier, le seul à prendre actuellement en considération, des conséquences aussi graves que celles que l'ignorance du premier accident permettrait de lui attribuer ;

Attendu que les faits et documents de la cause permettent d'évaluer à 20 $^0/_0$ le degré d'infirmité et la réduction de salaire subis par Guérin comme conséquences de son dernier accident ;

Que le salaire de cet ouvrier était de 90 francs par mois, soit de 1.080 francs par an ;

Attendu que les dépens doivent rester à la charge de la Société défenderesse qui succombe ;

Par ces motifs :

Condamne la Société défenderesse à payer au demandeur une pension viagère de 108 francs par an, payable par trimestres et à terme échu à partir du 4 juillet dernier, jour où Guérin a cessé son travail chez la Société défenderesse ;

Condamne, enfin, celle-ci aux dépens.

———

TRIBUNAL CIVIL DE LA SEINE (4ᵉ CHAMBRE)

Jugement du 10 novembre 1900

Le Tribunal :

Attendu que le demandeur a été victime, le 3 avril 1900, d'un accident survenu au cours de son travail chez Drouot, fabricant de papiers-dentelles, 52, rue du Temple ; qu'un balancier lui écrasa la partie supérieure de la main gauche, au moment où il introduisait une feuille de papier dans la machine à découper, qu'après un traitement de deux mois il résulte pour le demandeur la perte complète de trois phalangettes du médius de l'annulaire et de l'index, c'est-à-dire une incapacité de travail permanente et partielle, qu'il est donc en droit d'obtenir de Drouot le paiement d'une rente annuelle viagère égale à la moitié de la diminution que cet accident apporte à son salaire, qui était de 1.550 francs par an;

Attendu qu'il y a lieu de considérer que cette infirmité entraîne pour le blessé une diminution de salaire de 20 $^0/_0$ environ, ce qui lui donne droit à une rente des 10 $^0/_0$ de son salaire et dès lors à une rente de 150 francs ; que par les conclusions le défendeur déclare être prêt à faire au demandeur le service de cette rente ;

Attendu qu'aux termes de l'article 3 de la loi du 9 avril 1898 les rentes dues aux victimes d'accidents du travail sont payables par trimestre, qu'en l'absence d'une disposition législative spéciale, elles ne sauraient être payables qu'à terme échu ;

Par ces motifs :

Donne acte à Drouot de ce qu'il est prêt à payer au demandeur une rente annuelle et viagère de 155 francs ; dit que ladite rente sera payable par trimestre et à terme échu et condamne le demandeur aux dépens.

TRIBUNAL CIVIL DE VALENCE (DROME) (1re CHAMBRE)

Jugement du 20 novembre 1900

Le Tribunal :

Attendu que Reboulet, ouvrier dans l'usine de Gay frères, à Anneyron, a été victime d'un accident le 1er mars 1900; que, par jugement prépatoire du 17 juillet, une expertise médicale a été ordonnée ;

Attendu qu'il résulte de cette expertise que Reboulet a eu la main droite mutilée par l'écrasement de l'extrémité de tous les doigts;

Attendu que l'incapacité absolue temporaire qui a suivi l'accident a duré deux mois et seize jours ; que l'indemnité égale à la moitié du salaire moyen, reconnu être de 3 francs par jour, depuis le cinquième jour après l'accident, forme un total de 100 fr. 50;

Attendu que l'incapacité partielle et permanente résultant de l'accident, entraîne une réduction de salaire de 40 %; que le salaire annuel doit être ainsi établi :

Salaires réellement touchés du 10 juin 1899 au
   10 juin 1900.. 516,85
Un mois environ de maladie à 2 fr. 75........ 68,75
Salaire moyen d'un ouvrier à l'usine du
   12 mars 1900 au 10 juin 1900............... 245,91
                                  831,51

Qu'ainsi, la rente annuelle se trouve fixée à 166 fr. 30 à dater du 21 mai 1900;

Attendu que Gay frères devront supporter les dépens, au besoin à titre de supplément de dommages-intérêts;

Par ces motifs :

Condamne Gay frères à payer à Reboulet, avec intérêts du 11 avril 1900, la somme de 100 fr. 50, à titre d'indemnité pour incapacité temporaire;

Dit que Reboulet est atteint d'une incapacité de travail partielle et permanente résultant de l'accident et entraînant une réduction de salaire de 40 %.

Fixe le salaire moyen annuel à 831 fr. 50.

Coudamne Gay frères à payer à Reboulet une rente annuelle viagère de 166 fr. 30 payable par trimestre à dater du 21 mai 1900;

Et les condamne aux dépens.

TRIBUNAL CIVIL DE VERSAILLES

Jugement du 22 novembre 1900

Le Tribunal :

Attendu que Céleste Régis a été, le 8 février 1900, victime d'un accident du travail alors qu'il travaillait au souterrain de Meudon, pour le compte des sieurs Fougerolles; qu'à raison de cet accident il a formé contre ces derniers une demande en paiement :

1° d'une somme de 129 francs pour solde d'indemnité temporaire ;
2° d'une rente annuelle et viagère de 547 francs, payable par trimestre et d'avance à partir du 21 juin 1900 ;

Attendu, en ce qui concerne l'indemnité temporaire ; qu'elle était due au sieur Céleste Régis à raison de la moitié de son salaire journalier, c'est-à-dire 2 fr. 15 par jour ; qu'il a touché de ce chef depuis le 13 février 1900 jusqu'au jour de la consolidation de la blessure, 18 mai suivant, une somme de 270 francs ; qu'il ne lui est donc plus rien dû pour cette indemnité ;

Attendu que l'accident dont il a été victime a eu pour conséquence l'impotence des trois derniers doigts de la main droite et qu'il en résulte pour lui une incapacité permanente partielle ;

Attendu que le Tribunal a les éléments suffisants pour fixer à 33 $^0/_0$ la réduction que cet accident fait subir au salaire de Céleste Régis, qu'il gagnait annuellement 2.046 francs ; qu'il a donc droit à une rente annuelle de 337 fr. 60, laquelle sera payable à terme échu à partir du 18 mai 1900 ;

Par ces motifs :

Déclare Céleste Régis mal fondé dans sa demande afin de paiement de solde d'indemnité temporaire ;

Condamne Fougerolles frères à servir et payer à Céleste Régis une rente annuelle et viagère de 337 fr. 60, laquelle sera payable à terme échu à partir du 18 mai 1900 ;

Condamne Fougerolles frères aux dépens.

TRIBUNAL CIVIL D'AVESNES (1ʳᵉ CHAMBRE)

Jugement du 23 novembre 1900

Le Tribunal :

Attendu que Danbernes a été blessé à l'œil droit par un éclat de fonte, le 6 décembre 1899, pendant qu'il travaillait pour le compte de la Société des Hauts-Fourneaux et Laminoirs de la Sambre ;

Qu'il a perdu cet œil ;

Attendu que, bien qu'il soit actuellement guéri et qu'il ait repris son travail au même salaire qu'au moment de l'accident, la Société défenderesse ne lui conteste pas, en principe, le droit d'obtenir une réparation proportionnelle à la diminution par lui subie de sa capacité de travail ;

Que seul, le montant de la réparation est discuté ; .

Attendu que le salaire annuel de Danbernes s'élevait à 2.373 francs ;

Et que le Tribunal a dès à présent éléments suffisants pour fixer à 528 francs par an, la diminution de la capacité professionnelle subie par le demandeur ;

Qu'il échet, en conséquence, aux termes de l'article 3 de la loi du 9 avril 1898, de condamner la Société des Hauts-Fourneaux à lui payer une rente égale à la moitié de cette somme, soit 264 francs ;

Et attendu que Danbernes a repris son travail dès le 1er avril 1900 ;

Qu'il y a donc lieu de faire remonter à cette date le point de départ de ladite rente ;

Par ces motifs :

Donnant acte aux parties de leurs dires et réserves et à la défenderesse de ses offres ;

Dit les dernières insuffisantes ;

En conséquence,

La condamne à payer à Danbernes une rente annuelle et viagère de 264 francs, payable par trimestre à son domicile à partir du 1er avril 1900 ;

Dit que, pour assurer le service de cette rente, la Société sera tenue de se conformer aux prescriptions de la loi du 9 avril 1898 ;

La condamne, en outre, aux dépens.

TRIBUNAL CIVIL DE SAINT-ÉTIENNE (1re CHAMBRE)

Jugement du 27 novembre 1900

Le Tribunal :

Attendu qu'en vue du rapport de l'expert Dr Duchamp, la capacité de travail du sieur Deglaire paraît réduite comme conséquence de l'impotance absolue de son bras gauche des deux tiers ;

Que le salaire effectivement touché par Deglaire se monte à 471 fr. 20 ;

Attendu qu'à raison de cent quatre-vingts journées effectives de travail pour compléter l'espace d'une année de salaire journalier de 4 fr. 50, moyenne des ouvriers de la même catégorie, le salaire de base doit être fixé à 471 fr. 20, plus 810 francs, au total 1.281 fr. 20 ; qu'il convient de fixer à ce jour le point de départ de la pension ;

Par ces motifs :

Condamne le sieur Ninson à servir à Deglaire, à dater de ce jour où cessera de courir le service de l'indemnité temporaire, une pension annuelle de 420 fr. 40, payable par trimestre à termes échus ;

Condamne Ninson aux dépens.

TRIBUNAL CIVIL DE SOISSONS[1]

Jugement du 28 novembre 1900

Le Tribunal :

Attendu que Dubois, jardinier à Épagny, agissant comme administrateur légal de sa fille mineure, Rose Dubois, âgée aujourd'hui de quatorze ans, laquelle a été victime d'un accident

1. Ce jugement a été infirmé par arrêt de la Cour d'Amiens (1re Chambre) du 1er mars 1901, en ce qui concerne la fixation du salaire de base.

de travail survenu le 15 décembre 1899, alors qu'elle était employée à la machine à battre de Fayë, agriculteur en cette commune, réclame à ce dernier le paiement d'une rente annuelle et viagère de 150 francs et le remboursement d'une somme de 15 francs.

Attendu qu'il est constant, d'après l'enquête à laquelle a procédé M. le juge de Paix de Vic-sur-Aime et qu'il est reconnu, d'ailleurs, par les parties que, le 18 décembre 1899, vers sept heures du matin, la jeune Rose Dubois étant au service de Fayë, se trouvait placée sur la plate-forme d'une batteuse mue par la vapeur, installée dans la ferme de ce dernier et lui appartenant, et était occupée à trancher, à l'aide d'une faucille, les liens des gerbes qu'elle passait à l'ouvrier engreneur, lorsqu'elle fut atteinte par sa faucille, dont la pointe frappa son œil droit, de telle sorte que l'ablation de cet œil dut être effectuée dès le lendemain ;

Attendu qu'il n'est pas contesté que l'emploi par de Fayë dans son exploitation agricole d'une machine mue par un moteur inanimé, ne le soumette à l'application de la loi du 30 juin 1899, interprétative de celle du 9 avril 1898, pour les accidents prévus par lesdites lois ; qu'il ne l'est pas davantage que la blessure reçue par la mineure Dubois ne constitue, aux termes de ces mêmes lois, une incapacité permanente et partielle ;

Attendu, toutefois, que le défendeur résiste à la demande en prétendant que le bénéfice de ces lois ne peut être réclamé par la victime d'un accident qu'autant que celui-ci a eu pour cause directe le fonctionnement d'une machine et qu'elle-même est une personne préposée à la conduite et au service de cette machine ;

Qu'il soutient que ces conditions ne sont pas remplies dans l'espèce soumise au Tribunal, la blessure reçue n'ayant pas été occasionnée par l'emploi ou le fonctionnement de la batteuse, qui n'a joué aucun rôle dans ce malheureux événement, et la jeune Dubois n'étant pas, au moment de l'accident, préposée à la conduite ni au service de la machine et ne concourant pas aux opérations même du battage ;

Qu'il conclut, en conséquence, à la non-recevabilité de l'action ;

Attendu que le texte de la loi du 30 juin 1899 est formel et ne

peut, dans le cas soumis à l'appréciation du Tribunal, être sujet
à interprétation ; qu'il vise expressément « les accidents dont
« sont victimes par le fait ou à l'occasion du travail les personnes,
« quelles qu'elles soient, occupées à la conduite ou au service de
« ces moteurs ou machines ».

Qu'il paraît bien que l'accident soit arrivé à l'occasion du travail effectué par la machine à battre de Fayë, et que la jeune
Dubois fut à ce moment au service de ladite machine ;

Qu'en effet, au contraire des espèces ayant déjà fait l'objet des
décisions de jurisprudence invoquées par le défendeur, la jeune
Dubois était occupée sur la plate-forme de la batteuse et con-
courait à une opération indispensable au service et au fonctionnement utile de celle-ci ; que, par son travail de section des liens,
elle préparait les gerbes qu'elle passait immédiatement à l'ouvrier
engreneur, pour qu'il pût les introduire dans l'engrenage ;
qu'elle était placée non pas en dehors de la batteuse, mais sur
celle-ci dans un espace restreint, à proximité de ses organes,
accomplissant un travail facile par lui-même, mais rendu plus
dangereux par les conditions dans lesquelles elle devait l'effectuer, pouvant être gênée ou troublée dans ses mouvements par
la trépidation et le bruit de la machine et aussi par l'obligation
qui lui était imposée d'agir avec la plus grande célérité ;

Attendu qu'exiger pour l'application de la loi que la victime
ait été atteinte par le moteur lui-même ou l'un de ses organes,
serait se mettre en contradiction avec le texte même de cette loi
et conduirait à décider par exemple que l'ouvrier engreneur lui-
même ne serait protégé par elle, en cas de chute occasionnée
par ses mouvements qu'autant qu'il serait pris en entier ou en
partie dans l'engrenage ; qu'une telle interprétation serait en
opposition avec celle qu'a fourni le rapporteur de la loi à la
Chambre des députés, en donnant des personnes occupées à la
conduite ou au service des machines, la définition suivante : « Ce
« sont tous les travailleurs qui, à des titres divers et parfois très
« variables au cours d'une même opération contribuent à servir
« la machine, lui offrant, dans le cas d'une batteuse, les matières
« à transformer, retirant les matières, une fois cette transfor-
« mation accomplie, en un mot tout le groupe de travailleurs
« collaborant d'une façon directe à l'opération qui s'exécute » ;

Attendu qu'appliquant ces prinçipes à l'espèce actuelle, il convient de décider que Dubois est fondé à réclamer, en faveur de sa fille, le bénéfice des lois précitées ;

Attendu, d'ailleurs, que, sans en tirer aucune conséquence au point de vue de la recevabilité ou de la valeur des moyens de la défense, il est permis de faire remarquer que tel avait été, à l'origine, l'avis de la Compagnie d'assurances qui plaide au nom de Fayë, et on peut l'affirmer, malgré lui, étant donné les efforts de celui-ci pour faire accorder à la mineure Dubois l'indemnité qu'elle réclame aujourd'hui.

Qu'en effet l'assistance judiciaire ayant été sollicitée par Dubois, plusieurs mois après l'accident, l'inspecteur de ladite Compagnie, qui connaissait alors toutes les circonstances de cet accident, a invoqué devant le bureau d'assistance de Soissons, pour repousser son intervention, l'application de la loi de 1898, et qu'il a adressé immédiatement, à M. le Procureur de la République, une lettre par laquelle il réclamait, au nom de la Compagnie et par application des dispositions de ladite loi, l'ouverture de l'enquête dans les termes de l'article 12 ;

Attendu que, subsidiairement, et pour le cas où le Tribunal ne ferait pas droit à la prétention du défendeur, ce dernier discute le chiffre de l'indemnité et prétend, en s'appuyant sur les déclarations des parties, que le salaire de la jeune Dubois étant de 1 fr. 50 par jour, ou de 450 francs par an, et la réduction de salaire résultant de la perte d'un œil ne pouvant être évaluée à plus de 25 $^0/_0$, l'indemnité à laquelle elle avait droit serait une rente égale à la moitié de 112 fr. 50, ou à 56 fr. 25 ;

Mais, attendu tout d'abord qu'il résulte de l'enquête et des renseignements fournis au Tribunal que la jeune Dubois était employée tous les jours de l'année, à raison de 1 fr. 50 par jour, et que son salaire calculé sur 365 jours peut être évalué à 547 fr. 50 ;

Attendu, en outre, que, s'agissant d'un mineur de seize ans, le salaire qui, d'après l'article 8, doit servir de base à la fixation de l'indemnité, ne peut être inférieur au salaire le plus bas des ouvriers valides de la même catégorie employés dans l'entreprise ;

Attendu que la jeune Dubois était occupée à des travaux divers, dans la ferme, qu'il est difficile de préciser dans quelle catégorie d'ouvriers elle doit être placée ; qu'en prenant une moyenne des salaires, il est permis de dire que, dans le Soissonnais tout au moins, le salaire le plus bas des ouvriers agricoles, en y comprenant l'évaluation du logement et de la nourriture qui leur sont fournis, n'est pas inférieur à 2 fr. 73 par jour, soit, pour l'année entière, 1.000 francs.

Attendu qu'il convient d'évaluer à 30 $^0/_0$ la réduction de salaire qui peut résulter annuellement pour la mineure Dubois, de l'accident dont elle a été victime, qu'elle se livre dans l'avenir aux mêmes travaux qu'actuellement ou à ceux pour lesquels son sexe la désigne plus particulièrement ;

Que ladite réduction étant, dans l'espèce, de 300 francs, la demande formée au nom de la demoiselle Dubois d'une rente de 150 francs égale à la moitié prévue par la loi n'est pas exagérée ;

Attendu que la mineure Dubois, ayant pu reprendre son travail le 12 février 1900, c'est à cette date que doit être fixé le point de départ de cette rente.

Attendu que la réclamation de 15 francs pour débours et frais d'un voyage à Laon, où la jeune Dubois a été opérée, est abandonnée.

Par ces motifs :

Condamne de Fayë à payer à la mineure Dubois une rente annuelle et viagère de 150 francs, payable par trimestre échu à partir du 12 février 1900, date de la consolidation de sa blessure et de la reprise de son travail.

Condamne, en outre, de Fayë aux dépens.

TRIBUNAL CIVIL DE LILLE (1re CHAMBRE)

Jugement du 29 novembre 1900

Le Tribunal :

Attendu que Dhawelose, Auguste, âgé de dix-huit ans, mortaiseur au service de Paulus Foulon, constructeur à Roubaix, a eu, le 25 septembre 1899, l'avant-bras gauche comprimé entre la poulie et la vis d'un porte-outil ;

Attendu qu'il résulte des conclusions de l'expert commis, que cet accident a eu pour conséquence :

1° La tuméfaction de l'extrémité du médius gauche à l'articulation du poignet ;

2° L'impossibilité partielle de la flexion de la main sur l'avant-bras ; d'où une incapacité permanente et partielle de travail ;

Attendu que le salaire de l'ouvrier était de 1.350 francs ;

Attendu que la diminution de la valeur productive de la victime peut être évaluée à 25 $^0/_0$ environ du salaire ;

Qu'il a droit, en conséquence, à une rente viagère annuelle de 170 francs ;

Attendu que Paulus Foulon déclare s'en rapporter à justice ;

Par ces motifs :

Condamne Paulus Foulon à payer à Constant Dhawelose ès qualité jusqu'à la majorité de son fils Auguste et ensuite à ce dernier, une rente viagère annuelle de 170 francs, payable par trimestre et à terme échu à partir de ce jour ;

Le condamne, en outre, aux dépens.

TRIBUNAL CIVIL DE LILLE (1re CHAMBRE)

Jugement du 29 novembre 1900

Le Tribunal :

Attendu que Cyrille Roche, terrassier, au service de Guiot-Morel, entrepreneur à Saint-Omer, a eu, le 16 mai 1900, la jambe droite fracturée et la jambe gauche contusionnée par la chute de deux wagonnets placés sur un chemin de fer Decauville ;

Que cet accident a eu pour conséquence une diminution de force de la jambe droite, d'où une incapacité permanente et partielle de travail ;

Attendu que le salaire annuel de l'ouvrier était de 1.350 francs ;

Attendu que la diminution de la valeur productive de la victime peut être évaluée à 25 $^0/_0$ du salaire ;

Qu'il a donc droit, en conséquence, à une rente viagère annuelle de 130 francs ;

Attendu que Roche, de nationalité belge, réside en Belgique, et n'a droit qu'à trois fois le capital de la rente allouée.

Par ces motifs :

Condamne Guiot-Morel à payer à Cyrille Rache un capital égal à trois fois la rente de 130 francs, soit la somme de 390 francs ;

Le condamne, en outre, aux dépens.

TRIBUNAL CIVIL DE SAINT-MARCELLIN (ISÈRE)

Jugement du 30 novembre 1900

Le Tribunal :

Attendu que, le 25 juin 1900, Nicolas, terrassier, âgé de soixante-sept ans, travaillant pour le compte de Laurenson, a été atteint d'un éclat de pierre à l'œil droit ; qu'à la suite de cet accident il a éprouvé par la perte de cet organe de la diminution de l'acuité visuelle de l'œil gauche ;

Attendu que cet accident a eu pour conséquence d'occasionner à l'ouvrier précité une incapacité de travail partielle et permanente donnant lieu à l'application de l'article 3, paragraphe 2, de la loi du 9 avril 1898, pour la fixation de l'indemnité revenant à la victime ;

Attendu qu'aux termes du texte ci-dessus l'ouvrier a droit à une rente annuelle et viagère égale à la moitié de la réduction que l'accident a fait subir à son salaire ; qu'il s'agit dès lors de rechercher dans la cause à quel chiffre peut être évaluée cette réduction ;

Attendu qu'en tenant compte de la gravité de l'accident survenu au demandeur, comme aussi de la profession exercée par celui-ci, on est amené à reconnaître que cet ouvrier ne pourra plus désormais être employé qu'à de menus travaux peu rétribués ; que l'incapacité qui lui a été causée est donc bien permanente et partielle ;

Attendu que les parties ne sont pas d'accord sur le salaire annuel moyen du demandeur ;

Attendu qu'il y a lieu de déterminer l'étendue et la quotité de l'indemnité à laquelle Nicolas peut avoir droit en exécution de la loi du 9 avril 1898;

Attendu que les documents de la cause permettent au Tribunal de fixer aux trois quarts la diminution des salaires que subira Nicolas, à la suite de l'accident dont il a été victime;

Attendu que le Tribunal a les éléments suffisants pour décider que le salaire de Nicolas est de 1.080 francs pour trois cents jours ouvrables dans l'année; qu'il suit de là que, la réduction que l'accident a fait subir à ce salaire étant de trois quarts, soit 810 francs, Nicolas a droit à une rente annuelle de 405 francs;

Attendu que le défendeur doit, aux termes de l'article 4 de la loi du 9 avril 1898, supporter le coup des frais médicaux et pharmaceutiques qui ont été la conséquence de l'accident du 25 juin 1900 précité; qu'il y a lieu également de comprendre dans ces frais ceux d'hospitalisation qui, tout au moins en l'espèce, peuvent être considérés comme frais strictement médicaux nécessités par le traitement général de la victime;

Attendu que, Laurenson succombant dans l'instance, il y a lieu de le condamner aux dépens;

Par ces motifs :

Dit permanente et partielle l'incapacité de travail causée à Nicolas par l'accident du 25 juin 1900;

Fixe à la somme de 405 francs, le chiffre de la rente annuelle et viagère due à cet ouvrier par Laurenson pour les causes sus-énoncées; condamne, en conséquence, Laurenson, défendeur, à payer annuellement, audit Nicolas, la somme précitée de 405 francs par trimestres échus à partir du 23 août 1900 sous imputation à faire des sommes versées en plus de l'indemnité temporaire, s'il y a lieu;

Condamne, en outre, Laurenson à tous les dépens, y compris les frais médicaux, pharmaceutiques et d'hospitalisation.

TRIBUNAL CIVIL DE MARSEILLE

Jugement du 4 décembre 1900

Le Tribunal :

Attendu qu'il résulte des débats que, le 25 novembre 1899, le sieur Fulchiero travaillait pour le compte des sieurs Weysserre frères ;

Qu'il était en train de se garer d'un coup de mine que des ouvriers venaient de faire partir, lorsqu'un bloc de pierre se détacha et lui tomba sur les jambes ;

Attendu qu'à la suite de cet accident Fulchiero a eu la jambe gauche fracturée ; qu'il résulte des certificats médicaux produits que la consolidation de sa blessure a eu lieu le 18 juillet 1900, mais avec déviation du pied ; qu'il se trouve, par conséquent, en état d'incapacité partielle permanente prévue par le paragraphe 2 de l'article 3 de la loi du 9 avril 1898 ;

Attendu que Fulchiero gagnait un salaire de 1.058 francs par an ; que le Tribunal estime à 20 $^0/_0$ la réduction que l'accident a fait subir à son salaire ; qu'il a donc droit à une rente de 105 fr. 35 à partir du jour de la consolidation de sa blessure, c'est-à-dire du 18 juillet 1900 ; que, du reste, cette rente lui a été offerte par les défendeurs ;

Qu'il y a lieu également d'accueillir les conclusions de ces derniers demandant que toutes les avances faites par eux à Fulchiero à partir du jour de sa guérison soient imputées sur les arrérages de la rente ;

Par ces motifs :

Condamne Weyserre frères à servir à Fulchiero une rente annuelle et viagère de 105 fr. 35 payable par trimestre échu à partir du 18 juillet 1900, dit que les avances faites à Fulchiero à partir du 18 juillet 1900 seront imputées sur les arrérages de la rente ;

Condamne Weysserre frères aux dépens.

TRIBUNAL CIVIL DE LILLE

Jugement du 8 décembre 1900

Le Tribunal

Attendu que Leroylle, François, ouvrier terrassier, au service de Donnaint, entrepreneur, à Lille, a été, le 23 février 1900, piqué à la main gauche par un clou des bois de démolitions qu'il ramassait ;

Que cet accident a eu pour conséquence l'ankylose presque totale de l'annulaire et de l'auriculaire, l'ankylose partielle et moins importante de l'index et du médius, et une légère gêne dans les mouvements du poignet, d'où une incapacité permanente et partielle de travail ;

Attendu que le salaire annuel de l'ouvrier était de 1.050 francs ;

Attendu que la diminution de la valeur productive de la victime peut être évaluée à 40 $^0/_0$ du salaire ; qu'il a droit, en conséquence, à une rente viagère annuelle de 210 francs ;

Attendu que le défendeur déclare s'en rapporter à justice ;

Par ces motifs :

Condamne le sieur Douaraint à payer à Leroylle, François, une rente viagère annuelle de 210 francs payable par trimestre et à terme échu à partir de ce jour :

Le condamne, en outre, aux dépens.

TRIBUNAL CIVIL DE LILLE (1ʳᵉ CHAMBRE)

Jugement du 8 décembre 1900

Le Tribunal :

Attendu que Courtecuisse, Henri, âgé de vingt-sept ans, toupilleur au service de Vandewen et Jacob, menuisiers à Lille, a été, le 2 juin 1900, blessé à la main droite par la lame d'une toupie ; que cet accident a eu pour conséquence l'amputation de l'annulaire de cette main et la perte de la moitié de la valeur fonctionnelle du médius, d'où une incapacité permanente et partielle de travail ; attendu que le salaire annuel de l'ouvrier était de 1.383 francs ;

Attendu que la diminution de la valeur productive de la victime peut être évaluée à 15 % du salaire, qu'il a droit, en conséquence, à une rente viagère annuelle de 104 francs ; attendu que les défendeurs déclarent s'en rapporter à justice ;

Par ces motifs :

Condamne Vandewen et Jacob à payer à Courtecuisse, Henri, une rente viagère annuelle de 104 francs payable par trimestre et à terme échu à partir de ce jour ;

Le condamne, en outre, aux dépens.

TRIBUNAL CIVIL DE MARSEILLE

Jugement du 11 décembre 1900

Le Tribunal :

Attendu que, le 13 avril 1900, le sieur François Dalpra travaillait pour le compte de MM. Reytterer à d'Estaque ; qu'il était occupé à soulever des blocs de pierre à l'aide d'une grue à vapeur, lorsqu'il eut la jambe gauche prise entre deux blocs et eut ce membre entièrement écrasé ;

Attendu qu'à la suite de cet accident François Dalpra a dû subir l'amputation de la jambe gauche ; qu'il se trouve par conséquent en état d'incapacité partielle et permanente, prévu par le paragraphe 2 de l'article 3 de la loi du 9 avril 1898 ;

Attendu que François Dalpra gagnait un salaire de 950 francs par an ; que le Tribunal estime que l'accident dont il a été victime a fait subir à son salaire une réduction de 60 % ; qu'il a donc droit à une rente de 285 francs à partir du 12 août dernier ;

Par ces motifs :

Condamne Reytterer frères à servir à François Dalpra et pour lui à son père en la qualité qu'il agit une rente annuelle et viagère de 285 francs payable par trimestre échu à partir du 12 août 1900.

Les condamne en outre à lui payer l'indemnité temporaire du demi-salaire depuis le cinquième jour de l'accident jusqu'au 12 août 1900.

Les condamne, en outre, aux dépens.

TRIBUNAL CIVIL DE SARLAT

Jugement du 12 décembre 1900

Le Tribunal :

Attendu qu'il est constant, en fait, que dans l'après-midi du 22 mai dernier, le sieur Lacoste, alors qu'il travaillait à l'atelier de M. Pasquet en qualité d'ouvrier, a été victime d'un accident qui a eu pour conséquence l'amputation de la phalangette du médius de la main droite, ce qui constitue pour lui une cause d'incapacité partielle et permanente ;

Attendu qu'à la suite d'un procès-verbal de non-conciliation dressé, le 4 juillet 1900, par M. le président du Tribunal, Lacoste a, par exploit du 13 du même mois, appelé devant le siège, M. Pasquet pour le faire condamner à lui payer : 1° une rente annuelle de 150 francs payable par trimestre et d'avance ; 2° la somme de 800 francs pour frais médicaux et pharmaceutiques, et prix du demi-salaire qui lui reste dû ;

Attendu qu'il résulte de l'instruction que Lacoste était payé à raison de 0 fr. 30 l'heure et travaillait en moyenne dix heures par jour ;

Attendu qu'il y a lieu d'évaluer à 10 $^0/_0$ la réduction du salaire que Lacoste aura à subir dans l'avenir, par suite de la perte de la phalangette du médius de la main droite et de fixer, par conséquent, l'indemnité à laquelle il a droit en conformité de l'article 3, n° 2, de la loi du 9 avril 1898 une rente égale à la moitié de la réduction de 10 $^0/_0$;

Mais, attendu que de l'enquête à laquelle il a été procédé par M. Bourdet, juge de paix, en conformité de la présente loi, il résulte que l'accident dont Lacoste a été victime est dû à l'imprudence qu'il a commise en tenant à la main malgré la défense qui lui avait été faite, un chiffon, alors que la machine était en mouvement ;

Que, Lacoste ayant commis une faute inexcusable, le Tribunal fera une juste appréciation des faits de la cause en diminuant ainsi que l'article 20 de la loi du 9 avril 1898 lui en confère le droit la pension fixée au titre 1er de la loi susvisée ;

Attendu, en ce qui concerne les soins médicaux, les frais pharmaceutiques et le demi-salaire, que le Tribunal ne possède pas les éléments suffisants pour en déterminer le chiffre d'ores et déjà ; qu'il y a lieu de réserver à Lacoste tous ses droits à cet égard pour les faire valoir devant M. le juge de paix du canton de Carlun auquel la loi de 1898 attribue compétence à cet égard ;

Par ces motifs :

Réserve à Lacoste ses droits relativement au demi-salaire, aux frais médicaux et pharmaceutiques ;

Condamne Pasquet à payer à Lacoste par trimestre et d'avance à partir du 1er août, date à laquelle cesse le paiement du demi-salaire une rente annuelle de 250 francs ;

Le condamne, en outre, aux dépens.

TRIBUNAL CIVIL DE LILLE (1re CHAMBRE)

Jugement du 17 décembre 1900

Le Tribunal :

Attendu que Henri Degrèfe, toupilleur, chez Lambert, menuisier, à Croix, a été, le 18 avril 1900, victime d'un accident de travail qui a amené l'ankylose de l'articulation phalango-phalangienne de l'index gauche, ou, tout au moins, une certaine raideur de ce doigt ;

D'où une incapacité permanente et partielle de travail ;

Attendu que le salaire annuel de l'ouvrier était de 1.308 fr. 40 ;

Attendu que la diminution de la valeur productive de la victime peut être évaluée à 2 1/2 % du salaire ;

Qu'il a droit, en conséquence, à une rente viagère annuelle de 16 francs.

Par ces motifs :

Condamne Lambert à payer à Degrèfe une rente viagère annuelle de 16 francs payable par trimestre et à terme échu à partir de ce jour ;

Le condamne, en outre, aux dépens.

TRIBUNAL CIVIL DE MARSEILLE

Jugement du 18 décembre 1900

Le Tribunal :

Attendu que, le 6 mai 1900, le sieur Campande travaillait pour le compte des sieurs Veythérer frères, entrepreneurs ; qu'il était occupé de charger une mine lorsqu'elle fit explosion et le blessa sur diverses parties du corps ;

Attendu qu'à la suite de cet accident Campande a reçu des contusions au bras gauche et aux deux jambes et que son œil gauche est totalement perdu ;

Qu'il résulte du certificat produit qu'il a été guéri le 12 juin 1900. Qu'il se trouve, par conséquent, en état d'incapacité partielle et permanente prévu par le paragraphe 2 de l'article 3 de la loi du 9 avril 1898 ;

Attendu que Campande gagnait un salaire de 1.200 francs par an ; que le Tribunal estime que l'accident dont il a été victime a fait subir à ce salaire une réduction de 25 $^0/_0$; qu'il a droit, par conséquent, à une rente de 150 francs à partir du 12 juin 1900, date de sa guérison ;

Attendu qu'il n'y a pas lieu, dans l'espèce, à appliquer à Campande la faute inexcusable à lui imputée par les défendeurs ;

Par ces motifs :

Condamne les sieurs Veythérer frères à servir à Campande une rente annuelle et viagère de 150 francs payable par trimestre échu à partir du 12 juin 1900, jour de sa guérison ;

Les condamne, en outre, à payer à Campande l'indemnité temporaire du demi-salaire depuis le jour de l'accident jusqu'au 19 juin 1900. Les condamne enfin aux dépens, et les déboute de leurs fins et conclusions.

TRIBUNAL CIVIL DE VALENCIENNES

Jugement du 20 décembre 1900

Le Tribunal :

En droit : atttendu qu'il n'est pas contestable et qu'il est reconnu par les auteurs qui ont écrit sur la matière, qu'une hernie peut être déterminée accidentellement par un effort violent ;

Attendu que, lorsque cet effort a été imposé à un ouvrier par le travail même auquel il était employé dans son atelier, cet ouvrier est en droit de se prévaloir des dispositions de la loi du 9 avril 1898, s'il est résulté pour lui, dudit effort accidentel, une réduction de sa capacité professionnelle ;

Attendu que, dans ce cas, le Tribunal n'a pas à rechercher si, par suite de sa constitution, l'ouvrier avait ou non des prédispositions à cet accident ; que le patron est présumé avoir fait cette recherche, lorsqu'il a fixé le salaire de cet ouvrier ; que l'on pratique ainsi dans certains établissements ;

En fait : attendu qu'il résulte du procès-verbal d'enquête dressé par M. le juge de paix du canton nord de Valenciennes, que, le 16 juillet 1900, dans les ateliers de Maillet et Cⁱᵉ, à Anzin, Boon avait été commandé avec trois autres ouvriers pour rouler une pièce de fonte pesant de 600 à 700 kilogrammes ;

Qu'à un certain moment, la pièce ayant tourné, les trois camarades de Boon la lâchèrent ;

Que Boon fit un violent effort pour la maintenir ; qu'il ressentit alors une forte douleur dans l'aine droite et qu'il se rendit aussitôt au bureau de l'usine, où l'on constata la hernie dont il venait d'être atteint dans cet effort ;

Attendu que Boon a été ainsi victime d'un accident qui a déterminé chez lui une hernie inguinale droite ;

Attendu que cette infirmité partielle et permanente a incontestablement pour conséquence une diminution de la valeur industrielle de la victime et lui donne droit à une indemnité aux termes de l'article 3 de la loi de 1898 ;

Attendu que cette indemnité doit être une rente égale à la moitié de la réduction de salaire correspondant normalement à ladite infirmité ;

Attendu que le Tribunal n'a pas à s'arrêter à ce fait que l'ouvrier aurait jusqu'ici été repris au même salaire qu'auparavant, puisque Maillet déclare lui-même que, sur ce salaire, il entendait imputer la rente, s'il en était due ;

Attendu que le Tribunal ne peut suspendre le payement de la rente ; mais qu'aux termes de l'article 21 de la loi, les parties ne peuvent s'entendre à ce sujet qu'après la détermination du chiffre de l'indemnité due, qu'il est donc de toute justice de ne faire courir ladite rente qu'à partir de ce jour, Boon n'ayant pas eu de chômage et ayant continué à recevoir des journées pleines ;

Attendu que le Tribunal trouve dans le dossier de l'enquête, éléments suffisants pour fixer :

1° Le salaire de base à 2.001 fr. 15 ;

2° La réduction subie à 400 francs ;

3° En conséquence, la rente due à 200.

Par ces motifs :

Condamne la société Maillet et Cⁱᵉ à servir à Boon une rente annuelle et viagère de 200 francs exigible par trimestre échu à partir de ce jour.

———

TRIBUNAL CIVIL DE LILLE (1ʳᵉ CHAMBRE)

Jugement du 21 décembre 1900

Le Tribunal :

Attendu que Emile Serrurier, âgé de seize ans, margeur chez Liégeois-Six, imprimeur à Lille, a été, le 20 juillet 1900, au cours de son travail, blessé à la main droite par une presse à pédale ;

Que cet accident a eu pour conséquence une attitude en flexion du médius et une certaine ankylose de l'index et de l'annulaire, d'où une incapacité permanente et partielle de travail ;

Attendu que le salaire annuel de l'ouvrier peut être fixé à 750 francs ;

Attendu que la diminution de la valeur productive de la victime peut être évaluée à 30 % du salaire ;

Qu'il a droit, en conséquence, à une rente annuelle de 112 fr. 50 ;

Par ces motifs :

Condamne Liégeois-Six à payer à Serrurier père jusqu'à la majorité de son fils Émile, et ensuite à celui-ci une rente viagère annuelle de 112 fr. 50, payable par trimestre et à terme échu à partir de ce jour ;

Le condamne, en outre, aux dépens.

TRIBUNAL CIVIL DE TROYES

Jugement du 26 décembre 1900

Le Tribunal :

Attendu que Devanlay a été, le 7 avril 1900, victime d'un accident du travail dans les ateliers de la Société anonyme de blanchiment, teinture, impression et apprêt de Saint-Julien, qu'en transvasant une terrine d'acide sulfurique, il a été atteint à l'œil par une goutte de ce liquide corrosif et a perdu la vue de l'œil droit ;

Attendu que le salaire de la victime s'élevait avant l'accident à 975 francs par an, chiffre non contesté par la Société de Saint-Julien ; que la diminution de puissance de travail résultant de la perte d'un œil ne peut être évaluée pour cet ouvrier à moins de 300 francs par an, d'où il suit que l'offre faite par la Société est insuffisante ;

Attendu qu'il n'y a lieu de fixer le point de départ de la pension à allouer au jour de complète cicatrisation de la blessure, c'est-à-dire au 4 décembre courant, en présence des dispositions de l'article 16, paragraphe 4, qui porte que l'indemnité temporaire doit continuer à être servie jusqu'à la décision définitive ;

Attendu que la prétention de Devanlay de faire fixer la pension au chiffre de 500 francs est manifestement des plus exagérées ; qu'atteint seulement d'une incapacité partielle et permanente de travail, l'article 3 de la loi du 9 avril 1898 ne saurait permettre de lui allouer cette somme ; mais que, pour justifier sa prétention, Devanlay invoque la disposition finale de l'article 20 de la loi précitée ;

Attendu, toutefois, qu'il ne fait aucune preuve de la prétendue faute inexcusable de son patron et ne demande même pas à faire cette preuve ;

Attendu que la demande par Devanlay, en dehors de la pension viagère à laquelle il a droit, d'une somme en capital de 1.000 francs, doit être rejetée comme en contradiction avec les dispositions de la loi du 9 avril 1898, particulièrement des articles 3, 9, 21 et 28 combinés ; que Devanlay l'a d'ailleurs reconnu à l'audience ;

En ce qui concerne la demande de la Société relative à l'imputation sur la pension viagère des sommes que la victime de l'accident a pu toucher pour cause d'indemnité temporaire ;

Attendu qu'aux termes de l'article 15 de la loi précitée les contestations relatives aux indemnités temporaires sont jugées en dernier ressort par le juge de paix ; que le législateur a attribué en cette matière aux magistrats cantonaux une compétence spéciale et absolue ; d'où il suit que les Tribunaux de première instance sont incompétents pour en connaître ;

Attendu, d'ailleurs, que la pension viagère, allouée en raison d'un accident du travail, est, aux termes de l'article 3, incessible et insaisissable ; que le but de la loi serait manqué s'il pouvait être permis de porter, même indirectement, atteinte à ce principe et que, dans ces conditions, les Tribunaux ne sauraient frapper d'aucune retenue le chiffre de la pension allouée ; que l'article 30 leur en fait implicitement une défense absolue ;

Attendu que, l'article 21 ayant seulement pour but de permettre la substitution d'une autre prestation équivalente à celle résultant du versement d'une somme d'argent, ne saurait être considérée comme faisant échec à la règle absolue posée par l'article 3 susvisé ;

Par ces motifs :

Condamne la Société défenderesse à payer à Devanlay, à l'occasion de l'accident du travail dont il a été victime, le 7 avril dernier, une pension viagère de 150 francs par an, payable par trimestre à partir de ce jour ;

Le déclare, en tant que de besoin, incompétent pour statuer sur l'indemnité temporaire due à la victime dudit accident ;

Déclare mal fondées les autres prétentions des parties, les en déboute et condamne la Société de Saint-Julien aux dépens.

TRIBUNAL CIVIL DE VERSAILLES [1]

Jugement du 27 décembre 1900

Le Tribunal :

Attendu que Auléac, ouvrier maçon, a été victime, le 5 août 1900, d'un accident, alors qu'il travaillait pour le compte des sieurs Fougerolle, qu'en raison de cet accident, il a formé devant ce Tribunal, contre MM. Fougerolle, une demande en paiement d'une rente annuelle et viagère de 578 fr. 50 ;

Attendu que cet accident a occasionné au demandeur la perte de l'œil gauche, et qu'il est atteint d'une incapacité permanente partielle de travail ;

Que le Tribunal estime à 25 $^0/_0$ la réduction que cette incapacité a fait subir au salaire de Auléac ;

Attendu que son salaire était de 2.314 francs, qu'il a donc droit à une rente de 289 fr. 25, laquelle sera payable à terme échu à partir du 27 décembre 1900, jour du jugement ;

Par ces motifs :

Condamne Fougerolle frères à payer au sieur Auléac une rente annuelle et viagère de 289 fr. 25, laquelle sera payable à terme échu à partir du 27 décembre, jour du jugement ;

---

1. Ce jugement a été infirmé par arrêt de la Cour de Paris du 8 juin 1901, qui a porté le taux de réduction à 33,33 $^0/_0$, conformément à sa jurisprudence.

Dit n'y avoir lieu d'ordonner la restitution des sommes payées
à Auléac pour indemnité de demi-salaire ;

Dit n'y avoir lieu d'ordonner l'exécution provisoire ;

Condamne Fougerolle aux dépens.

TRIBUNAL CIVIL DE MILLAU [1]

Jugement du 28 décembre 1900

Le Tribunal :

Attendu qu'il est constant que, le 16 janvier 1900, Galibert,
travaillant comme manœuvre pour le compte de Bannes, entrepreneur, fut victime d'un accident qui occasionna la fracture de
la clavicule droite ;

Attendu que l'incapacité absolue de travail aurait duré six
mois d'après les médecins experts ; que la blessure reçue par
Galibert entraîne une incapacité partielle permanente et que la
capacité de travail de cet ouvrier serait réduite d'un quart ;

Attendu, il est vrai, que les experts nommés par le Tribunal
déclarent que cette réduction du quart serait notablement atté-
nuée, si Galibert consentait à faire opérer la résection de la partie
osseuse en saillie ; mais, attendu que l'on ne saurait en l'état
apprécier les conséquences d'une opération chirurgicale qui n'est
pas encore faite ; que, dès lors, il convient de fixer au quart la
réduction de la capacité de travail ;

Attendu que Galibert touchait un salaire de 3 francs par jour ;

Attendu que Galibert reconnaît avoir reçu de Bannes le demi-
salaire jusqu'au 15 juillet inclus ; que, par un précédent jugement, une provision de 100 francs a été allouée au demandeur ;

Attendu que, d'après le paragraphe 4 de la loi du 9 avril 1898,
l'indemnité temporaire continue à être versée jusqu'à la décision
définitive ; qu'ainsi cette indemnité est due à Galibert jusqu'au
27 décembre courant inclus, déduction faite de la provision de
100 francs susénoncée et de toutes autres sommes déjà versées
par Bannes à titre de demi-salaire ;

1. Ce jugement a été confirmé par arrêt de la Cour de Montpellier
du 27 mars 1901.

Attendu qu'à raison de 3 francs par jour, le salaire annuel de Galibert serait de 900 francs ; que la moitié du quart de 900 francs est de 112 fr. 50 ;

Attendu que les frais suivent le sort du principal ;

Par ces motifs :

Dit et déclare que la réduction de la capacité de travail subie par Galibert est du quart ; en conséquence, condamne Bannes à payer à Galibert par trimestre et à terme échu, à partir de ce jour, une pension annuelle et viagère de 112 fr. 50 ; dit, en outre, que Bannes sera tenu de servir à Galibert le demi-salaire jusqu'au 22 décembre courant inclus, sous la déduction de la provision de 100 francs susénoncée, et de toutes autres sommes déjà payées par Bannes audit Galibert à titre de demi-salaire, rejette le surplus des conclusions de toutes parties :

Condamne Bannes aux dépens.

TRIBUNAL CIVIL DE COULOMMIERS

Jugement du 28 décembre 1900

Le Tribunal :

Attendu que le 3 novembre 1899, Quinton, cocher, au service de M. Brodard, a eu l'humérus droit fracturé par suite du choc du timon d'une voiture qu'il conduisait en marchant à la hauteur de la tête du cheval ; qu'il prétend que cet accident a occasionné une incapacité partielle et permanente de travail de nature à réduire de moitié ses salaires, qui s'élevaient à 1.440 francs, auxquels les parties sont d'accord d'ajouter 180 francs pour le logement ;

Attendu que Brodard proteste contre cette demande que, suivant lui, l'infirmité dont Quinton reste atteint ne serait de nature à diminuer que de 20 % ses salaires ; qu'il offre en conséquence de lui servir une rente annuelle de 162 francs ;

Attendu qu'il avait conclu, en outre, à ce qu'une somme de 263 fr. 50, qu'il disait avoir été versée en trop sur l'indemnité journalière, fût imputée sur les premiers arrérages de la rente, mais qu'il a déclaré à l'audience, par l'organe de son avocat, qu'il se désistait de ce chef de ses conclusions ; qu'il y a lieu de lui en donner acte ;

Attendu, en ce qui concerne le montant de la rente viagère, que le médecin qui a examiné Quinton a constaté, au mois d'août 1900, que les fonctions du bras étaient encore incomplètes ; qu'il existait encore une gêne fonctionnelle du bras très notable et dont il était difficile de prévoir la durée ;

Mais, attendu qu'il résulte des déclarations de Brodard, non contestées par Quinton, que celui-ci a repris depuis un certain temps son service, et que le travail qu'il exécute est exactement celui dont il était chargé avant l'accident ; que ce fait suffit à démontrer que les conséquences de cet accident n'ont pas été aussi graves que le prétend le demandeur et que la gêne qu'il éprouve n'est pas de nature à diminuer ses salaires dans une proportion importante ;

Attendu que, dans ces circonstances, la rente de 162 francs offerte par Brodard est suffisante et de nature à compenser la diminution que Quinton pourra subir dans ses salaires.

Par ces motifs :

Donne acte à Brodard de ce qu'il se désiste de ses conclusions tendant à ce qu'une somme de 263 fr. 50, qu'il prétendait avoir versée en trop sur l'indemnité journalière, fût imputée sur les premiers arrérages de la rente ;

Lui donne acte de ce qu'il se déclare prêt à payer à Quinton une rente annuelle et viagère de 162 francs ; déboute Quinton du surplus de sa demande et le condamne aux dépens.

TRIBUNAL CIVIL DE MENDE

Jugement du 31 décembre 1900

Le Tribunal :

Attendu que le tribunal a été, à bon droit, saisi d'après le rapport des médecins experts du 27 septembre 1900 ;

Qu'il est inexact de dire que Maurin, à la suite de l'accident du 4 octobre 1899, n'a été atteint que d'une incapacité partielle aujourd'hui disparue ;

Que le législateur du 9 avril 1898 a voulu protéger l'ouvrier toutes les fois que les suites de l'accident amènent une réduction sur son salaire ; qu'il faut entendre par incapacité partielle permanente toute déperdition permanente de forces, toute diminution dans la facilité d'exécution de travail, ayant sa répercussion sur la quotité du salaire et la diminuant ;

Que les experts, constatant qu'il y aura à l'avenir, chez Maurin, une diminution dans la facilité d'exécution de travail, en ce sens qu'il pourra se servir moins longtemps de son épaule droite comme levier ou point d'appui, et évaluant à un dixième la diminution qui en découlera pour le salaire, le Tribunal doit retenir la cause et ne point la renvoyer devant le juge de paix ;

Qu'adoptant les conclusions des experts qui paraissent justifiées par l'examen approfondi auquel ils se sont livrés, il y a lieu de décider que l'incapacité est permanente et partielle ; qu'elle fait et fera subir à Maurin une réduction de un dixième sur son salaire et qu'il a droit, par application de l'article 3, paragraphe 2, de la loi du 9 avril 1898, à une rente égale à la moitié de un dixième, soit à un vingtième du salaire moyen annuel ;

Attendu, sur la détermination du quantum du salaire, que, si aucune des parties ne produit l'enquête du juge de paix, il résulte de la déclaration d'accident faite par Ollagnier, le 5 octobre 1899, que le salaire quotidien de Maurin était de 3 fr. 85 ;

Qu'en tenant compte des journées perdues et des dimanches ou jours fériés, on arrive à fixer à trois cents le nombre des journées de travail, ce qui donne une somme annuelle de 1.155 francs comme salaire ;

Que, cette base étant admise, le chiffre de la rente doit être fixé à 57 fr. 77 ;

Que cette rente devra être payée par trimestre et à terme échu et qu'il convient de fixer son point de départ au jour de la clôture du rapport des experts, 27 septembre 1900 ;

Que si Ollagnier a payé depuis lors des sommes plus importantes comme demi-salaire, il doit être autorisé à se les retenir à due concurrence sur le montant de la rente ;

Attendu que les dépens suivent le sort du principal ;

Par ces motifs :

Homologuant le rapport des médecins experts, Delmas, Bardol et Joly, du 27 septembre 1900, se déclare compétent ;

Dit que Maurin, à la suite de l'accident du 4 octobre 1899, est atteint d'une incapacité de travail permanente et partielle ;

Dit que la faculté de travail est diminuée d'un vingtième ;

En conséquence, condamne Ollagnier à lui servir, à partir du 27 septembre 1900, une pension annuelle et viagère de 57 fr. 77, payable par trimestre et à terme échu ;

Autorise Ollagnier à compenser avec le montant de la pension les sommes qu'il aurait payées en sus à Maurin comme demi-salaire depuis le 27 septembre 1900 ;

Le condamne aux dépens.

TRIBUNAL CIVIL DE LA SEINE (4e CHAMBRE)

Jugement du 5 *janvier* 1901

Le Tribunal :

Attendu que le demandeur, qui était depuis quatre ans employé chez Diligeon et Cie, constructeurs-mécaniciens, a été victime d'un accident le 8 février 1900, au moment où, dans l'atelier de ses patrons, il était occupé à ébarber des pièces à la meule à émeri ; que les lunettes protectrices étaient en mauvais état et qu'un éclat de la meule lui a sauté dans l'œil, le blessant grièvement ; que, de plus, il a définitivement perdu l'œil droit ;

Attendu que le salaire annuel de Peter était de 2.150 francs ;

Attendu que Peter a touché l'indemnité de demi-salaire jusqu'au 24 octobre 1900, date à laquelle la blessure peut être considérée comme consolidée ;

Attendu que le Tribunal estime que la réduction du salaire de son travail que Peter subit par suite de l'accident est de 33 0/0, soit de 685 francs, dont la moitié est de 342 francs ;

Attendu qu'il ne résulte pas des documents de la cause que Diligeon et Cie aient commis, comme le prétend le demandeur, une faute inexcusable ; qu'il n'échet, dès lors, d'allouer de ce chef l'indemnité supplémentaire réclamée ;

Par ces motifs :

Condamne Diligeon et Cie à servir au demandeur une rente annuelle et viagère de 342 fr. 50, payable par trimestre à compter du 21 octobre 1900;

Les condamne, en outre, aux dépens.

———·———

TRIBUNAL CIVIL DU HAVRE

Jugement du 10 *janvier* 1901

Le Tribunal :

Attendu que le sieur Voisard, ayant été victime d'un accident de travail, le 19 novembre 1899, et se prétendant atteint par suite d'une incapacité absolue de travail, a assigné ses patrons, les sieurs Vignier, Schneider et Cie, en paiement d'une rente viagère;

Attendu que, sur cette action, il est intervenu, à la date du 19 juillet dernier, un jugement de ce siège, par lequel une expertise médicale a été ordonnée;

Attendu que les experts commis, les Drs Lausiés, Balard d'Herlinville et Walch, médecins au Havre, ont procédé à la mission à eux confiée et dressé un rapport qu'ils ont déposé au greffe de ce Tribuna, le 23 novembre dernier;

« Attendu que, dans ce rapport, les experts concluent ainsi « qu'il suit : 1° le sieur Voisard a été atteint d'une fracture de la « clavicule et d'un violent traumatisme de l'articulation scapulo- « humérale ayant occasionné une ankylose partielle de cette « articulation;

« 2° Il résulte de ces lésions une incapacité de travail partielle « et permanente;

« 3° Actuellement, dans l'état où se trouve le membre supérieur « droit, la capacité de travail est diminuée de moitié; mais, après « un traitement approprié,le membre pourra, dans un temps assez « long que nous estimons à une année, recouvrer *une partie* de « ses mouvements et alors la diminution de la capacité de travail « ne sera plus que d'*un tiers;*

Attendu que ces appréciations des experts ne sont pas acceptées par Voisard qui persiste dans sa demande primitive : qu'elles sont, au contraire, admises, par les défendeurs, mais seulement pour la première période d'un an et qu'ils soutiennent que l'incapacité qui persistera définitivement ne sera pas supérieure à un cinquième ;

Attendu que les termes du rapport dont s'agit sont clairs et précis ; que les experts font une juste appréciation de l'état du blessé et qu'il y a lieu de s'en rapporter à leur opinion, sans qu'il soit nécessaire de recourir à un nouvel errement ; que les critiques des deux parties sont mal fondées et doivent être écartées ;

Attendu que les parties sont d'accord pour reconnaître que le salaire de Voisard, pendant les douze mois qui ont précédé le jour de l'accident, s'est élevé à la somme de 1.596 fr. 95 ;

Attendu que, se fondant sur ce chiffre du salaire de base, les défendeurs offrent à Voisard de lui servir une rente de 399 fr. 25, à partir d'aujourd'hui pendant un an et de 159 fr. 60 par an dans la suite ;

Qu'ils offrent, en outre, les dépens et passent obéissance de payer le demi-salaire de Voisard jusqu'à aujourd'hui, point de départ de la rente ;

Attendu que ces offres sont insuffisantes en ce qui concerne la rente qui sera exigible, à l'expiration de la première année, qu'il y a lieu, sur ce point, conformément à l'avis des experts qui ont estimé la réduction de capacité de travail qui subsistera à cette époque, à un tiers, de fixer la rente qui sera due alors à 266 fr. 15 par an ;

Par ces motifs :

Rejette comme insuffisantes les offres des défendeurs ;

Leur donne acte de leur obéissance de payer à Voisard l'indemnité temporaire jusqu'à ce jour;

Condamne Vignier, Schneider et Cⁱᵉ à payer à Voisard :

1° Pendant un an, à partir d'aujourd'hui jusqu'au 10 janvier 1902, une indemnité temporaire de 399 fr. 25 ;

2° Et à partir dudit jour, 10 janvier 1902, une rente annuelle et viagère de 266 fr. 15.

Les condamne, en outre, aux dépens.

TRIBUNAL CIVIL DU HAVRE

Jugement du 10 janvier 1901

Le Tribunal :

Attendu que le sieur Péronnaud a été blessé, le 26 juin 1900, alors qu'il travaillait pour le compte des sieurs Beynel et Vigner ;

Attendu qu'il est aujourd'hui atteint d'arthrite et d'ankylose des jointures qui le mettent dans l'impossibilité de se servir désormais de sa main droite dans son travail de maçon ; que l'expert nommé par M. le juge de paix a fixé aux deux cinquièmes la réduction de la capacité de travail qui résultera pour Péronnaud de cet accident ;

Que ce dernier a, en conséquence, assigné ses patrons en paiement d'une rente annuelle et viagère de 720 francs basée sur un salaire qu'il évaluait à 1.800 francs par an ;

Attendu qu'il y avait dans ce calcul une erreur matérielle, que le demandeur a rectifiée dans ses conclusions du 9 janvier ; que, dans ces conclusions, il prétend que son salaire annuel était de 2.160 francs et réclame une rente viagère de 432 francs ;

Attendu qu'il est constant que le salaire annuel de Péronnaud était de 1.773 francs ;

Attendu que les appréciations de l'expert paraissent équitables et qu'il y a lieu, quoi qu'en disent les défendeurs, de les adopter ;

Que leur offre de payer une rente de 221 fr. 65 est insuffisante ;

Que, s'il survient ultérieurement une amélioration dans l'état de Péronnaud, il leur appartiendra de se prévaloir de la faculté de revision que leur accorde la loi de 1898 ;

Attendu que l'expert ayant déposé son rapport, le 1er octobre 1900, on doit considérer que l'état de la blessure de Péronnaud était définitif à cette époque ; que dès lors il convient de fixer à ce moment le point de départ de la rente et de décider que le demi-salaire payé depuis lors devra s'imputer sur les arrérages à échoir de ladite rente ;

Par ces motifs :

Rejette comme insuffisantes les offres des défendeurs ;

Fixe à 1.773 francs le salaire de base et aux deux cinquièmes la réduction de la capacité de travail de Péronnaud, par suite de l'accident dont s'agit ;

En conséquence, condamne Beynel et Vigner à payer à Péronnaud une rente annuelle et viagère de 354 fr. 60, et ce à partir du 1er octobre dernier.

Dit que l'indemnité temporaire versée depuis cette dernière date devra s'imputer sur les arrérages à échoir de ladite rente.

Condamne les défendeurs aux dépens.

TRIBUNAL DE MONT-DE-MARSAN

Jugement du 11 *janvier* 1901

Le Tribunal :

Attendu que, le 14 septembre 1900, Sindic, étant occupé à travailler dans l'atelier du sieur Lassus, son patron, reçut sur l'œil gauche un éclat qui s'était détaché d'un instrument en acier ; que, malgré tous les soins, son œil a été entièrement perdu :

Attendu que les parties reconnaissent que la perte d'un œil constitue une incapacité permanente et partielle, prévue par le paragraphe de l'article 3, de la loi du 9 avril 1898 ; qu'elles sont en désaccord seulement sur le montant de la réduction que cette infirmité pourra faire subir au salaire ;

Attendu que les décisions invoquées par elles à l'appui de leurs prétentions réciproques, ne peuvent être consultées qu'à titre de simple indication, car il ne peut y avoir sur ce point de règle fixe ; qu'en effet, la diminution dans la puissance de travail que peut entraîner une pareille infirmité chez l'ouvrier qui en est atteint dépend précisément de la nature même de son travail ; qu'il est évident que l'ouvrier qui est chargé d'opérations délicates sera beaucoup plus gêné dans ses occupations que celui qui se livre à de gros travaux, pour lesquels il ne faut pas la même sûreté de coup d'œil ;

Attendu que Sindic est précisément employé à de gros travaux mécaniques qui n'exigent pas de précision ; que la perte d'un œil pourra, évidemment, le gêner dès le début, mais qu'il arrivera bientôt, après une certaine pratique, à produire presqu'autant qu'il le faisait avant l'accident ; qu'en évaluant ainsi la diminution de son salaire à 25 %, le Tribunal estime qu'il l'indemnise très largement.

Attendu que Sindic a reçu, dans l'année qui a précédé l'accident, un salaire de 768 fr. 55, ainsi qu'en font foi les livres de paye ; que la réduction de son salaire étant de 25 %, soit 192 fr. 11, le montant de la rente annuelle est de 96 fr. 05, soit la moitié de la réduction de son salaire ;

Attendu que Sindic, ayant repris son travail le 1er décembre 1900, c'est à partir de cette époque que doit courir la rente qui lui est allouée ;

Attendu qu'il y a lieu de décider, conformément à une jurisprudence constante, que ladite rente sera payable par trimestre et à terme échu ;

Attendu que Lassus déclare qu'il est prêt à payer, à dater du 1er décembre, une rente viagère et annuelle de 96 fr. 05, qu'il y a lieu de lui en donner acte ;

Attendu que Lassus, n'ayant offert de payer cette rente que par ses conclusions d'audience, tous les dépens faits jusqu'alors doivent rester à sa charge ; que ceux qui ont été exposés depuis, ayant été nécessités par les prétentions excessives de Sindic, doivent au contraire être supportés par ce dernier.

Par ces motifs :

Dit que la diminution de salaire occasionnée à Sindic par l'accident dont il a été victime, le 14 septembre 1900, est de 25 %.

Dit que, le salaire annuel touché par lui du 14 septembre 1889 au 14 septembre 1900 étant de 768 fr. 55, son incapacité partielle et permanente lui donne droit à une rente égale à la moitié de la réduction que l'accident a fait subir à son salaire, soit 96 fr. 05 ;

Donne acte à Lassus de son offre de payer, aux formes de droit à dater du 1er décembre 1900, jour de la reprise du travail par Sindic, une rente annuelle et viagère de 96 fr. 05 :

Le condamne, en tant que de besoin, au paiement de cette rente, laquelle sera payée par trimestre et à terme échu ;

Condamne Lassus aux dépens, à l'exception de ceux qu'entraîne le présent jugement, qui doivent rester à la charge de Sindic, qui les a nécessités.

———

TRIBUNAL CIVIL DE NANCY [1]

Jugement du 16 janvier 1901

Le Tribunal :

Attendu que, le 13 juin dernier, Louis Paris, âgé de quarante-huit ans, ouvrier maçon au service des défendeurs, a été, au cours de son travail, blessé par la chute d'un madrier à l'épaule droite et qu'il a subi la fracture de l'extrémité de la clavicule droite ;

Attendu qu'il résulte des certificats délivrés par MM. les Drs Vautrin, le 22 octobre dernier, et Lanique, le 28 novembre, que les mouvements de l'épaule sont limités dans l'élévation du bras, qui ne peut, sans douleur, atteindre la verticale ; que le coude ne peut être mis dans l'extension complète, qu'il existe enfin certain degré de périarthrite scapulo-humérale qui donne lieu à des craquements articulaires, et qui, à raison du tempérament nerveux et de la sensibilité exagérée de Paris, donnent lieu à la fatigue du bras et de l'épaule et causent à Paris des douleurs, dès qu'il se livre à un travail quelque peu prolongé ;

Attendu qu'en cette situation et sous réserve du droit de revision, le demandeur peut être considéré comme étant atteint d'une infirmité partielle permanente ;

Que les faits de la cause permettent d'admettre que sa capacité de travail a été diminuée d'une fraction qu'on peut évaluer à 15 $^0/_0$ et que ses salaires à venir éprouveront une réduction de même proportion.

Attendu que le salaire de Paris, dans le cours de l'année qui a précédé l'accident, a été d'environ 1.700 francs, de telle sorte que la rente qui est due au demandeur doit être fixée à 127 fr. 50.

———

1. Ce jugement a été infirmé, en ce qui concerne l'évaluation du salaire de base, par arrêt de la Compagnie de Nancy du 23 avril 1901.

Attendu qu'il résulte des documents de la cause que Paris, dont le salaire journalier était de 6 francs à l'époque de l'accident, a reçu une somme de 496 francs pour demi-salaire du 17 juin au 25 novembre, époque à laquelle il lui a été possible de reprendre son travail tout au moins dans une certaine mesure ;

Attendu que les dépens doivent rester à la charge des défendeurs qui succombent ;

Par ces motifs :

Condamne les défendeurs à payer au demandeur une rente viagère de 127 fr. 50 par an, payable à partir du 25 novembre dernier, par trimestre et à terme échu ;

Déclare le demandeur mal fondé dans le surplus de ses conclusions ;

Condamne enfin les défendeurs aux dépens.

TRIBUNAL CIVIL DE LILLE

Jugement du 24 janvier 1901

Le Tribunal :

Attendu que Gustave Lepoutre, âgé de quarante et un ans, chaudronnier en cuivre chez Mercier et Cie, chaudronniers à Roubaix, a été, le 7 mai 1900, victime d'un accident qui lui a occasionné une entorse et une arthrite du pied droit ;

D'où une incapacité permanente et partielle de travail.

Attendu que le salaire annuel de l'ouvrier était de 1.928 fr. 25 ;

Attendu que la diminution de la valeur productive de la victime peut être évaluée à 25 % du salaire ;

Qu'il a droit, en conséquence, à une rente annuelle de 192 francs ;

Par ces motifs :

Condamne Mercier et Cie à payer à Gustave Lepoutre une rente viagère annuelle de 192 francs, payable par trimestre et à terme échu à partir de ce jour ;

Les condamne, en outre, aux dépens.

TRIBUNAL CIVIL DE LA SEINE (4° CHAMBRE)

Jugement du 26 janvier 1901

Le Tribunal :

Attendu qu'en exécution d'un jugement de cette chambre en date du 28 juillet 1900, le Dr Lutaud, expert commis par ledit jugement, a procédé à l'examen de Pelletier; qu'il a déposé son rapport au greffe, le 24 décembre 1900, et qu'il conclut ainsi :

« 1° Pelletier porte à la main les traces d'une morsure grave qui a déterminé une atrophie des muscles et détruit une partie des gaines tendineuses de la main gauche ;

« 2° Ces diverses lésions ont donné lieu à des troubles fonctionnels qui persistent après dix mois de repos et de traitement;

« 3° Ces troubles consistent dans une rétraction tendineuse qui met Pelletier dans l'impossibilité de maintenir un objet quelconque dans sa main gauche, il a pour ainsi dire perdu la faculté de préhension ;

« 4° Il se trouve, par ce fait, dans un état d'incapacité de travail absolue, en ce qui concerne l'emploi de la main gauche ;

« 5° Cette incapacité est permanente et le met dans l'impossibilité d'exercer une profession nécessitant l'usage de la main gauche » ;

Attendu qu'il y a lieu d'adopter les conclusions de ce rapport et de dire que Pelletier est atteint, du fait de l'accident, d'une incapacité de travail partielle et permanente ;

Attendu que Pelletier gagnait annuellement 2.100 francs ; que le paiement du demi-salaire a été effectué jusqu'au 1er juillet 1900, date à laquelle la blessure doit être considérée comme consolidée;

Attendu que le Tribunal a les éléments pour évaluer à 40 %, la réduction que Pelletier subira dans sa capacité professionnelle; qu'il y a donc lieu de lui allouer une rente calculée à raison de 20 % sur son salaire, soit 420 francs.

Par ces motifs :

Condamne Pichard à servir à Pelletier une rente annuelle et viagère de 420 francs, payable par trimestre à compter du 1er juillet 1900.

Le condamne, en outre, aux dépens.

TRIBUNAL CIVIL DE LA SEINE

Jugement du 2 février 1901

Le Tribunal :

Attendu que, le 14 février 1900, Faucon a été victime d'un accident de travail, que, pendant qu'il était occupé à régler une machine à fraiser, un apprenti tenait par inadvertance la machine en mouvement ; que Faucon eut alors la première phalange du pouce gauche coupée par la machine.

Attendu que le salaire annuel de Faucon était de 3.119 fr. 70 ; que le Tribunal estime à 15 $^0/_0$, la réduction de salaire occasionnée par l'accident ; que Faucon a donc droit à une rente de 7 1/2 sur un salaire de 2.400 francs, soit de 180 francs, et du quart de 7 1/2 $^0/_0$, sur 819 fr. 70, soit 17 fr. 24 à partir du 24 avril 1900, jour de la consolidation de la blessure, l'indemnité de demi-salaire lui ayant été payée jusqu'à ce jour ;

Par ces motifs :

Condamne Massard et Desgouttes à payer à Faucon une rente annuelle et viagère de 197 fr. 24 payable par trimestre à partir du 24 avril 1900 ;

Condamne Massard et Desgouttes aux dépens.

TRIBUNAL CIVIL DE BAGNÈRES-DE-BIGORRE

Jugement du 8 mars 1901

Le Tribunal :

Attendu que, le 12 septembre 1900, Prugent était occupé comme ouvrier à la scierie mécanique de la veuve Calamun ; qu'il venait d'aider un autre ouvrier à mettre en mouvement la scie circulaire lorsque, par suite d'un faux pas ou d'un faux mouvement, sa

main droite vint s'appuyer sur la scie ; qu'il eut quatre doigts de
la main droite tranchés, l'auriculaire seul restant intact ;

Attendu que cet accident, dont le caractère industriel n'est pas
contesté, a fait l'objet des déclarations et de l'enquête prescrites
par la loi du 9 avril 1898 ; qu'il rentre sans contestation possible
dans la catégorie des accidents entraînant une incapacité permanente et partielle et donne naissance, au profit de Prugent, à
un double droit : 1° droit à une allocation journalière ainsi qu'aux
frais médicaux et pharmaceutiques pendant la période d'invalidité ; 2° droit à une rente viagère après guérison ;

En ce qui concerne l'allocation journalière ;

Attendu qu'il résulte des déclarations des parties consignées
dans l'enquête qu'au moment de l'accident Prugent gagnait un
salaire de 2 francs ;

Que dès lors il a droit à une allocation journalière de 1 franc
depuis le 17 septembre, cinquième jour après l'accident, jusqu'au
31 octobre, jour de la consolidation de la blessure, sans distinction entre les jours fériés et non fériés, la loi ne distinguant pas,
soit à la somme de 45 francs ;

Attendu, quant aux frais médicaux et pharmaceutiques, que
Prugent ne formule aucune demande devant le Tribunal, qu'à
toute éventualité, il y a lieu de lui réserver tous ses droits à faire
valoir à cet égard devant le juge compétent ;

En ce qui concerne la rente viagère :

Attendu que les parties sont en désaccord sur le salaire qui
doit servir de base au calcul de la rente viagère et sur la proportion de la réduction que l'accident a fait subir au salaire de Prugent ; que, tandis que ce dernier soutient que sa capacité proportionnelle a été diminuée de 90 $^0/_0$ et que la rente viagère doit
être calculée sur un salaire de 2 francs par jour pendant toute
l'année, la veuve Calamun soutient, au contraire, que la réduction du salaire de Prugent n'est que de 40 $^0/_0$ et que la rente ne
doit être calculée que sur le salaire effectif reçu par l'assuré,
salaire que Prugent lui-même a fixé à 400 francs par an ;

En ce qui concerne la fixation du salaire de base :

Attendu que Prugent travaillait à l'usine Calamun depuis moins
de douze mois avant l'accident ; que dès lors, pour déterminer le
salaire de base, il y a lieu d'ajouter à sa rémunération effective,

qui était de 2 francs par jour, la rémunération moyenne qu'ont reçue les ouvriers de la même catégorie pendant la période nécessaire pour compléter les douze mois ; que cette rémunération moyenne pour les ouvriers de la même catégorie que Prugent était de 2 francs par jour, et, d'autre part, l'année pouvant être considérée dans l'espèce comme composée de trois cents jours de travail, on obtient un salaire annuel de 600 francs qui doit servir de base au calcul de la rente ;

En ce qui concerne la réduction du salaire résultant de l'accident ;

Attendu qu'à suite de l'accident qu'il a subi, Prugent a perdu le pouce et les trois premiers doigts de la main droite, l'auriculaire seul ayant été conservé ;

Que l'on peut dire que la main droite est entièrement perdue, l'auriculaire seul ne pouvant rendre presque aucun service ;

Qu'au regard de la profession de Prugent qui est journalier et manœuvre, le Tribunal estime que la perte de la main droite amoindrit sa capacité de 60 $^0/_0$ et réduit, par suite, son salaire dans la même proportion ;

Attendu que c'est sur ces bases que doit être établie, conformément à l'article 3 de la loi du 9 avril 1898, la rente viagère due à Prugent ;

Que son salaire étant de 600 francs par an, et la réduction de son salaire de 60 $^0/_0$, c'est-à-dire de 360 francs, la rente annuelle et viagère doit être fixée à la moitié de cette réduction, soit 180 francs par an ;

Attendu qu'aux termes du même article 3, la rente doit être payée par termes échus ; que si, dans certains cas exceptionnels, il a été décidé que la rente devait être payée d'avance à raison de son caractère alimentaire, il n'existe dans la cause aucun motif pour justifier cette exception ; qu'il y a lieu de décider que la rente sera payée à termes échus à partir du 1er novembre 1900 ; le premier trimestre venant à échéance, le 1er février 1901 ;

Attendu que la partie qui succombe est tenue des dépens ;

Par ces motifs :

Donne acte à la veuve Calamun de ses offres de payer à Prugent, à titre d'indemnité temporaire du cinquième jour de l'accident, au 31 octobre 1900, la somme de 39 francs, et, à titre de rente annuelle et viagère, la somme de 80 francs, payable par trimestre et à terme échu ;

Déclare les offres insuffisantes ;

Condamne ladite veuve Calamun à payer à Prugent, pour l'indemnité temporaire du 17 septembre au 13 octobre, la somme de 45 francs ;

Ordonne, quant à ce, l'exécution provisoire du présent jugement ;

Réserve tous les droits de Prugent, en ce qui concerne les frais médicaux et pharmaceutiques ;

Et statuant sur la fixation de la rente annuelle et viagère :

Dit que le salaire de Prugent, devant servir de base au calcul de la rente, s'élève à 600 francs par an, et que la réduction de salaire résultant de l'accident industriel qu'il a subi est de 60 $^0/_0$, soit de 360 francs ;

Fixe, en conséquence, à 180 francs la rente annuelle et viagère due à Prugent par application des dispositions de la loi du 9 avril 1898 ;

Condamne la veuve Calamun à payer à Prugent ladite somme de 180 francs par an, par trimestre et à terme échu, à partir du 1er novembre 1900, le premier terme venant à échéance le 1er février 1901 ;

Déboute toutes parties du surplus de leurs conclusions ;

Condamne la veuve Calamun aux dépens.

TRIBUNAL CIVIL DE MONTBRISON

Jugement du 6 février 1901

Le Tribunal :

Attendu que la demanderesse a assigné les défendeurs devant ce Tribunal suivant exploit de Bragard, huissier à Feurs, en date du 23 juillet 1900, aux fins de s'entendre condamner à lui payer, en la qualité qu'elle agit, l'indemnité prévue par la loi du 9 avril 1898, en raison de la perte de l'œil droit survenu à Fleury-

Demard, par suite d'un accident qui s'est produit au cours du travail effectué par ce dernier à l'usine Rousson, se voir, en outre, condamner aux dépens ;

Attendu qu'avant dire droit au fond, tous droits et moyens des parties demeurant réservés, le Tribunal a, par jugement préparatoire en date du 30 octobre 1900, commis d'office M. le Dr Chaffard, médecin-oculiste à Saint-Étienne, à l'effet de visiter le jeune Fleury-Demard et de dire si l'œil droit est définitivement perdu en totalité ou si la vision de cet œil subsiste encore en partie ; si, par suite des lésions consécutives à la blessure de l'œil droit, l'œil gauche peut être menacé ; enfin dans quelle proportion la blessure ou ses conséquences portent atteinte à la vue et partant, aux aptitudes professionnelles du blessé ;

Attendu que l'expert a procédé à sa mission après serment régulièrement prêté et déposé son rapport qui a été versé aux débats ;

Que des conclusions de ce rapport il résulte que l'œil gauche présente l'intégrité la plus complète et qu'aucun trouble sympathique n'est à craindre pour lui dans l'avenir ;

Que la diminution de la capacité de travail dont se trouve actuellement atteint le sieur Demard est définitive et partielle et peut être évaluée à 30 %.

Qu'enfin l'incapacité de travail n'a été complète que pendant le temps nécessaire à la guérison, c'est-à-dire du 2 février 1900 au 2 décembre de la même année ;

Attendu que le Tribunal ne saurait, sans entrer dans le domaine des conjectures, s'écarter, pour baser sa décision, des données scientifiques spécifiées dans le rapport de l'expert ; qu'il y a lieu, en conséquence, d'admettre purement et simplement les conclusions de ce rapport et de déterminer d'après lui, en l'homologuant, le montant de l'indemnité à accorder à Demard ;

Attendu que le calcul fait par les défendeurs ne saurait être admis ; qu'il se trouve en effet en désaccord avec les appréciations de l'expert ; que si bien, dans certaines espèces rapportées par la jurisprudence des proportions moindres ont été adoptées, il n'est point démontré que, dans ces espèces, le juge avait eu recours pour s'éclairer, comme dans l'instance actuelle, aux lumières d'un expert spécialiste dont la compétence et l'habileté sont justement appréciées ;

Et attendu qu'il appert des débats que le salaire annuel de Demard était de 600 francs, ce qui porte à 1 fr. 64 le salaire de la journée et à 0 fr. 82 celui de la demi-journée ;

Attendu que l'accident étant survenu le 2 février 1900, le point de départ de l'indemnité temporaire court, d'après la loi, du 7 février, pour prendre fin au 2 décembre, soit pendant deux cent quatre-vingt-dix-huit jours, duquel chiffre il y a lieu de déduire celui de quarante-sept jours, représentant les dimanches et jours fériés, il s'ensuit que Demard a droit, aux termes de la loi sur les accidents du travail, à la demi-journée pendant deux cent cinquante et un jours (251 $\times$ 0,82), c'est-à-dire à la somme de 205 fr. 82 ;

Attendu, en ce qui concerne la pension, qu'elle doit, d'après les motifs ci-dessus déduits, être fixée à la somme annuelle de 90 francs ;

Par ces motifs :

Condamne les défendeurs à payer à la demanderesse, la veuve Demard ès-qualités : 1° la somme de 205 fr. 82 ; 2° les condamne à lui servir, en outre, une pension annuelle de 90 francs payable par trimestre échu ; ladite pension représentant l'évaluation donnée par l'expert (30 $^0/_0$) à la diminution de la capacité de travail subie par Demard ;

Donne acte à la veuve Demard de ce qu'elle reconnaît avoir reçu la somme de 188 francs (128 + 60) à imputer sur les sommes ci-dessus ; lui donne acte de ses réserves de réclamer devant le juge compétent le paiement des frais médicaux et pharmaceutiques et le remboursement des frais de voyage de Demard à Lyon et Saint-Étienne :

Condamne les défendeurs aux dépens.

TRIBUNAL CIVIL DE LIMOGES[1]

Jugement du 8 février 1901

Le Tribunal :

Attendu qu'il ressort de l'enquête à laquelle il a été procédé par M. le juge de paix d'Eymoutiers, en exécution des disposi-

1. Ce jugement a été infirmé par arrêt de la Cour de Limoges du 26 avril 1901.

tions de la loi du 9 avril 1898, que Angleraud était, le 9 avril 1900,
occupé dans une carrière avec deux autres ouvriers, à charger
sur une charrette une pierre de taille, destinée à la construction
d'une grange que de Boysson faisait édifier; qu'à un moment
donné, par suite d'une fausse manœuvre, cette pierre qui était
soulevée à l'aide d'une pince ne put être retenue par les ouvriers,
qu'elle roula sur Angleraud, l'atteignit au creux épigastrique et
lui occasionna une fracture à l'extrémité inférieure du sternum
e tune hernie de la ligne blanche au-dessus de l'ombilic.

Attendu que la fracture du sternum est aujourd'hui consolidée
depuis un certain temps, que la hernie, au contraire, est restée
dans le même état; que, d'après les certificats médicaux versés
aux débats, tout porte à croire qu'il en sera toujours ainsi;

Attendu qu'aucun règlement amiable n'ayant pu intervenir
entre les parties, Angleraud, à raison de cet accident, réclame
aujourd'hui à de Boysson le paiement de : 1° la somme de
232 fr. 05, montant de son demi-salaire du 14 avril 1900 au 15 juillet suivant, date à laquelle il était susceptible de reprendre son
travail; 2° une rente annuelle et viagère de 410 fr. 60; 3° la
somme de 139 fr. 35 pour frais médicaux et pharmaceutiques.

Attendu que de Boysson ne conteste pas que la loi du 9 avril 1898
soit applicable dans l'espèce; qu'il reconnaît également qu'au
jour de l'accident le salaire d'Angleraud s'élevait à 4 fr. 50 par
jour, qu'il se borne à soutenir que, pour le calcul de l'indemnité
du demi-salaire, il n'y a pas lieu de tenir compte des dimanches
et jours fériés. Que, d'autre part, le demandeur ne peut prétendre à une rente viagère, car la blessure du sternum est complètement guérie, et la hernie qui a pour cause réelle une prédisposition congénitale ou acquise, que l'accident n'a fait que
révéler, ne se rattache par aucun lien au travail professionnel;
que, dans tous les cas, en serait-il autrement, la réduction du
salaire qui pourrait en résulter ne dépasserait pas 8 $^0/_0$;

Attendu, sur le premier point, qu'aux termes de l'article 3 de
la loi de 1898, l'ouvrier a droit, « pour l'incapacité temporaire, à
une indemnité journalière égale à la moitié du salaire touché au
moment de l'accident »; que rien ne permet de supposer que le
législateur n'ait pas pris dans son sens littéral le mot journalier,
qui indique quelque chose qui se fait tous les jours; que, s'il eût

entendu lui attribuer une signification plus restreinte, il n'eût pas manqué de s'en expliquer, comme il l'a fait, pour le salaire qui doit servir de base à la fixation de la rente viagère due en cas d'incapacité permanente ; qu'une semblable restriction se comprendrait d'autant moins que l'indemnité temporaire, comme toutes celles prévues par ladite loi, a un caractère éminemment transactionnel et forfaitaire et constitue la représentation de tout le préjudice subi par l'ouvrier pendant la période où il est dans l'impossibilité de travailler ; qu'il fallait, par suite, prendre en considération cette éventualité que, si l'ouvrier eût été valide, il eût pu changer de patron et l'employer dans un chantier où il aurait pu se livrer, les jours fériés, à un travail salarié ;

Attendu, au surplus, que les travaux préparatoires démontrent nettement que les expressions « indemnité journalière » ont remplacé dans le texte celles de « par jour » qui se trouvaient dans le projet de loi du 10 juin 1893 et qu'elles sont synonymes d'indemnité quotidienne, que telle est également l'interprétation donnée par la circulaire du Ministère du Commerce du 24 août 1899 ;

Attendu dès lors que c'est à juste titre qu'Angleraud soutient que l'indemnité temporaire qui lui est due ne comporte pas la défalcation des dimanches et jours fériés. Que les parties étant par ailleurs d'accord sur la durée de la période, pendant laquelle le demi-salaire devait être payé et sur son montant, Angleraud est fondé à exiger pour les quatre-vingt-onze jours qui se sont écoulés du 14 avril au 15 juillet, la somme de 294 fr. 75 qu'il avait tout d'abord indiquée dans son assignation, et non celle de 232 fr. 05 qu'il porte à tort dans ses conclusions ;

Attendu, sur le deuxième point, que, si des doutes peuvent s'élever sur la question de savoir si la hernie survenue à un ouvrier au cours de son travail constitue ou non un des accidents prévus par la loi de 1898, c'est uniquement dans l'hypothèse où cette affection se manifeste à la suite d'un effort plus ou moins violent ; qu'aucune hésitation n'est, au contraire, possible lorsque, comme dans l'espèce, la hernie est le résultat d'un traumatisme qui a occasionné la rupture de la paroi abdominale ;

Attendu en effet qu'en pareil cas on ne saurait admettre qu'elle existait en quelque sorte à l'état latent depuis un temps plus ou moins long, et qu'elle provient d'une altération des organes, que l'effort n'a fait que constater ; qu'il est évident que, dans la circonstance, elle a été provoquée par l'action soudaine d'une cause extérieure intimement liée au travail professionnel : qu'on ne saurait donc adopter la théorie proposée par le défendeur ;

Attendu que la hernie dont est atteint Angleraud est de nature à entraîner pour lui une incapacité permanente et partielle de travail, que, d'après les éléments d'appréciation que possède le Tribunal, il convient d'évaluer à 300 francs par an le montant de la réduction que l'accident peut faire subir annuellement au salaire assez élevé que gagnait précédemment ledit Angleraud, que celui-ci, a, par conséquent, droit à une rente viagère de 150 francs ;

Attendu que le défendeur ne soulève aucune objection à l'encontre de la réclamation concernant les frais médicaux et pharmaceutiques ;

Attendu que la partie qui succombe doit être condamnée aux dépens,

Par ces motifs :

Condamne de Boysson à payer à Angleraud : 1º la somme de 204 fr. 75 pour demi-salaire du 14 avril 1900 au 15 juillet suivant : 2º une rente viagère de 150 francs payable au domicile du défendeur ou à l'agence la plus rapprochée de la Compagnie qui l'assure, par trimestre à terme échu le 15 juillet dernier ; 3º la somme de 139 fr. 35 pour frais médicaux et pharmaceutiques ;

Le condamne, en outre, en tous les dépens ;

Rejette comme inutiles ou mal fondées toutes autres conclusions.

TRIBUNAL CIVIL DE SAINT-ÉTIENNE

Audience du 14 février 1901

Le Tribunal :

Attendu que le rapport de l'expert évaluant au dixième la perte de capacité de travail à subir définitivement par Robert n'est pas utilement contesté, qu'il y a lieu, en conséquence, le salaire de base étant fixé à 1.920 francs, d'allouer à l'ouvrier une rente de 96 francs ;

Attendu que Robert a repris son travail aussitôt après l'accident, la hernie dont il venait d'être atteint n'ayant pas interrompu notablement au début sa besogne habituelle ; que, dans ces conditions, le point de départ de la pension doit être établi à la date même de l'événement;

Par ces motifs :

Condamne la Société des Établissements économiques du Casino, dûment représentée, à servir à Robert, à dater du 5 février 1900, une rente annuelle et viagère de 96 francs payable par trimestre à terme échu ;

Condamne les défendeurs aux dépens.

TRIBUNAL CIVIL DE CHAMBÉRY (1re CHAMBRE)

Jugement du 16 février 1901

Le Tribunal :

Attendu que, par son jugement interlocutoire du 11 août 1900, le Tribunal a déclaré : 1° que Pugeat est au cas d'invoquer les dispositions de la loi du 9 avril 1898 ; 2° qu'il y a présomption que la hernie dont il est atteint est la conséquence directe et immédiate de l'effort fait par lui le 30 avril 1900, en déchargeant, pour le compte du défendeur, un tombereau de graviers; en d'autres termes, qu'il y a présomption que ladite hernie constitue un accident de travail ;

Attendu qu'après avoir posé ces points, le jugement précité a autorisé le défendeur à faire la preuve contraire à la présomption ci-dessus, en établissant que la hernie n'était pas la conséquence de l'accident du 30 avril; qu'elle était plus ancienne ou due à d'autres causes que l'effort fait par l'ouvrier, ce jour-là; et il a confié à M. le Dr Emonet, expert nommé, la mission de rechercher avec voies instructives des faits, ainsi que celle d'apprécier la diminution de la capacité professionnelle de Pugeat, par suite de la hernie ;

Attendu que le rapport de l'expert documenté et complet, loin de renverser la présomption admise, la confirme pleinement; qu'il résulte, en effet, des recherches faites par l'expert, de ses constatations médicales et des déductions logiques qu'il tire des unes et des autres : d'une part, que la hernie de Pugeat n'est pas antérieure au 30 avril 1900; et, d'autre part, qu'elle a dù être produite ce jour-là par l'effort de l'ouvrier pendant son travail; que sans doute ces faits ne sont pas affirmés par l'expert, comme s'il s'agissait de choses vues par lui à l'instant même où elles se sont produites; mais ils n'en doivent pas moins être tenus pour constants parce que toutes les circonstances de la cause les corroborent et parce que les constatations de l'expert et ses recherches ne laissent place à aucune autre hypothèse;

Attendu, il est vrai, que l'expert paraît admettre que Pugeat était prédisposé à la hernie épigastrique; mais que cette circonstance est indifférente à l'espèce; qu'en effet, comme l'indique déjà le jugement du 11 août, il importe peu que l'individu ait une prédisposition herniaire, du moment où la hernie n'a pas été amenée par l'évolution naturelle de cette prédisposition, mais a été produite, chez l'individu prédisposé, par un traumatisme, car alors c'est bien le traumatisme qui est la cause directe et efficiente de la hernie; or, en l'espèce, c'est l'effort trop violent nécessité par le travail imposé à l'ouvrier qui a déterminé la hernie; cet effort est le traumatisme qui a causé l'accident;

Attendu, en conséquence, que l'infirmité de Pugeat est due à un accident de travail;

Attendu que l'expert apprécie que cette hernie a occasionné, à Pugeat, une incapacité de travail complète, pendant les trois mois qui ont suivi l'accident, et qu'elle lui cause, à compter de cette période et pour l'avenir, une incapacité partielle et permanente réduisant son salaire d'un sixième;

Attendu que ces appréciations sont admises par les parties et doivent être adoptées par le Tribunal;

En ce qui concerne le salaire de base;

Attendu, quant à l'indemnité temporaire, que pendant le dernier mois de son service chez Orbaret, Pugeat a gagné 90 francs, soit 3 francs par jour; d'où suit qu'il a droit à 1 fr. 50 par jour à compter du cinquième jour après l'accident et jusqu'à l'expiration de l'incapacité temporaire absolue, c'est-à-dire pendant quatre-vingt-six jours ; donc il a droit à 129 francs comme indemnité temporaire ;

Attendu, quant à la rente que Pugeat n'a été occupé dans l'entreprise Orlaret que pendant huit mois de la dernière année avant l'accident ; que pendant ce temps, il a gagné 479 fr. 14.

Qu'aux termes du paragraphe 2 de l'article 10 de la loi du 9 avril 1898, il y a lieu d'ajouter à cette somme la rémunération moyenne qu'ont reçue pendant les quatre mois nécessaires pour compléter l'année, les ouvriers de la même catégorie ;

Or la rénumération moyenne des voituriers d'Orlaret est, d'après les renseignements de la cause, de 80 francs par mois ;

D'où suit qu'à la somme de 479 fr. 14, il faut ajouter celle de 320 francs ; total 799 fr. 14 ;

Attendu que, la réduction du salaire étant le sixième de cette somme, soit de 133 fr. 20, la rente doit être fixée à 66 fr. 60.

En ce qui concerne la fourniture d'un bandage :

Attendu que la fourniture de cet appareil peut être considérée comme un soin médical et pharmaceutique, puisque l'appareil est nécessaire pour contenir la hernie ;

Que, d'autre part, ce bandage est destiné à empêcher l'augmentation de l'infirmité ;

Que, s'il est vrai qu'il n'a été ni demandé ni fourni pendant la période du traitement proprement dit de la maladie ; il faut reconnaître que, puisqu'il est nécessaire, il aurait dû être fourni pendant cette période et que ce n'est point parce que Pugeat les demande tardivement que son droit, à cet égard, est périmé ;

Qu'il est bien entendu, d'ailleurs, que le défendeur n'aura pas à en fournir d'autres ;

Par ces motifs :

Dit que la hernie épigastrique dont est atteint Pugeat est la conséquence de l'accident de travail qui lui est survenu, le 30 avril 1900 ;

En conséquence, condamne Orlary dit Orlaret, défendeur, à payer à Pugeat, à titre d'indemnité temporaire, la somme de 129 francs et à servir au même par trimestre échu, à compter du 1er août 1900, une rente viagère de 66 fr. 60 par an ;

Le condamne encore à payer à Pugeat la somme de 30 francs
pour fourniture d'un bandage de hernie ; si mieux n'aime, le défendeur [acquitter sur facture qui sera fournie, le prix de bandage que Pugeat déclare avoir commandé ;

Condamne le défendeur aux dépens.

———

TRIBUNAL CIVIL DE NANCY[1] (1re CHAMBRE)

Jugement du 18 *février* 1900

Le Tribunal :

Attendu que, le 11 septembre 1900, Nicolas Bigouret, maçon au
service de Pagny, entrepreneur à Nancy, a été, au cours de son
travail, atteint par un madrier tombé d'un échafaudage qui lui a
causé une grave blessure à la main droite ;

Que cette blessure se compliqua ensuite d'un phlegmon, que
néanmoins aucune amputation ne devint nécessaire ;

Qu'on peut admettre que la blessure s'est trouvée consolidée,
le 16 janvier dernier, époque à laquelle Bigouret a été en état
de reprendre sinon sa profession de maçon, du moins un travail moins pénible ;

Attendu que, du 16 septembre, cinquième jour après l'accident,
au 16 janvier suivant, se sont écoulés cent vingt-deux jours, pour
lesquels Bigouret a reçu l'indemnité de demi-salaire, à raison de
3 francs par jour, soit la somme de 366 francs ;

Qu'il n'y a donc lieu d'ordonner l'imputation d'une partie
quelconque de cette somme sur les arrérages futurs de la rente
viagère qu'il y a lieu d'allouer au demandeur ;

Attendu qu'il est constant, en fait, que par l'effet de l'accident
du 11 septembre dernier, Bigouret est atteint d'une infirmité partielle, mais permanente, qui est de nature à diminuer dans une
mesure notable sa capacité de travail et ses futurs salaires ;

Attendu, en effet, qu'il a été constaté par le Dr Weiss, au service duquel Bigouret s'est trouvé placé à l'hôpital de Nancy, que

———

1. Ce jugement a été infirmé par arrêt de la Cour de Nancy du
28 mars 1901.

la cicatrice de l'espace interdigital gêne considérablement les mouvements du pouce droit; qu'on peut espérer une amélioration progressive, mais qu'il subsistera une certaine gêne des mouvements du pouce ;

Attendu que cette gêne est d'autant plus préjudiciable pour Bigouret qu'elle l'empêchera, à l'avenir, de manier le marteau de maçon et de se livrer à d'autres travaux de sa profession ;

Qu'en ces circonstances, on ne peut évaluer à moins de 20 % la diminution de la capacité de travail du demandeur et la réduction de salaire qui en sera la conséquence ;

Attendu qu'il est constant, en fait, et d'ailleurs reconnu par le défendeur, que le salaire de Bigouret a été de 1.534 francs, dans le cours de l'année qui a précédé l'accident ;

Attendu que les dépens doivent rester à la charge du défendeur qui succombe.

Par ces motifs :

Sans s'arrêter aux offres de Pagny, lesquelles sont insuffisantes ;

Le condamne à payer au demandeur une rente viagère de 153 fr. 40, payable à partir du 16 janvier dernier, par trimestre et à terme échu ;

Dit qu'il n'y a lieu d'imputer, sur les arrérages de cette rente, une somme quelconque payée à titre d'indemnité temporaire du demi-salaire ;

Condamne enfin le défendeur aux dépens.

TRIBUNAL CIVIL DE LILLE

Jugement du 23 *février* 1901

Le Tribunal :

Attendu que Lacroix, Henri, âgé de quinze ans, apprenti au service de Baudon et Cie, constructeurs à Ronchin, a été victime, le 6 mars 1900, au cours de son travail, d'un accident, qui a occasionné l'écrasement de la première phalange du médius de la main gauche ;

D'où une incapacité permanente et partielle de travail ;

Attendu que le salaire annuel d'un ouvrier valide de la même catégorie que Lacroix, Henri, est de 750 francs, que la diminution de valeur productive de travail peut être évaluée à 5 $^o/_o$ environ du salaire, que la victime a droit, en conséquence, à une rente annuelle de 20 francs.

Pour ces motifs :

Condamne les sieurs Baudon et Cie à payer à Lacroix père ès qualité, jusqu'à la majorité de son fils Henri, et ensuite à celui-ci, une rente viagère annuelle de 20 francs payable par trimestre et à terme échu à partir de ce jour ;

Les condamne, en outre, aux dépens.

TRIBUNAL CIVIL DE SEGRÉ

Jugement du 26 février 1901

Le Tribunal :

Attendu que, le 6 octobre 1900, au cours d'un travail qu'il exécutait pour le mécanicien Gaultier, son patron, l'ouvrier forgeron Thierry a été blessé à l'œil droit par une paille de fer rouge, que l'ouvrier Malabieu lui a immédiatement enlevée ;

Attendu qu'il résulte des pièces aux dossiers qu'en suite de cet accident, le 8 octobre, le Dr Chevallier a relevé que la paupière de l'œil droit de Thierry portait les traces d'une brûlure et que, le 10 octobre, le Dr Mottais, oculiste à Angers, auquel le Dr Chevallier avait adressé Thierry, a constaté la cécité de l'œil droit de cet ouvrier et a fait des réserves sur la possibilité de nouvelles inflammations, qui menaceraient son œil gauche d'ophtalmie sympathique ;

Attendu que l'état maladif de l'œil gauche ayant été ainsi diagnostiqué et ayant persisté, Thierry a été vu et soigné à dix reprises successive par le Dr Mottais qui, le 29 décembre, a constaté l'inflammation d'abord entrevue, et qui, le 5 janvier 1901, a conclu que l'œil gauche de la victime était maladif et n'avait pas une acuité visuelle complète ;

Attendu que, sans contredire les conclusions de ces divers documents, quant à la permanence de la situation de l'œil gauche, mais en prévision des conséquences aggravantes qui peuvent résulter de cet état et à raison des réserves faites quant à ce, l'avoué de Gaultier soutient que Thierry ne prétend pas ou, tout au moins, n'établit pas et ne peut pas établir certainement que cet état de l'œil gauche soit une conséquence directe de l'accident; que, subsidiairement, il soutient et demande à établir par voie d'expertise que cet état pourrait être dû à des causes inhérentes à la santé de Thierry;

Attendu qu'il suffit de se reporter au libellé de l'exploit introductif d'instance du 19 janvier 1901, pour se convaincre que Thierry dénonce et invoque l'accident du 16 octobre comme la cause de la situation dans laquelle il se trouve actuellement; que, de même, il rapporte à suffire par les certificats susvisés et la longue observation dont il a été l'objet, la preuve non seulement que son œil droit est perdu, mais encore que l'acuité visuelle de son œil gauche est diminuée et qu'il se trouve, du fait de cette double atteinte, dont l'ensemble forme un tout indivisible, dans un état particulièrement grave d'une incapacité partielle et permanente;

Attendu que, fût-il appris par une expertise, comme il y est conclu pour Gaultier, que la sympathie entre les deux organes de la vue n'amène pas fatalement l'inutilité de celui des yeux qui a survécu à l'accident de l'autre œil, ou que la perte subséquente de l'œil sain est ordinairement due à la constitution physique de la victime bien plutôt qu'à l'influence morbide de l'autre œil, ou même, pour se placer dans l'éventualité la plus favorable à l'admissibilité de la preuve offerte, fût-il établi par cette expertise que l'état maladif de l'œil gauche de Thierry fût dû plutôt à l'état de santé de cet ouvrier, il n'en resterait pas moins acquis pour le Tribunal, au vu des documents susvisés, que l'accident du 6 octobre a été la cause occasionnelle et déterminante de l'état d'incapacité partielle et permanente dont l'œil gauche se trouve atteint et que dès lors, dans le système même du défendeur, sans l'accident dont s'agit, Thierry disposerait encore d'une acuité de la vue qui lui permettrait de gagner, comme précédemment un salaire journalier de 3 fr. 75;

Attendu dès lors que l'expertise à laquelle il est conclu pour Gaultier doit être rejetée comme ne pouvant être de décision dans le litige actuel;

Attendu qu'avant l'accident Thierry gagnait 1.179 francs par an, qu'il ne peut plus exercer son métier de forgeron, par suite de l'impossibilité où il se trouve d'approcher d'un foyer incandescent; qu'il ne peut plus se livrer qu'à des travaux de manœuvres, que là le Tribunal estime que l'accident dont il a été victime a fait subir à ses salaires une réduction de 54 %, qu'il a donc droit dans les termes de l'article 3, paragraphe 2, à une pension annuelle et viagère de 318 fr. 33, qui devra lui être payée par trimestre et à terme échu ;

Attendu que les offres faites d'une pension annuelle et viagère de 147 fr. 27 ne peuvent, dès lors, être déclarées insuffisantes ;

Attendu qu'il y a lieu de réserver à Thierry, dans les termes de droit, toute action pour le cas où il deviendrait complètement aveugle, ce qui a été conclu dans son exploit introductif d'instance et itérativement dans ses conclusions, signifiées le 29 janvier.

Par ces motifs :

Déclare insuffisante l'offre d'une pension de 147 fr. 85, faite ainsi qu'il a été dit ci-dessus; donne acte de cette offre par Gaultier; déclare qu'il n'y a lieu de s'arrêter quant à présent à la demande d'expertise faite pour Gaultier;

Condamne Gaultier à payer à Thierry pour les causes susénoncées une rente annuelle de 318 fr. 33, payable par trimestre et à terme échu;

Réserve à Thierry toute action pour le cas où il serait dans l'obligation de cesser tout travail, s'il devenait complètement aveugle, du fait de l'accident du 6 octobre 1900.

Condamne Gaultier aux dépens.

TRIBUNAL CIVIL DE NANCY

Jugement du 4 mars 1901

Le Tribunal :

Attendu que, le 16 février 1900, François Éberlé, ouvrier au service de la Société Fruhinsholz, a été, au cours de son travail, victime d'un accident;

Qu'Éberlé, tombé sur le sol d'une hauteur d'environ 3 mètres, a subi une violente contusion de la hanche droite, et que, selon lui, il en serait résulté une infirmité partielle, mais permanente;

Attendu que, par jugement de ce Tribunal du 19 novembre dernier, M. le professeur Vautrin a été commis comme expert, à l'effet de donner son avis sur les suites de l'accident dont Éberlé a été victime;

Attendu qu'il résulte du rapport d'expertise, déposé au greffe, le 14 janvier dernier, qu'Éberlé est d'une constitution débile, que, dès avant 1898, époque d'un premier accident, il était atteint d'une déviation prononcée de la colonne vertébrale et que l'habitude de se pencher à droite pour manier le rabot avait exagéré cette difformité;

Que l'expert constate aussi qu'un premier accident survenu à Éberlé, le 17 septembre 1898, avait intéressé la colonne vertébrale, entraîné une paralysie temporaire des jambes, et de la vessie, et donné lieu à une déformation du thorax et de la colonne vertébrale;

Attendu que l'expert a déclaré, en outre, que le dernier accident a consisté dans une lésion localisée à l'articulation de la hanche;

Que, sans doute, cet accident n'a pas déterminé, mais que, néanmoins, il a aggravé, l'état déjà si précaire d'Éberlé et l'infirmité permanente dont cet ouvrier était incontestablement atteint;

Attendu que la loi, en prenant pour base de l'indemnité, due à la victime d'un accident du travail, le salaire de l'ouvrier, pendant l'année qui a précédé l'accident, a ainsi tenu compte de la réduction du salaire, résultant déjà d'un accident antérieur;

Que ce salaire réprésente, en argent, la valeur industrielle de l'ouvrier, basée sur sa capacité de travail, et qu'en calculant la rente, due à l'ouvrier, sur la différence du salaire de la dernière année avec le salaire actuel, ou futur, on tient suffisamment compte de la dépréciation, causée par le premier accident, de telle sorte qu'il n'y a plus à se préoccuper d'autres conséquences du premier accident et de l'infirmité antérieure, qui en était résultée ;

Attendu qu'il résulte des documents de la cause du 16 février 1899 au 16 février 1900, Éberlé n'a pu travailler que d'une façon irrégulière, et nullement continue, et rarement plus de six heures par jour.

Qu'enfin son salaire, dans le cours de ladite année, a été de 1.245 fr. 65, somme à laquelle il convient d'ajouter celle de 180 francs pour valeur du logement, soit au total la somme de 1.395 fr. 65;

Que les circonstances de la cause permettent d'arbitrer à 12 $^0/_0$ la diminution de la capacité de travail d'Éberlé résultant du dernier accident et la réduction de salaire, qui en sera, à l'avenir, la conséquence ;

Attendu qu'Éberlé a reçu l'indemnité journalière de demi-salaire pendant toute la durée de son incapacité absolue de travail, qui a cessé le 16 juin dernier ;

Attendu, enfin, que les dépens doivent rester à la charge de la défenderesse, qui succombe ;

Par ces motifs :

Donne acte au demandeur de ce qu'il a satisfait au prescrit du jugement du 19 novembre dernier.

Ce fait, condamne la Société défenderesse à lui payer une rente viagère de 83 fr. 75, payable par trimestre, et à terme échu, à partir du 16 juin dernier ;

Donne acte au demandeur de ses réserves ;

Condamne enfin la Société défenderesse aux dépens.

TRIBUNAL CIVIL DE SAINT-GAUDENS

Jugement du 4 mars 1901

Le Tribunal :

Attendu que Bélier, sujet espagnol, employé comme ouvrier mineur chez Heibling et Cⁱᵉ, à une carrière de pierres de construction, sise dans la commune de Fos, a été, le 7 septembre 1900, victime dans son travail d'un accident qui a entraîné chez lui la perte de l'œil droit, d'où une incapacité partielle et permanente rentrant dans la catégorie de celles prévues par le paragraphe 3 de l'article 3 de la loi du 9 avril 1898 ;

Attendu qu'il s'agit de rechercher dans quelle proportion son salaire futur sera diminué du fait de cet accident.

Attendu que, dans les renseignements fournis et dans la jurisprudence invoquée, le Tribunal a trouvé des éléments suffisants pour fixer le quantum aussi exact que possible de cette réduction et qu'il croit faire bonne justice en le fixant au tiers ;

Attendu que le salaire de Bélier était de 3 fr. 25 par jour, soi de 975 francs pour une année de trois cents jours de travail, que le tiers de cette somme, soit 325 francs, représente la réduction que Bélier subira désormais dans son salaire ;

Attendu qu'il a droit à une rente de la moitié de cette somme, soit à une rente de 162 fr. 50 ;

Attendu qu'Heibling et Cⁱᵉ, se prévalant de l'avant-dernier paragraphe de l'article 3 de la loi susvisée, demandent à se libérer en payant à Bélier, sujet espagnol, un capital à trois fois la rente qui va lui être allouée ;

Attendu que cette faculté ne leur appartiendra que lorsque Bélier cessera de résider sur le territoire français ;

Par ces motifs :

Condamne Heibling et Cⁱᵉ à servir à Bélier, à partir de ce jour, une rente annuelle et viagère de 162 fr. 50 ;

Dit qu'elle sera payable par trimestre terme échu chez le maire de Fos ; dit que, pour la garantie du paiement de cette rente, Heibling et Cⁱᵉ se conformeront aux prescriptions du titre IV de la loi précitée et les condamne aux dépens.

TRIBUNAL CIVIL DE DOUAI [1]

Jugement du 12 *mars* 1901

Le Tribunal :

Attendu que, le 31 mars 1900, Jenet Hippolyte, âgé de quinze ans et demi, a été victime d'un accident du travail lorsqu'il travaillait pour la Compagnie défenderesse ; qu'il était chargé de l'accrochage des berlines au pied d'un plan incliné ; qu'il avait accroché au câble une berline vide qui devait monter sur la voie de droite, et qu'il avait donné le signal de la mise en marche, lorsque la berline vide se décrocha, et la berline pleine n'ayant plus de contrepoids descendit avec rapidité et atteignit Jenet ;

Qu'aucune faute n'a été relevée à la charge de Jenet, que de cet accident est résulté pour celui-ci l'écrasement du pied et de la partie inférieure de la jambe droite, dont l'amputation dut être pratiquée un peu au-dessous du genou ;

Que cet accident a donc causé à Jenet une incapacité partielle et permanente de travail lui donnant droit à une rente égale à la moitié de la réduction de son salaire ;

Que les éléments de la cause permettent d'estimer équitable même à 560 francs par an la diminution de salaire résultant pour Jenet de la privation d'une jambe.

Par ces motifs :

Statuant sur la demande introduite par exploit en date du 30 janvier 1901, dit les offres de la Compagnie de Flines courtes et insuffisantes ;

Condamne ladite Compagnie à payer à Jenet une rente annuelle de 280 francs, payable par trimestre et à partir du jour du jugement ;

La condamne, en outre, aux dépens et donne acte à Jenet des réserves qu'il fait de réclamer devant le juge compétent le paiement de ce qui est dû pour frais de maladie, médecin, pharmacien et, en général, tous les frais de traitement de l'indemnité temporaire depuis le jour de l'accident jusqu'à celui du jugement.

1. Ce jugement a été confirmé par arrêt de la Cour de Douai du 4 juillet 1900.

TRIBUNAL DE GEX

Jugement du 13 mars 1901

Le Tribunal :

Attendu que le 16 novembre 1900, Diana Angelo, âgé de vingt-sept ans, manœuvre au service des sieurs Grevaz et Colombo, entrepreneurs à Divonne-les Bains, et occupé en cette qualité à soulever un volumineux bloc de pierre a eu, l'annulaire de la main gauche écrasé ; que cet accident a entraîné une raideur du doigt atteint rendant difficile le mouvement de flexion de la troisième phalange sur la deuxième :

Attendu que les parties sont tombées d'accord à l'audience pour reconnaitre ;

1° Que, par suite de cet accident, cet ouvrier, dont la valeur professionnelle se trouve légèrement amoindrie, est atteint d'une incapacité partielle et permanente de travail ;

2° Que son salaire annuel effectif évalué à 1.200 francs pendant les douze mois écoulés avant l'accident, subira de ce chef une diminution annuelle de 40 francs ;

3° Qu'en conséquence Diana Angelo a droit, aux termes de l'article 3 de la loi du 9 avril 1898, à une rente viagère annuelle de 20 francs, payable par trimestre échu, à dater du 6 janvier 1901, jour de la consolidation de ses blessures.

Par ces motifs :

Donne actc aux parties de leurs accords ;

En conséquence, fixe à 20 francs par an la rente viagère due par Grevaz et Colombo à Diana Angelo, à raison de l'accident dont ce dernier a été victime, à Divonne-les-Bains, sur leurs chantiers, le 16 novembre 1900, ladite rente payable par trimestre échu à dater du 26 janvier 1901, jour où les blessures de Diana se sont trouvées consolidées ;

Condamne Grevaz et Colombo aux dépens.

TRIBUNAL CIVIL DE CASTELLANE

Jugement du 15 mars 1901

Le Tribunal :

Attendu, en fait, que, le 25 juin dernier, le demandeur au procès, sieur Pesce, Louis, ouvrier de nationalité italienne, était
employé, en qualité de scieur de long, sur les chantiers de l'entreprise Marland frères, défendeurs, établis pour le percement
du tunnel dit de la Colle-Saint-Michel (section de Méailles) ;
que, ce jour-là, cet ouvrier placé, à cause des exigences de son
travail, au bas d'une côte dont la déclivité est très grande et le
long de laquelle, à la faveur d'un couloir établi à ciel ouvert,
devaient glisser des bois de charpente, il fut atteint par une
grosse pierre qui, s'étant détachée du sol dans la partie supérieure, roula directement sur lui et l'atteignit aux deux jambes;

Attendu qu'à la suite de ce regrettable événement Pesce fut,
par les soins de l'entreprise Marland, transporté et soigné dans
un des hôpitaux de la ville de Nice, où l'amputation de la jambe
gauche fut immédiatement jugée nécessaire et pratiquée ;

Attendu que c'est en l'état de ces faits que Pesce, s'autorisant
des dispositions de la loi du 9 avril 1898, concernant les responsabilités des accidents dont les ouvriers sont victimes dans leur
travail, a, par de premières conclusions, actionné les sieurs
Marland frères, entrepreneurs de travaux publics, aux fins de se
voir condamner à lui payer : 1° la somme de 30.000 francs à
titre de dommages-intérêts en réparation du préjudice causé ;
2° celle de 1.303 fr. 60 à titre d'indemnité à raison de 5 fr. 85
par jour pour demi-salaire du 1er juillet dernier au 13 février 1901 ;
3° celle de 5 fr. 85 par jour, jusqu'à la décision définitive à intervenir; 4° en tous les dépens de l'instance ;

Attendu que cette demande, telle qu'elle était conçue, ne pouvant être maintenue dans la forme primitive qui la rendait irrecevable, a dû être modifiée par le demandeur dans de nouvelles
conclusions dans lesquelles cet ouvrier sollicite du Tribunal la
fixation de son salaire annuel, qui s'éleverait, d'après lui, à une

somme de 4.104 fr. 38 ; ensuite qu'il soit établi que l'accident dont il a été victime doit être attribué à une faute inexcusable des défendeurs ; qu'enfin ces derniers soient condamnés à lui payer une rente annuelle de 1.371 fr. 55 et en tous les dépens ;

Attendu que les sieurs Marland soutiennent d'abord que l'accident dont Pesce a été victime sur leurs chantiers a entraîné pour lui une incapacité de travail partielle et permanente ; qu'ils demandent ensuite : 1° que le salaire annuel de cet ouvrier qui doit servir de base à la détermination de la rente dont il réclame le montant soit fixé à la somme de 1.300 francs ; 2° qu'il soit établi que la diminution de capacité de travail éprouvée par Pesce a entraîné une réduction de 70 % du salaire annuel ; 3° qu'il leur soit donné acte de ce qu'ils offrent de payer au demandeur la somme de 460 francs, représentant le 35 % ou soit la demie du salaire de cet ouvrier réduit de 70 %, par suite de l'accident ; 4° que cette offre, déclarée suffisante et libératoire, soit validée et que le demandeur soit condamné en tous les dépens, sous réserve de l'application de la loi relative aux étrangers, s'il venait à quitter le territoire de la France ;

Attendu que, par les dispositions de la loi du 9 avril 1898, concernant les responsabilités des accidents dont les ouvriers peuvent être victimes à l'occasion de leur travail, le législateur, préoccupé de donner une plus grande extension à des idées de justice sociale et voulant spécialement affranchir ces ouvriers de l'obligation dans laquelle ils se trouvaient antérieurement d'avoir à formuler, devant les Tribunaux, leurs prétentions en s'abritant derrière les généralités du droit commun consacré par les dispositions des articles 1382 et suivants du Code civil, a établi d'abord, en cette matière, le principe du risque professionnel en édictant qu'il suffira désormais qu'un accident se produise et qu'il soit la conséquence involontaire du travail d'un ouvrier pour que le droit à une indemnité s'ouvre pour lui ou pour ses représentants ; qu'il a également rendu forfaitaire cette indemnité en prenant pour base, d'une part, le montant du salaire et, d'autre part, la nature de l'incapacité de travail temporaire ou partielle et permanente, ou absolue et permanente qui, en outre des cas entraînant la mort de la victime, se trouve être la conséquence de l'accident ;

Attendu que, faisant application de ces dispositions à la cause actuelle, il y a lieu d'établir, avant toutes choses, que l'incapacité de travail dont est atteint Pesce est permanente et partielle; que ce double caractère lui est d'ailleurs clairement attribué dans un rapport de M. Imbert, docteur-médecin à Castellane, dressé à la date du 1er février dernier, c'est-à-dire à un moment où l'homme de l'art pouvait, en meilleure connaissance de cause, formuler sur ce point son opinion; que ce rapport qui devra être enregistré en même temps que le présent jugement, est conçu d'ailleurs dans des termes tels qu'il ne laisse place à aucune hésitation sur ce point;

En ce qui touche l'allocation de la rente forfaitaire :

Attendu que la loi du 9 avril 1898 édicte, dans son article 3, paragraphe 2, qu'au cas d'incapacité permanente et partielle qui est précisément celui du demandeur, la rente à laquelle il aura droit doit égaler la moitié de la réduction que l'accident aura fait subir au salaire ;

Attendu que, le montant de ce salaire étant ainsi pris pour base d'opération, il a été fourni, dans l'intérêt des parties en cause, des indications destinées à éclairer le Tribunal sur ce point; qu'on ne saurait attacher une suffisante confiance à celles qui ont été produites par le demandeur ; qu'elles ne reposent, en effet, sur rien apparemment de bien sérieux ayant été obtenues de gens qui sont, pour lui, des camarades, peut-être des parents, qui, dans tous les cas, au moment où s'est produit le si déplorable accident dont il a été victime, travaillaient, comme lui dans les chantiers des sieurs Marland frères, qu'au surplus, les faits qu'ils se sont cru autorisés à certifier, pour rencontrer quelque créance, auraient dû être établis par la voie d'une enquête qui n'a même pas été sollicitée ; que les défendeurs ont, au contraire, apporté à l'appui de leurs dires sur ce point, des justifications puisées dans les écritures de leur entreprise, dont personne n'a songé à contester la régularité et l'exactitude; qu'il résulte notamment de ces dernières indications que le salaire moyen et journalier de l'ouvrier Pesce, Louis, était de 5 fr. 42 pendant la période de travail effectif;

Attendu que l'incapacité permanente et partielle dont il est atteint paraît devoir lui faire perdre le 70 % de ce salaire; que, ce principe posé, et, faisant application des dispositions de l'article 3, paragraphe 2, de la loi précitée, il a droit à une rente égale à la moitié de la réduction que l'accident aura fait subir à son salaire ou soit aux 35 %; qu'en tenant compte de la diminution des heures de travail pendant la saison d'hiver, on ne peut évaluer le salaire moyen de l'année entière à un chiffre supérieur à 4 fr. 50 par jour de travail, sans préjudice de la déduction des jours de repos;

En ce qui touche le point de départ du droit à la rente forfaitaire:

Attendu que le point de départ de la rente viagère, qui vient d'être reconnue nécessaire au demandeur, ne saurait être fixé au jour de l'accident quand le règlement de l'indemnité, comme il arrive dans l'espèce, est fait par voie judiciaire à défaut d'accord entre les parties, mais bien à la date de la décision définitive à intervenir; qu'en effet, les articles 3 et 16 de la loi du 9 avril 1898 prévoient deux indemnités à accorder successivement sans pouvoir les cumuler, l'une temporaire, fixée à tant par jour, prenant fin quand intervient la décision définitive, l'autre consistant en une rente viagère dont le taux varie suivant que l'incapacité permanente est absolue ou partielle; mais que, dans aucune de ces dispositions, la loi précitée ne prescrit, comme point de départ la date de la guérison ou de la consolidation de la blessure;

En ce qui touche l'indemnité temporaire :

Attendu qu'il est de principe que, pendant la période intermédiaire, l'ouvrier blessé a droit à une indemnité journalière égale à la moitié du salaire qu'il touchait au moment de l'accident, mais que l'appréciation de ce chef de demande dépasse les limites de la compétence du Tribunal; que l'article 15 de la loi du 9 avril 1898 attribue, en effet, juridiction aux juges de paix pour les contestations relatives aux frais funéraires, aux frais de maladie et aux indemnités temporaires; qu'il n'est fait, à cet égard, aucune distinction entre les incapacités permanentes et les incapacités temporaires ; que ces magistrats sont donc également compétents dans l'un et l'autre cas pour statuer sur les indemnités temporaires;

En ce qui touche la faute alléguée comme étant inexcusable de la part des défendeurs :

Attendu qu'on ne rencontre rien dans la cause actuelle qui puisse permettre d'imputer, au sens de la loi, une faute quelconque pas plus au demandeur qu'aux défendeurs ; qu'un jugement rendu à la date du 7 novembre 1900, par le Tribunal de céans jugeant en matière correctionnelle a, au surplus, suffisamment caractérisé la situation, en établissant qu'on se trouve ici en présence d'un des cas fortuits et de force majeure qui déjouent, en quelque sorte, tous les calculs, toutes les prévisions de la prudence humaine.

Attendu que, s'il y a lieu de déplorer profondément le si malheureux événement qui est survenu, le 25 juin dernier dans les chantiers des sieurs Morland frères et de s'apitoyer sur la situation à laquelle, par le fait de l'accident dont il a été victime, en est réduit l'ouvrier Pesce, à peine âgé de dix-neuf ans, il convient de reconnaître aussi qu'il ne lui sera pas impossible de se créer, à l'aide au moins du travail de ses mains, certaines ressources qui ajoutées au montant de la rente allouée par la présente décision, paraissent devoir le mettre suffisamment à l'abri du besoin de l'avenir ;

Attendu qu'il échet de condamner le demandeur en tous les dépens ;

Par ces motifs :

Valide les offres faites par les sieurs Morland frères, défendeurs, et les condamne à payer au sieur Pesce Barthélemy, figurant comme demandeur dans l'instance et agissant en qualité de père et tuteur légal de son fils Pesce, Louis, encore en état de minorité, une rente annuelle et viagère de 460 francs exigible par trimestre et à termes échus ; fixe le point de départ de cette rente à la date du présent jugement. En ce qui touche l'indemnité, qui lui serait due : Dit que pour la période intermédiaire finissant à la même date, il y a lieu de renvoyer parties et matières devant la juridiction compétente ; dit enfin que la rente qui vient d'être allouée au demandeur ès-qualités ou soit à son fils Pesce, Louis, lui sera servie, sa vie durant, avec réserve pourtant de l'application de l'article 3 de la loi du 9 avril 1898, au cas où ce dernier cesserait de résider sur le territoire français ;

Condamne le demandeur en tous les dépens de l'instance.

TRIBUNAL CIVIL DE SAINT-DIÉ

Jugement du 15 mars 1901

Le Tribunal :

Attendu qu'il est constant, en fait, que Andréoli, occupé comme maçon par la Société des Papeteries du Souche, a, le 25 mai 1900, au cours de son travail, reçu dans l'œil droit un éclat de pierre, accident qui a déterminé la perte totale de cet organe et a ainsi entraîné une incapacité partielle et permanente ;

Que telle est bien la situation résultant de l'accident aux termes mêmes du dernier certificat produit, certificat délivré par le Dr Durand de Fraize, qui a visité Andréoli, le 14 octobre dernier ;

Qu'au surplus, si le second œil arrivait à subir le contre-coup direct de l'accident, ce serait vraisemblablement avant l'expiraration du délai de revision ; d'où il suit que, dans ce cas, l'indemnité primitivement allouée pourrait être augmentée.

Sur le premier chef de demande :

Attendu que Andréoli, de nationalité étrangère, a droit, en principe, à une indemnité en capital égale à trois fois le montant de la rente qui lui serait allouée s'il habitait la France ;

Que, pour la fixation du salaire de base, il échet, vu la profession de maçon qu'exerçait Andréoli et qui comporte pendant la saison d'hiver un temps d'arrêt inhérent à cette profession, de faire application à la cause du paragraphe 3 de l'article 10, de la loi du 9 avril 1898 ;

Que conséquemment le salaire annuel de base doit être calculé tant d'après la rémunération reçue pendant la période d'activité que d'après le gain de l'ouvrier pendant le reste de l'année ;

Qu'il appert des documents de la cause que le montant du salaire peut ainsi être arrêté au chiffre net de 1.000 francs ;

Attendu, d'autre part, que, pour apprécier les conséquences que peut avoir, pour un ouvrier, la perte totale d'un œil, il échet de tenir compte de la nature de la profession qu'il exerce ;

Qu'il apparaît, en l'espèce, que la diminution de capacité au travail peut être évaluée à 30 %, ce qui représente une diminution d'autant de salaire dans l'avenir, et, par rapport au salaire de base ci-dessus spécifié, une diminution effective de 300 francs assurant à la victime de l'accident une rente annuelle et viagère de 150 francs ;

Attendu qu'Andréoli ayant droit à un capital égal à trois fois le montant de la rente, l'indemnité à laquelle il peut prétendre doit être fixée à 450 francs, sans qu'il y ait lieu de réduire celle-ci du fait de la faute inexcusable imputée à tort à Andréoli par la Société défenderesse ; la faute inexcusable telle que l'entend la loi n'étant pas, vu les circonstances particulières de la cause, suffisamment démontrée.

Sur le deuxième chef de demande :

Attendu que l'accident s'est produit le 25 mai 1900 ; que la date de la consolidation de la blessure doit être fixée au 28 juin suivant, époque à laquelle Andréoli a reconnu lui-même être sorti de l'hôpital de Gitilio où il était en traitement ; ce qui représente exactement, au point de vue de l'indemnité du demi-salaire, trente jours, dimanches et jours fériés compris ;

Qu'Andréoli gagnait au moment de l'accident 5 fr. 50 par jour, ce qui, à raison de 2 fr. 75 pour trente jours, porte à 82 fr. 50 le chiffre dû à titre d'indemnité du demi-salaire ;

Sur les dépens :

Attendu qu'il convient de les laisser à la charge de la Société défenderesse qui succombe, tout au moins sur la demande principale ;

Par ces motifs :

Sans s'arrêter aux offres faites par la Société des Papeteries du Souche, lesquelles sont rejetées comme étant insuffisantes et non satisfactoires,

Condamne ladite Société à payer à Andréoli :

1° Une somme de 450 francs à titre d'indemnité afférente à l'accident dont il a été victime, le 25 mai 1900 ;

2° Une somme de 82 fr. 50 pour indemnité du demi-salaire ;

Condamne, en outre, la Société des Papeteries du Souche aux dépens.

TRIBUNAL CIVIL DE ROANNE

Jugement du 3 avril 1901

Le Tribunal :

Attendu que dame Chollet a conclu : 1° à la condamnation de Fourh, par application de l'article 3 de la loi du 9 avril 1898 et, par provision, au paiement d'une indemnité mensuelle de 50 francs, à raison d'un salaire journalier de 4 francs et de vingt-cinq journées de travail par mois pour incapacité temporaire de travail, payable par mois échu depuis le 8 avril 1900 (cinquième jour de l'accident) jusqu'à l'époque de la guérison, imputation étant à faire sur cette indemnité de la somme de 420 francs, reçue par dame Chollet au 8 janvier 1901 ;

2° Subsidiairement à une expertise médico-légale ;

Attendu que Fourh a conclu :

1° A ce qu'il soit dit que dame Chollet a été payée intégralement de l'indemnité temporaire qui lui était due à dater du 8 avril 1900 (cinquième jour de l'accident) jusqu'au 8 septembre suivant, date de la consolidation de la blessure, à raison de 1 fr. 325 par jour ;

3° Et, sans s'arrêter à la demande d'expertise, à ce qu'il lui soit donné acte de son offre de payer à dame Chollet une rente annuelle de 60 fr. 60, représentant moitié de la réduction de sa capacité de travail fixée à 20 $^0/_0$, soit 10 $^0/_0$ pour la rente, ladite rente payable par trimestre échu à dater du 8 septembre 1900 ;

4° A ce qu'il soit dit que Fourh sera autorisé à imputer sur les premiers arrérages de la rente la somme de 264 fr. 38 payée par lui en plus de ce qui revenait pour l'indemnité temporaire ;

Attendu que le 3 avril 1900, dame Chollet, tisseuse à l'usine Fourh, a été frappée à l'œil gauche par le saut d'une navette ;

Attendu que cette lésion entraîne une incapacité permanente partielle ;

Attendu que, d'après les documents versés aux débats, le Tribunal est à même de statuer définitivement sans recourir à l'expertise sollicitée ;

Attendu que le salaire annuel de dame Chollet s'élève à la somme de 660 francs ;

Attendu qu'à raison de la perte presque complète de l'œil blessé, le Tribunal peut équitablement fixer à 25 % la diminution de la force du travail de dame Chollet ; et que, par suite, la rente annuelle à lui allouer s'élève au huitième de son salaire, soit à 82 fr. 50 par an ;

Attendu qu'il convient de décider que cette rente courra depuis le 10 décembre 1900, date de la consolidation de la lésion, et qu'elle sera servie par trimestre échu ;

Par ces motifs :

Sans s'arrêter à la demande d'expertise qui est rejetée comme inutile ;

Condamne Fourh à payer à dame Chollet, à raison de la perte presque complète de l'œil blessé, une rente viagère et annuelle de 82 fr. 50 payable par trimestre échu à partir du 10 décembre 1900, date de la consolidation de la lésion, et condamne Fourh aux dépens.

TRIBUNAL DE BOULOGNE-SUR-MER

Jugement du 4 avril 1901

Le Tribunal :

Attendu que Gripoix, ouvrier emballeur, blessé au service de Petit et Cie, demande contre celui-ci condamnation au paiement d'une rente annuelle et viagère de 300 francs dans les termes de la loi du 9 avril 1898 ;

Attendu qu'il est établi aux débats qu'ensuite de l'accident dont il a été victime le 21 juillet 1900, le demandeur a dû subir l'amputation de la moitié de la phalangette du doigt majeur de la main droite ;

Attendu que, si les médecins sont en désaccord sur la nature de l'incapacité résultant de cette amputation, il est constant pour le Tribunal que la capacité virtuelle de travail de Gripoix est diminuée de façon permanente, mais seulement toute relative et modérée dans laquelle sa dextérité sinon sa force qui reste entière est elle-même affectée ; que cette diminution peut être évaluée à 1 $^0/_0$ du salaire, ce qui, pour un salaire moyen annuel de 1.300 francs, donne droit au demandeur à une rente annuelle et viagère de 6 fr. 50.

Par ces motifs :

Condamne Petit et Cie à payer à Gripoix une rente annuelle et viagère de 6 fr. 50 payable par trimestre du jour où l'indemnité temporaire a ou aura cessé régulièrement de lui être payée ;

Condamne les défendeurs aux dépens.

TRIBUNAL CIVIL DE MARSEILLE

Jugement du 23 *avril* 1901

Le Tribunal :

Attendu que, le 14 octobre 1900, le sieur Santi travaillait pour le compte du sieur Senès dans un immeuble situé rue d'Hozier, lorsqu'il a été blessé à l'œil droit par un éclat de fer ;

Attendu qu'à la suite de cet accident Santi a eu l'œil droit crevé et qu'il a dû en subir l'extraction.

Qu'il résulte des certificats médicaux produits qu'il a été guéri le 12 décembre 1900 ; qu'il se trouve, par conséquent, en état d'incapacité partielle et permanente prévue par le paragraphe 2 de l'article 3 de la loi du 9 avril 1898 ;

Attendu que Santi gagnait un salaire annuel de 1.650 francs ; que le Tribunal estime que l'accident dont il a été victime a fait subir à son salaire une réduction de 30 $^0/_0$; qu'il a donc droit à une rente de 247 fr. 50 à partir du 12 décembre 1900, date de sa guérison ;

Par ces motifs :

Condamne Louis Senès à servir à Louis Santi une pension annuelle et viagère de 247 fr. 50, payable par trimestre échu à partir du 12 décembre 1900 ;

Le condamne, en outre, à payer audit Santi l'indemnité temporaire du demi-salaire à partir du cinquième jour de l'accident jusqu'au 12 décembre 1900;

Dit toutefois que les sommes versées à Santi depuis ledit jour, 12 décembre 1900, l'ont été à titre de provision et viendront en déduction sur les arrérages de la rente allouée audit Santi.

Condamne Senès aux dépens.

<hr>

TRIBUNAL CIVIL DE BORDEAUX

Jugement du 6 mai 1901

Le Tribunal :

Attendu que, au résultat de l'expertise ordonnée par jugement du 24 décembre 1900, Delteil apparaît comme étant, par l'effet de l'accident dont s'agit au procès, privé, de façon sinon complète, du moins très notable, de la puissance et de l'étendue du mouvement de préhension de la main gauche, dont deux doigts seulement, le pouce et l'auriculaire, restent valides;

Attendu que de cet état paraît bien devoir résulter, comme l'estime l'expert, une diminution de salaire du tiers, étant données les possibilités de travail restant au demandeur qui est amisseur, c'est-à-dire manœuvre, et qui est d'un âge à ne pouvoir pas apprendre un autre métier;

Attendu, d'un autre côté, que les constatations médicales conduisent à placer au 16 septembre 1900 la consolidation de la blessure reçue le 11 avril précédent;

Or, attendu que les parties sont d'accord pour fixer le salaire de base à 1.350 francs par an et à 5 fr. 50 par jour;

Et, attendu que, dans ces conditions, Prévot, se reconnaissant bien soumis à la loi du 9 avril 1898, il échet de le condamner au payement :

1° D'une somme de 426 fr. 25 à titre de demi-salaire sans déduction des acomptes versés;

2° D'une rente viagère de 220 francs par an, à partir du 16 septembre 1900.

Par ces motifs :

Condamne Prévot à payer à Delteil :

1° La somme de 426 fr. 25, sans déduction des acomptes versés ;

2° Une rente viagère de 220 francs par an, à partir du 17 septembre 1900 ;

Condamne, en outre, Prévot aux dépens.

TRIBUNAL CIVIL DE NANCY

Jugement du 6 mai 1901

Le Tribunal :

Attendu que, le 26 novembre dernier, Pierrel est entré au service de la Société Fruhinsholz, moyennant un salaire provisoire de 3 fr. 50 par jour, et que, le même jour, alors qu'il travaillait à une scie circulaire, il a été blessé à la main gauche de telle façon qu'il dut subir l'amputation de la dernière phalange du pouce et des deux dernières phalanges de l'index de la même main ;

Qu'en outre les deux dernières articulations du médius gauche sont restées ankylosées et que leur flexion reste impossible ;

Qu'enfin la première articulation de l'annulaire est également atteinte d'une certaine raideur, qui entraîne une gêne sensible dans les mouvements de flexion de ce doigt ;

Attendu que, pour l'appréciation du degré d'infirmité, que cet accident a fait éprouver au demandeur, il y a lieu de remarquer que l'usage de la main gauche n'est pas totalement perdu pour Pierrel;

Que la préhension est encore possible avec les moignons du pouce et de l'index gauches, et qu'enfin la main blessée peut servir d'appui au maniement d'un outil ;

Qu'en ces circonstances, il y a lieu d'évaluer à 40 °/₀ le degré d'incapacité partielle, subie par Pierrel et la réduction de ses futures salaires, qui en sera la conséquence ;

Attendu que Pierrel, ayant été blessé le jour même de son entrée au service de la Société Fruhinsholz, il faut, aux termes de l'article 10 de la loi de 1898, prendre pour base du calcul de la rente viagère, due au demandeur, le salaire moyen annuel des ouvriers de même catégorie, travaillant dans le même établissement industriel ;

Que les renseignements fournis permettent d'admettre que le salaire moyen de ces ouvriers est de 1.350 francs par an, et, que, dès lors, c'est le cas de fixer à 270 francs la rente viagère due au demandeur ;

Attendu qu'il est certain que les blessures de Pierrel se sont trouvées consolidées le 20 mars dernier, et qu'il a reçu jusqu'à ladite époque l'indemnité journalière de demi-salaire ;

Attendu que Pierrel a soutenu que l'accident, dont il a été victime, était dû à une faute inexcusable de son patron, et que, dès lors, la rente qui lui est due soit majorée par application de l'article 20 de la loi ;

Que, selon lui, la faute inexcusable de la Société défenderesse consisterait en ce qu'elle aurait négligé de munir la scie circuaire, où s'est produit l'accident, d'un organe protecteur, et aurait ainsi contrevenu aux décrets et règlements, qui concernent ces machines ;

Mais, attendu que ce fait ne saurait constituer à la charge de la défenderesse une faute inexcusable ;

Qu'en effet celle-ci est plus qu'une faute lourde, qu'elle est de nature exceptionnelle, et ne se rencontre que dans les cas où la négligence, qui a causé l'accident, peut être considérée comme quasi dolosive ;

Attendu que, dans le cas actuel, cette prétendue négligence était d'autant moins grave que la scie n'avait qu'un faible relief au-dessus de la table, et que l'organe protecteur, le plus perfectionné, eût, néammoins, dû laisser libre et sans protection l'espace servant à engager le bois présenté à la scie, et par lequel précisément, par une inadvertance évidente, Pierrel a maladroitement engagé la main ;

Attendu que les offres faites par la défenderesse étant reconnues insuffisantes, c'est le cas de laisser à sa charge les dépens de l'instance ;

Par ces motifs :

Dit que l'accident, dont Pierrel a été victime, ne peut être attribué à une faute inexcusable de la défenderesse, dit que Pierrel a reçu l'indemnité temporaire de demi-salaire jusqu'au 20 mars dernier;

Ce fait, condamne la Société défenderesse à lui payer une rente viagère de 270 francs par an, payable à partir du 20 mars dernier, par trimestre et à terme échu;

Condamne enfin la Société défenderesse aux dépens.

TRIBUNAL CIVIL DE NANCY

Jugement du 13 mai 1901

Le Tribunal :

Attendu que, le 10 juillet dernier, Aimé Perrin, ouvrier à l'usine de produits chimiques de Saint-Phlin, a été, au cours de son travail, victime d'un accident, qui lui a fracturé la jambe droite au-dessus du genou ;

Qu'il a pu reprendre son travail, le 7 novembre, mais qu'il a soutenu qu'il avait subi, par suite de son accident, une infirmité partielle et permanente, alors que la Société défenderesse a soutenu, au contraire, que Perrin était parfaitement guéri, et n'était atteint d'aucune infirmité.

Attendu qu'en cet état de choses, le Tribunal a, par jugement du 14 janvier dernier, commis M. le professeur Vautrin à l'effet de procéder à l'examen médical de Perrin, et de donner son avis sur les conséquences de l'accident ;

Attendu qu'il résulte du rapport d'expertise, déposé au greffe, le 20 mars dernier, que Perrin avait été atteint d'une fracture bimalléollaire tibio-tarsienne du pied droit, fracture dont les traits sont encore très nets sur la radiographie, jointe au rapport, uoiqu'elle soit consolidée;

Qu'il est résulté de cette fracture une déformation du pied, provenant de ce que les deux malléoles fracturées se sont portées en dehors, d'où résulte une gêne assez sensible pour la marche et la station debout.

Que l'expert a constaté aussi que le col de la fracture déborde dans l'espace articulaire, et constitue des irrégularités saillantes, qui gênent les mouvements de l'articulation, mais qui disparaîtront avec le temps ;

Que l'expert a fait remarquer que ces déformations ont d'autant plus de gravité que Perrin a les pieds plats, qu'il estime, enfin, qu'il subsistera toujours un peu de faiblesse du cou-de-pied, à cause de la laxité articulaire définitive et de l'exagération du pied plat, circonstances qui mettront Perrin dans un léger état d'infériorité pour la marche et pour la station debout ;

Attendu qu'il résulte de ces constatations que la force de résistance de Perrin à la fatigue du travail est réduite dans une mesure faible, sans doute, mais néanmoins appréciable ;

Que cet affaiblissement relatif a, d'ailleurs, eu pour Perrin cette première conséquence qu'il ne lui est plus possible, comme autrefois, de rejoindre chaque soir sa famille à Lupcourt et qu'il a été obligé de s'installer et de prendre pension à Saint-Phlin ;

Qu'il importe peu, dès lors, de rechercher si, comme le prétend la défenderesse, Perrin reçoit, depuis sa reprise du travail, le même salaire qu'antérieurement avant l'accident;

Attendu que l'infirmité, dont Perrin est atteint, a des conséquences d'autant plus fâcheuses que cet ouvrier est, par ses fonctions même, obligé d'être continuellement soit en marche soit debout, et qu'on peut admettre qu'elle a pour l'avenir réduit de 10 $^0/_0$ sa capacité de travail ;

Que le salaire de Perrin a été de 1.257 francs dans le cours de l'année qui a précédé l'accident, et que c'est le cas, dès lors, de lui allouer une rente viagère de 62 fr. 80 ;

Attendu, au surplus, qu'il sera loisible à la défenderesse de recourir à l'action en revision, dans le délai légal, pour le cas où l'incapacité de Perrin, qui paraît devoir être permanente, cesserait d'exister;

Attendu que les dépens doivent rester à la charge de la défenderesse, qui succombe,

Par ces motifs :

Condamne la défenderesse à payer au demandeur une rente viagère de 62 fr. 80, payable par trimestre, et à terme échu, à partir du 7 novembre dernier ;

Réserve, en outre, au demandeur tous droits en ce qui concerne le paiement du demi-salaire, à partir du 15 juillet, cinquième jour après l'accident, jusqu'au 7 novembre, point de départ de la rente ;

Condamne, enfin, la défenderesse aux dépens, y compris ceux réservés.

TRIBUNAL CIVIL DE REIMS

Jugement du 15 mai 1901

Le Tribunal :

Attendu que le sieur Pescheloche était employé en qualité de mécanicien chez le sieur Paquot, lorsque, le 7 août 1900, au cours de son travail, il fut atteint à l'œil droit par un éclat de fonte qui perfora la cornée, sans toutefois pénétrer dans l'intérieur du globe oculaire ;

Attendu que Pescheloche a pu reprendre son travail le 11 septembre 1900, mais que la vision de l'œil droit se trouve réduite des cinq sixièmes, en sorte que, si cet œil était seul, Pescheloche ne pourrait plus se livrer qu'à de gros travaux et non à des travaux exigeant une grande application ;

Attendu que, bien que Pescheloche soit rentré chez Paquot et s'y livre aux mêmes occupations que précédemment et moyennant le même salaire, il n'est cependant pas contesté que sa capacité de travail se trouve diminuée par l'effet de l'accident ;

Attendu que Pescheloche a été employé chez Paquot pendant les douze mois qui ont précédé l'accident et qu'il a reçu pendant ce temps une rémunération de 2.496 francs ;

Attendu que Pescheloche évalue à 25 $^0/_0$ la réduction que l'accident peut faire subir à son salaire et réclame une rente viagère de 300 francs ;

Attendu que Paquot n'estime cette réduction qu'à 18 % et n'offre qu'une rente de 218 fr. 16;

Attendu que la réduction dont s'agit ne paraît pas devoir être fixée à plus de 20 %;

Attendu, en effet, qu'au dire de l'expert commis par justice la gêne éprouvée par Pescheloche dans son travail est peu considérable quand les deux yeux fonctionnent ensemble et que, d'autre part, l'œil gauche n'a pas souffert de la lésion subie par le droit;

Attendu, en conséquence, que la réduction du salaire qu'il subit doit être évaluée à 499 fr. 20 et que la rente à laquelle il a droit, calculée conformément aux prescriptions des articles 2, paragraphes 2 et 3, de la loi du 9 avril 1898, est de 243 fr. 23.

Par ces motifs :

Condamne Paquot à servir à Pescheloche une rente annuelle et viagère de 243 fr. 20, payable par trimestre échu à compter du 11 septembre 1900 ;

Ordonne l'exécution provisoire du jugement; nonobstant opposition ou appel et sous caution.

Condamne Paquot aux dépens.

TRIBUNAL CIVIL DE MARSEILLE

Jugement du 18 juin 1901

Le Tribunal :

Attendu que, le 13 novembre 1900, le sieur Picano travaillait pour le compte du sieur Blanc; qu'il était occupé à bord d'un navire à faire une palanquée de sacs, lorsqu'il fut soulevé par le treuil avec la palanquée et eut le médius de la main droite comprimé entre le crochet et l'élingue ;

Attendu qu'à la suite de cet accident Picano a eu le médius de la main droite écrasé ; qu'il résulte des certificats médicaux produits qu'il a été guéri le 26 janvier 1901, mais qu'il se trouve en état d'incapacité partielle et permanente prévue par le paragraphe 2 de l'article 3 de la loi du 9 avril 1898;

Attendu que Picano gagnait un salaire annuel de 1.800 francs ; que le Tribunal estime que l'accident dont il a été victime a fait subir à son salaire une réduction de un douzième ; qu'il a donc droit à une rente de 75 francs, à partir du 26 janvier 1901, jour de sa guérison ;

Attendu qu'il y a lieu de décider que les sommes versées à Picano, depuis le 26 janvier 1901, comme indemnité temporaire du demi-salaire, l'ont été à titre de provision et devront venir en déduction sur les arrérages de la rente qui lui est allouée ;

Par ces motifs :

Condamne Maurice Blanc à verser à Dominique Picano une rente annuelle et viagère de 75 francs, payable par trimestre, terme échu à partir du 26 janvier 1901 ;

Le condamne, en outre, aux dépens ;

Dit que les sommes versées à Picano comme indemnité temporaire du demi-salaire du 26 janvier 1901, l'ont été à titre de provision et viendront en déduction sur les arrérages de la rente qui lui est allouée.

DEUXIÈME PARTIE

COURS D'APPEL

COUR D'APPEL DE PARIS

Arrêt du 26 mai 1900

Cet arrêt confirme par adoption de motifs le jugement du tribunal civil de Provins du 22 février 1900.

COUR D'AMIENS [1] (1ʳᵉ CHAMBRE)

Arrêt du 7 novembre 1900

La Cour :

Sur l'appel principal :

Considérant qu'il résulte des documents et certificats médicaux versés aux débats que Doré a subi l'amputation de deux doigts ; qu'il a, en outre, le médius complètement ankylosé et que le gros doigt l'est à demi ;

Qu'il se trouve, par conséquent, par suite de l'accident dont il a été victime, dans l'impossibilité absolue de se servir de la main gauche ;

Qu'il y a lieu, dans ces conditions, de fixer à 4 $^0/_0$ la réduction du travail ; que, par suite, le chiffre de la rente viagère doit être élevé de 202 fr. 60 à 270 francs ;

---

1. Cet arrêt infirme le jugement du Tribunal civil de Laon, du 20 mai 1900,

Considérant que les parties sont d'accord pour reconnaître que cette pension doit courir à partir du jour du jugement,

Sur l'appel incident :

Considérant que c'est à juste titre que les premiers juges ont fixé le montant du salaire quotidien à 4 fr. 50 et l'indemnité journalière à 2 fr. 25 ; que l'exactitude de ces chiffres ressort de tous les éléments de la cause ; qu'elle n'a point été d'ailleurs sérieusement contestée ;

Considérant que Pallet soutient que l'indemnité temporaire ne serait pas due pour les dimanches et jours fériés, mais que cette prétention ne saurait être accueillie ; qu'elle est contraire au texte et à l'esprit de la loi, et que c'est à bon droit qu'elle a été repoussée par la presque unanimité des décisions judiciaires;

Adoptant au surplus les motifs des premiers juges.

Par ces motifs :

Faisant droit à l'appel principal,

Fixe à 40 $^0/_0$ la réduction du travail résultant de l'accident ;

Condamne, en conséquence, Pallet à payer à Doré une rente annuelle et viagère de 270 francs par trimestre et à termes échus à compter du jour du jugement;

Conforme le jugement pour le surplus de ses dispositions ;

Déboute Pallet de tous ses fins, moyens et conclusions, dans lesquels il est déclaré mal fondé;

Le condamne aux dépens et à l'amende de son appel incident;

Ordonne la restitution de l'amende consignée sur l'appel principal.

COUR D'APPEL DE LYON

Arrêt du 24 juillet 1900

Cet arrêt confirme par adoption de motifs le jugement du Tribunal civil de Villefranche du 27 janvier 1900.

COUR DE RENNES [1]

Arrêt du 22 novembre 1900

La Cour :

Considérant que le salaire de Délimèle avant l'accident était de 5 fr. 07 par jour ;

Qu'à l'heure actuelle il gagne 3 fr. 50 par jour ;

Que la réduction de salaire de Délimèle est donc exactement de 25 $^0/_0$;

Que dès lors le Tribunal a fait une exacte appréciation de l'évaluation de la dépréciation occasionnée par l'accident et de la réparation à accorder.

Par ces motifs :

Dit qu'il a été bien jugé, mal appelé; met l'appellation à néant ;

Confirme, en conséquence, le jugement entrepris ; ordonne qu'il sortira son plein et entier effet ;

Déboute l'appelant de toutes ses demandes, fins et conclusions en appel ;

Et le condamne aux dépens de l'appel.

———

COUR D'APPEL DE PARIS (7ᵉ CHAMBRE) [2]

Arrêt du 1ᵉʳ *décembre* 1900

La Cour :

Considérant qu'au moment de l'accident, Brard était occupé, depuis moins de douze mois, dans l'entreprise de Manquette et Marlaud ; qu'en augmentant la rémunération effective de 40 francs qu'il avait reçue depuis son entrée de la rémunération moyenne qu'ont reçue, pendant la période nécessaire pour compléter les douze mois, les ouvriers de la même catégorie, on arrive à un

1. Cet arrêt confirme le jugement du Tribunal civil de Nantes, du 18 juin 1900.

2. Cet arrêt infirme un jugement du Tribunal de la Seine du 2 avril 1900.

salaire de 1.440 francs, servant de base à la fixation de la rente
dans les termes de l'article 1 de la loi du 9 avril 1898 ;

Considérant que, par suite de l'accident, Brard a subi une invalidité professionnelle de 25 $^0/_0$, entraînant une diminution proportionnelle de ses salaires, soit 360 francs, lui donnant droit
à une rente annuelle de 180 francs.

Par ces motifs :

Et adoptant, au surplus, les motifs des premiers juges, en ce
qu'ils n'ont pas de contraire à ceux du présent arrêt ;

Reçoit Manquette et Marlaud, appelants au principal, et Brard,
appelant incidemment du jugement rendu par le Tribunal civil
de la Seine, le 2 avril 1900 ;

Déclare l'appelant incidemment mal fondé, en ses demandes
fins et conclusions. L'en déboute ;

Confirme le jugement dont est appel ;

Réduit toutefois à 180 francs la rente viagère annuelle que
Manquette et Marlaud sont condamnés à servir à Brard. Déclare
les appelants au principal mal fondés dans le surplus de leurs
demandes, fins et conclusions, les en déboute, condamne Brard à
l'amende et aux dépens de son appel incident.

COUR D'APPEL D'ANGERS

Arrêt du 7 décembre 1900

La Cour :

Attendu que les parties sont d'accord sur les chiffres de salaire
qui doivent servir de base aux indemnités dues à Naturel et que
l'appel formé par Guillois contre le jugement du Tribunal de
Laval du 10 août dernier ne porte plus que sur le mode de calcul
de l'indemnité temporaire et pour la fixation de la rente viagère
sur l'évaluation de la réduction de salaire que fait subir à l'intimé l'infirmité dont il est atteint. . . . .

Sur la rente viagère ;

Attendu qu'il y a lieu, pour évaluer la réduction de salaire
que fait subir à Naturel l'infirmité permanente et partielle dont
il est atteint, de tenir compte à la fois des constatations du

Dr Chevalier et de celles du Dr Bucquet, qu'il en résulte que Naturel peut encore faire, en se servant de sa main droite, un certain nombre de travaux de son ancien métier;

Que, dans ces circonstances, il y a lieu d'évaluer à 20 $^0/_0$ la diminution de salaire qu'il subira, et, par suite, de fixer sa rente viagère à 108 fr. 05;

Et adoptant au surplus les motifs des premiers juges, en tant que non contraires à ceux qui précèdent;

Par ces motifs :

Émendant, fixe à 108 fr. 05 la rente annuelle et viagère due à Naturel par Guillois, à partir du 27 juin 1900 et payable par trimestre échu;

Confirme pour le surplus le jugement dont appel;

Ordonne la restitution de l'amende consignée;

Fait masse des dépens de première instance et d'appel, dont moitié à la charge de chacune des parties.

COUR D'APPEL DE MONTPELLIER

Arrêt du 13 *décembre* 1900

Cet arrêt confirme par adoption de motifs le jugement du Tribunal civil de Montpellier (1re chambre) du 28 juillet 1900.

COUR D'APPEL DE RIOM [1]

Arrêt du 24 *décembre* 1900

La Cour :

Considérant qu'à la suite de l'accident dont il a été victime, le 14 novembre 1899, Thiphène a dû être amputé de la jambe gauche et de deux orteils du pied droit;

1. Cet arrêt confirme le jugement du Tribunal civil de Montluçon, du 22 juin 1900.

Considérant, toutefois, qu'il marche, à l'aide d'un appareil et qu'il peut travailler de ses mains et exercer même, dans une certaine mesure, son métier de zingueur ; qu'il n'est donc pas résulté pour lui de l'accident qu'il a subi une incapacité absolue et permanente, mais une incapacité partielle et permanente ;

Considérant que Thiphène a donc droit, aux termes de l'article 313 de la loi du 9 avril 1898, à une rente égale à la moitié de la réduction que l'accident a fait subir à son salaire ;

Considérant que, d'après les documents et renseignements de la cause, cette réduction paraît, aux regards de la Cour, devoir être évaluée aux trois quarts dudit salaire ; que c'est donc à la moitié de cette réduction des trois quarts que doit être fixé le montant de la rente qui doit être attribuée à Thiphène ;

Considérant que le taux de cette pension ne pourrait être diminuée, aux termes de l'article 20, que s'il était établi que, comme le soutient l'appelant, Thiphène a commis une faute inexcusable ;

Qu'en admettant qu'il eût été imprudent, en s'engageant seul sur les voies de la gare de Montluçon, cette imprudence ne constitue pas, au regard de la Cour, une faute inexcusable dans le sens que la loi de 1898 paraît avoir voulu attacher à cette expression ; que c'est là, du reste, une question de fait qui dépend toujours des circonstances de la cause et rentre, par conséquent, dans le domaine de l'appréciation susvisée au jugement.

Considérant toutefois, que, pour calculer le montant de la rente due à cet ouvrier qui était payé à la journée il y a lieu de défalquer les dimanches et jours fériés du nombre total des jours d'incapacité de travail donnant droit à l'indemnité ;

Qu'en effet cette indemnité ne peut véritablement qu'être équivalente au nombre des journées de travail fournies par l'ouvrier et qu'il y a lieu, par conséquent, de fixer à trois cents jours l'année de travail ;

Considérant que Thiphène gagnait 4 fr. 25 par jour, soit 1.275 francs pour l'année de trois cents jours ; que, par le fait de la réduction des trois quarts subie par lui sur son salaire, celui-ci se trouve réduit à 1 fr. 05 par jour, soit 315 francs pour l'année de trois cents jours, d'où il suit que son dit salaire, pour la même année, est diminué de 960 francs ;

Considérant que la moitié de 960 francs est de 480 francs, et que c'est, par conséquent, à cette somme que doit être fixé le montant de la rente due à Thiphène ;

Adoptant au surplus, les motifs des premiers juges, en ce qu'ils ne sont pas contraires au présent arrêt.

Par ces motifs :

Au fond, dit bien jugé, mal appelé ; émendant sur le quantum de la rente ;

Fixe à 480 francs la rente annuelle et viagère qui sera payée par Soulier à Thiphène, laquelle sera servie par trimestre du jour de l'accident partant les intérêts ;

Confirme pour le surplus le jugement dont est appel ;

Dit qu'ainsi émendé, il sortira son plein et entier effet et sera exécuté selon sa forme et teneur ;

Déboute les parties de toutes leurs autres fins et conclusions ;

Ordonne la restitution de l'amende ;

Condamne Soulier à tous les dépens de première instance et d'appel à titre de supplément de dommages-intérêts.

COUR D'APPEL DE PARIS (7ᵉ CHAMBRE)[1]

Arrêt du 1ᵉʳ février 1901

La Cour :

Statuant sur l'appel interjeté par Theis du jugement rendu par le Tribunal civil de la Seine, le 13 octobre 1900 ;

En la forme :

Considérant que l'appel est régulier et partant recevable ;

Au fond :

Considérant que Damiano, âgé de trente et un ans, cocher de fiacre, a été atteint par suite de l'accident dont il a été victime, le 12 octobre 1899, d'une invalidité professionnelle de 33 %, entraînant une diminution proportionnelle du salaire normal du blessé dans l'avenir soit de 700 francs, lui donnant droit à une rente de 350 francs ;

---

1. Cet arrêt infirme le jugement du Tribunal civil de la Seine du 13 octobre 1900.

Considérant que les premiers juges ont fixé avec exactitude le point de départ de la rente au 9 mai 1900, date de la consolidation de la blessure ; que Theis ayant versé l'indemnité journalière de demi-salaire jusqu'au 5 juillet, il échet de l'autoriser à imputer sur les arrérages de la rente ci-dessus fixée, les sommes versées à titre d'indemnité journalière du 9 mai au 5 juillet 1900 ;

Adoptant, au surplus, les motifs des premiers juges, en ce qu'ils n'ont pas de contraire à ceux du présent arrêt.

Par ces motifs :

Reçoit Theis appelant du jugement du Tribunal civil de la Seine du 13 octobre 1900 ;

Confirme, en principe, le jugement dont est appel ; réduit toutefois la rente à 350 francs ;

Dit que les sommes versées à titre d'indemnité journalière à Damiano du 9 mai au 5 juillet 1900, viendront en déduction des arrérages de la rente ci-dessus fixées ;

Ordonne la restitution de l'amende ;

Condamne Theis aux dépens d'appel.

COUR D'APPEL DE RIOM[1]

Arrêt du 21 *février* 1901

La Cour :

Attendu que l'appel ne porte que sur la quotité de la pension ;

Attendu qu'il résulte des documents de la cause que le salaire annuel de l'intimé au moment de l'accident était de 900 francs ;

Attendu que la cause offre les éléments suffisants pour apprécier dans quelle mesure l'incapacité de travail de Caresmier a été réduite et fixer la réduction non point à la moitié, comme l'a fait le Tribunal, mais seulement à un tiers du salaire annuel, soit 300 francs, dont la moitié est de 150 francs ;

Attendu que c'est donc une rente annuelle et viagère de 150 francs, qui doit être allouée à Caresmier ;

1. Cet arrêt confirme le jugement du Tribunal civil de Brioude du 6 juillet 1900.

Attendu que c'est à tort que le Tribunal a décidé que la pension qu'il allouait devait être payée d'avance ; qu'elle ne devait être payée qu'à terme échu.

Par ces motifs :

Dit mal jugé, bien appelé ;

Émendant, dit que Caresmier, par la perte d'un œil, n'a subi que la perte du tiers de sa capacité professionnelle ;

Dit que son salaire au moment de l'accident était de 900 francs ;

Réduit, par suite, à 150 francs la rente annuelle et viagère que Merle devra payer à Caresmier par trimestre échu ;

Confirme le jugement pour le surplus ;

Et attendu que les offres de Merle ont été, devant le Tribunal comme devant la Cour, insuffisantes le condamne aux dépens.

COUR D'APPEL DE DOUAI[1]

Arrêt du 26 *février* 1901

La Cour :

Attendu que le salaire annuel de Dufour, ainsi que la réduction de sa valeur professionnelle, à raison de l'infirmité permanente et partielle dont il est atteint, ont été exactement évalués par les premiers juges ;

Attendu que le point de départ de la rente ne doit pas être fixé au jour de l'accident, quand le règlement de l'indemnité est fait par décision judiciaire, à défaut d'accord entre les parties, mais à la date de la décision définitive ;

Qu'en effet les articles 3 et 16 de la loi du 9 avril 1898, prévoient deux indemnités successives, l'une temporaire, fixée à tant par jour, prenant fin, quand intervient la décision définitive, l'autre consistant en une rente viagère, dont le taux varie suivant que l'incapacité permanente est absolue ou partielle ;

Attendu que, dans aucune de ses dispositions, la loi de 1898 ne prescrit, comme point de départ de la rente, la date de la guéri-

---

1. Cet arrêt confirme le jugement du Tribunal civil de Lille du 9 août 1900.

son, ou de la consolidation de la blessure ; que cette fixation arbitraire créerait encore un motif de plus de contestation ;

Attendu, d'ailleurs, que le texte de l'article 16, paragraphe 4, en prescrivant que l'indemnité journalière continuera à être servie jusqu'à la décision définitive, a fixé au moins implicitement à cette dernière date l'origine de la rente, puisque les deux indemnités ne doivent pas être cumulées ;

Par ces motifs :

Dit bien jugé, mal appelé ;

Confirme le jugement dont est appel ;

Dit qu'il sortira son plein et entier effet ;

Fixe à ce jour le point de départ de la rente allouée ;

Déclare Dufour, comme Joncquez frères, non recevables et mal fondés, dans leurs demandes fins, et conclusions ;

Les déboute de leur appel respectif;

Condamne Dufour aux dépens de la cause d'appel.

COUR D'AMIENS (1re CHAMBRE) [1]

Arrêt du 1er mars 1901

La Cour :

Sur le principe de la responsabilité de Fayë :

Adoptant les motifs des premiers juges ;

Sur le taux de salaire de base :

Considérant que les premiers juges ont porté à 1.000 francs le salaire sur lequel devait être calculé l'indemnité à accorder à la demoiselle Dubois; que cette appréciation est exagérée; que, d'après les renseignements recueillis et les documents de la cause, on doit réduire à 750 francs le salaire annuel des ouvriers agricoles dans la catégorie desquels la demoiselle Dubois doit être classée; que la décision des premiers juges doit être réformée sur ce point ;

---

1. Cet arrêt infirme le jugement du Tribunal civil de Soissons du 28 novembre, en ce qui concerne la fixation du salaire de base.

Qu'en évaluant à 30 % la réduction de salaire que la demoiselle Dubois a subi à la suite de l'accident, les premiers juges ont bien apprécié la situation de la demoiselle Dubois ;

Qu'il y a lieu de condamner de Fayë aux dépens de première instance et d'appel, en ordonnant toutefois la restitution de l'amende consignée ;

Par ces motifs et ceux des premiers juges non contraires aux présents :

Dit qu'il a été bien jugé en ce que les premiers juges ont déclaré de Fayë responsable de l'accident survenu à la demoiselle Dubois.

Et, réformant le jugement du 28 novembre 1900, en ce qui touche le salaire de base :

Condamne de Fayë à payer à la demoiselle Dubois une rente annuelle et viagère de 112 fr. 50, payable par trimestre échu, à partir du 12 février 1900, date de la consolidation de la blessure et de la reprise de son travail ;

Condamme de Fayë aux dépens de première instance et d'appel.

COUR DE LYON (2ᵉ CHAMBRE)[1]

Arrêt du 7 mars 1901

La Cour :

Considérant que, soit dans son exploit d'assignation, soit dans ses conclusions de première instance, notifiées à la date du 17 juillet 1900, Chantelot a affirmé que, depuis ces dernières années, son salaire annuel était de 750 francs ;

Considérant qu'il en résulte d'abord qu'il n'y a pas lieu de faire foi à son affirmation, devant la Cour, qu'il travaillait une partie de l'année à des travaux agricoles et parvenait ainsi à gagner par année une somme de 1.000 francs ; ensuite que l'évaluation du salaire de base fixée par les premiers juges à 790 francs est exagérée ;

Considérant qu'au moment où l'accident s'est produit Chante-

1. Cet arrêt confirme, en ce qui concerne le taux de la réduction, le jugement du Tribunal civil de Villefranche du 11 août 1900.

lot ne travaillait chez Michel que depuis une dizaine de jours seulement ;

Qu'il y a donc lieu de faire, dans l'espèce, application des dispositions de l'article 10 de la loi du 9 avril 1898 ;

Mais, considérant qu'il résulte des explications et des documents fournis à la barre de la Cour que le salaire touché par Chantelot était égal à la rémunération moyenne des ouvriers de même catégorie pendant les onze mois et demi précédents ;

Que c'est donc bien au chiffre de 750 francs qu'il y a lieu de fixer le salaire de base de Chantelot ;

Considérant qu'à raison de la profession exercée par Chantelot, à laquelle il est aujourd'hui obligé de renoncer, de la difficulté pour lui, qui est illettré, de trouver une nouvelle profession à laquelle il soit apte, malgré son infirmité, il y a lieu de fixer, comme le Tribunal, à 70 $^0/_0$ sa diminution de capacité de travail :

Que, par conséquent la pension que Michel a été condamné à lui payer doit être réduite au chiffre de 262 fr. 50.

Par ces motifs et ceux des premiers juges qui n'ont rien de contraire au présent arrêt ;

Rejette, comme mal fondé, l'appel interjeté par Chantelot à l'encontre du jugement rendu entre les parties par le Tribunal civil de Villefranche, à la date du 11 août 1900 ;

Faisant droit, au contraire, pour partie à l'appel incident interjeté par Michel, réduit à la somme de 262 fr. 50 le chiffre de la pension que celui-ci a été condamné à payer à Chantelot ;

Confirme, pour le surplus, le jugement qui, ainsi modifié, sera exécuté suivant sa forme et teneur ;

Rejette toutes demandes et conclusions des parties contraires au présent arrêt ;

Donne acte, toutefois, à Chantelot de ses réserves en ce qui concerne les frais de maladie prévus par les articles 4 et 15 de la loi du 9 avril 1898, de les réclamer devant la juridiction compétente ;

Condamne Chantelot à l'amende et en tous les dépens d'appel.

COUR D'APPEL DE NANCY

Arrêt du 21 mars 1901

La Cour :

Attendu qu'il est constant que, par suite de l'accident du travail dont il a été victime au service des Usines de Bouxvillers, Kaestlé est atteint d'une infirmité permanente partielle qui est certainement de nature à diminuer sa capacité au travail ;

Que la perforation des intestins, qui a nécessité une opération des plus graves, a eu pour conséquence pour le blessé une faiblesse abdominale lui interdisant tout travail de force et l'obligeant à porter en permanence un bandage ou une ceinture pour éviter une hernie ventrale ;

Que, dans ces conditions, l'incapacité professionnelle qui est imposée à Kaestlé, doit être, d'après les éléments du procès, fixée à 20 $^0/_0$ de la totalité ; qu'il est reconnu que le salaire annuel qui doit servir au calcul de la rente à laquelle l'intimé à droit est de 2.900 francs ;

Que ce salaire dépassant 2.400 francs, la rente doit être calculée sur la moitié de la réduction du salaire jusqu'à concurrence de cette somme, soit 240 francs ;

Que, pour le surplus, Kaestlé ne doit recevoir que le quart de la rente à laquelle il aurait droit si son salaire était inférieur à 2.400 francs, soit 12 fr. 50, au total 240 $+$ 12 fr. 50 $=$ 252 fr. 50 ;

Qu'il échet, en conséquence, de faire droit, dans cette limite, à l'appel incident, en rejetant l'appel principal et de condamner la Société des Usines de Bouxvillers au paiement d'une rente annuelle de 252 fr. 50 ;

Adoptant, au surplus, sur les principes de la rente, les motifs des premiers juges non contraires à ceux du présent arrêt.

Par ces motifs :

Met l'appel principal au néant avec amende ;

Recevant, au contraire, l'appel incident et y faisant droit ;

Condamne la Société des Usines de Bouxvillers à payer à Kaestlé une rente annuelle et viagère de 252 fr. 50, payable par trimestre échu ;

Condamne l'appelante aux dépens d'appel.

COUR D'APPEL DE GRENOBLE [1]

Arrêt du 26 mars 1901

La Cour :

Par les motifs des premiers juges non contraires au présent arrêt ;

Et attendu que Gomès a été victime, le 30 mai 1900, par le fait ou à l'occasion du travail qu'il accomplissait pour le compte de Mialaud et Payard, d'un accident qui a amené l'écrasement de sa main gauche et l'ankylose articulaire des phalanges de tous les doigts, à l'exception du pouce.

Que le pouce lui-même, d'après les constatations de l'homme de l'art, ne peut plus fonctionner et rendre aucun service sérieux, à raison de la contraction musculaire qui maintient les doigts en demi-flexion irréductible ;

Que cette impotence de la main gauche occasionne à Gomès une incapacité permanente et partielle de travail qui lui donne droit, d'après l'article 3 de la loi du 9 avril 1898, à une rente égale à la moitié de la réduction que l'accident a fait subir à son salaire et qu'il appartient à la Cour, disant droit aux appels respectifs, de fixer définitivement le chiffre de cette rente ;

Attendu que le salaire annuel de Gomès était de 1.219 francs, et que la rente de 365 francs qui lui a été allouée par les premiers juges représente une diminution de 60 % dans sa capacité de travail et dans son salaire ;

Que Mialaud et Payard critiquent cette évaluation comme excessive, en soutenant qu'elle doit être ramenée à 25 % et que Gomès n'a droit, en conséquence, qu'à une rente annuelle de 152 fr. 37.

Que Gomès prétend, au contraire, que son salaire annuel, qui était de 1.260 francs, est réduit de trois quarts, soit de 945 francs, et qu'il a droit dès lors à une pension viagère de 472 fr. 50;

Mais, attendu que Gomès ne justifie pas sa prétention de faire

1. Cet arrêt infirme le jugement du Tribunal civil de Saint-Marcellin du 1er décembre 1900.

porter à 1.260 francs son salaire annuel fixé par les premiers juges à 1.219 francs pour trois cents jours de travail et que l'incapacité résultée pour lui de l'impotence de sa main gauche, bien que réduisant notablement ses facultés de travail comme terrassier, ne paraît pas excéder 50 % de son salaire ainsi réduit à 610 francs ;

Qu'il y a donc lieu d'abaisser à 305 francs le chiffre de la rente annuelle qui lui est due et de le démettre de ce chef de son appel incident,

En ce qui concerne le point de départ de la rente ;

Attendu que le Tribunal l'a fixé au 15 août 1900, date de la consolidation de la blessure, mais que Gomès conclut devant la Cour à ce que sa rente parte du jour de l'arrêt, l'indemnité journalière lui restant due jusqu'à cette époque ;

Attendu, à cet égard, que Gomès demandait notamment en première instance que Mialaud et Payard fussent condamnés à lui payer, à titre d'indemnité temporaire, la moitié de son salaire depuis le cinquième jour après l'accident, jusqu'au jour de la consolidation complète de sa blessure ;

Qu'il a ainsi implicitement conclu à ce que la rente à laquelle il avait droit ne lui fût servie qu'à compter de cette dernière date, puisqu'elle ne peut se cumuler avec l'indemnité temporaire et qu'il est irrecevable à formuler devant la Cour par voie d'appel incident une autre demande que celle qu'il a soumise aux premiers juges ;

Attendu qu'une somme de 48 francs a été payée à Gomès par Mialaud et Payard en plus de l'indemnité due jusqu'au 15 août dernier et qu'elle devra dès lors s'imputer à due concurrence sur le premier trimestre de la rente.

Par ces motifs :

Démet Gomès de son appel incident et, faisant droit au contraire, en tant que de raison, à l'appel principal de Mialaud et Payard ;

Émendant, dit que Gomès a subi une réduction de 50 % dans son salaire annuel de 1.219 francs, fixe, en conséquence, à 305 francs, le chiffre de la rente annuelle et viagère qui lui est due par trimestre et à terme échu, à partir du 15 août dernier ;

Dit, néanmoins, que la somme de 48 francs, qui lui a été

payée par Mialaud et Payard, en excédant de l'indemnité journalière due jusqu'à cette date s'imputera sur le premier trimestre de la rente;

Déboute les parties de leurs conclusions subsidiaires tendant à une expertise médicale que la Cour rejette comme inutile et frustratoire, et confirme le jugement entrepris en ses dispositions non contraires au présent arrêt;

Donne mainlevée de l'amende;

Condamne Gomès aux dépens.

COUR D'APPEL DE MONTPELLIER [1]

Arrêt du 27 mars 1901

La Cour:

Adoptant les motifs des premiers juges:

Et attendu qu'on ne saurait faire un grief à Galibert de son refus de se soumettre à l'opération chirurgicale indiquée par les experts; que la blessure de Galibert étant aujourd'hui consolidée, une telle opération serait, en dépit des prévisions des hommes de l'art, susceptible de déterminer des complications, en même temps que les résultats pourraient en demeurer des plus incertains;

Par ces motifs:

Démet Banes de son appel; confirme le jugement entrepris, et condamne l'appelant à l'amende et aux dépens.

1. Cet arrêt confirme le jugement du Tribunal civil de Milau du 28 décembre 1901.

COUR D'APPEL DE NANCY (1ʳᵉ CHAMBRE) [1]

Arrêt du 28 mars 1901

La Cour :

Sur le chiffre de la rente viagère :

Attendu qu'en fixant à 20 $^0/_0$ la diminution de salaire survenue chez Bigouret, à la suite de l'accident dont il a été victime, le 11 septembre 1900, au cours de son travail, et qui a entraîné pour lui une infirmité partielle et permanente du pouce de la main droite, les premiers juges ont fait une évaluation exagérée de ladite diminution ;

Attendu, en effet, que si le pouce écrasé par la chute d'un madrier est actuellement atteint d'une ankylose, qui en gêne considérablement les mouvements et rend en même temps la préhension des objets difficiles, il est néanmoins certain que cette gêne, sans disparaître entièrement, s'atténuera sensiblement par la suite :

Qu'il convient dès lors d'arbitrer à 10 $^0/_0$ seulement la diminution de salaire, qui sera la conséquence de cette infirmité ;

Attendu que Bigouret avait un salaire annuel de 1.534 francs, dont le dixième se trouve être, par suite, de 153 francs, ce qui lui donne droit à une rente viagère de moitié, soit 76 fr. 70 ;

Sur les 100 francs d'indemnité journalière, objet de l'appel incident ;

Attendu que Pagny prétend que la blessure de Bigouret s'est trouvée consolidée le 14 décembre 1900, et non le 16 janvier suivant; — qu'il demande, en conséquence, à imputer sur les trimestres à échoir de la rente viagère, la somme de 100 francs, qu'il aurait versée en trop pour l'indemnité journalière ;

Attendu que cette prétention ne saurait être accueillie ; — que, d'autre part, en effet, Pagny n'établit pas que la consolidation de la blessure soit survenue dès le 14 décembre ;

Qu'il serait encore mal fondé dans sa demande pour la raison

1. Cet arrêt infirme le jugement du Tribunal civil de Nancy du 18 février 1901.

que les rentes viagères allouées aux victimes d'un accident du travail sont incessibles et insaisissables, aux termes de l'article 3 de la loi du 9 avril 1898.

Mais, attendu qu'il résulte des documents de la cause que c'est, en réalité, le 16 janvier 1901 que Bigouret a pu reprendre son travail, ainsi que l'ont admis les premiers juges ;

Qu'il s'est, par suite, écoulé une période de cent vingt-deux jours, pendant laquelle il lui est dû l'indemnité de demi-salaire ; — que cette indemnité étant de 2 francs par jour, il a été alloué à bon droit, de ce chef, à la victime de l'accident, une somme de 366 francs ;

Qu'en fait, par conséquent, pas plus qu'en droit, aucune imputation ne saurait être faite sur les trimestres à échoir de la rente viagère.

Par ces motifs :

Sans s'arrêter à l'appel principal de Bigouret lequel est rejeté comme mal fondé ;

Faisant droit, au contraire, mais pour partie seulement, à l'appel incident de Pagny ;

Dit que Bigouret est atteint d'une infirmité permanente et partielle survenue à l'occasion du travail ;

Fixe à 10 $^0/_0$ la diminution du salaire qui en est pour lui la conséquence ;

Réduit à 76 fr. 70 la rente annuelle et viagère de 153 fr. 40, allouée par le Tribunal audit Bigouret ;

Dit que ladite rente sera payable à partir du 16 janvier 1901 par trimestre et à terme échu ;

Confirme pour le surplus ce jugement attaqué ;

Dit que chacune des parties supportera les frais exposés pour elle en appel, ceux de première instance restant à la charge exclusive de Pagny, dont les offres étaient insuffisantes ;

Condamne Bigouret à l'amende.

COUR D'APPEL DE NIMES (1re CHAMBRE)

Arrêt du 16 avril 1901

La Cour :

Attendu qu'à la suite de l'accident dont Monk a été victime, le 26 mai dernier, alors qu'il était au service de Pailhès comme ouvrier mécanicien, la première phalange de l'index de sa main gauche est demeurée ankylosée, ce qui constitue pour l'intimé une gêne dans les mouvements de préhension pratiqués à l'aide de cette main, laquelle lui a occasionné une incapacité partielle et permanente et peut être considérée au vu des documents versés aux débats comme diminuant de 5 $^0/_0$ l'aptitude du travail de Monk et partant son salaire ;

Attendu qu'en force de l'article 3, paragraphe 2, de la loi du 9 avril 1898, tenant que le salaire de base est de 2.520 francs, il y a lieu de condamner Pailhès à payer à Monk, à partir du 2 août 1900, date de la consolidation de la blessure, une rente de 63 francs ;

Attendu que les dépens doivent être mis à la charge des parties à raison de leur succombance.

Par ces motifs :

Rejetant tant les conclusions principales de Pailhès que l'appel incident de Monk comme mal fondé ;

Réformant le jugement incriminé rendu par le Tribunal civil de Nîmes, le 29 décembre 1900, condamne Pailhès à payer à Monk une rente annuelle et viagère de 63 francs, etc., par trimestre échu à partir du 2 août 1900 ;

Condamne chacune des parties en la moitié des entiers dépens.

COUR D'APPEL DE NANCY [1]

Arrêt du 23 *avril* 1901

La Cour :

Attendu que Charles Paris, qui était alors employé comme onvrier maçon par les sieurs Lanord et Bichaton, a été blessé, le 13 juin 1900, au cours de son travail sur un de leurs chantiers, par la chute d'un madrier qui lui a brisé l'extrémité de la clavicule de l'épaule droite ;

Attendu que, par le jugement dont est appel, les premiers juges, après avoir considéré la victime de cet accident comme atteinte pour l'avenir d'une infirmité partielle permanente devant entraîner pour elle une diminution de 15 % dans sa capacité de travail, ont fixé à 1.700 francs les salaires que l'intimé avait gagnés dans le cours de l'année qui a précédé l'accident et lui ont alloué une rente annuelle et viagère de 127 fr. 50 ;

Attendu que l'appel de Lanord et Bichaton a pour but de faire décider que le salaire de leur ouvrier n'était que de 883 fr. 22 par an et de faire réduire, par conséquent, à 66 fr. 25 la rente à laquelle il a droit ;

Que, par son appel incident, Paris demande, au contraire, que le chiffre de cette rente soit porté à 255 francs ; la diminution qu'il a subie dans sa faculté de travail étant au moins de 30 % ;

Sur l'appel incident ;

Adoptant les motifs des premiers juges :

Attendu, en effet, qu'il résulte des certificats des Drs Vautren et Lanique, versés aux débats, que la gêne et les douleurs que l'intimé éprouve actuellement dans les mouvements de l'épaule, sont limitées dans l'élévation du bras droit, qui ne peut atteindre complètement la verticale, mais que cette gêne et ces douleurs qui proviennent en grande partie du tempérament nerveux et de la sensibilité exagérée de Paris, s'atténueront dans une notable proportion par la reprise d'un travail régulier et par l'entraînement.

1. Cet arrêt confirme, en ce qui concerne l'évaluation du salaire de base, le jugement du Tribunal civil de Nancy du 16 janvier 1901.

Sur l'appel principal de Lanord et Bichaton :

Attendu qu'il n'est pas contesté dans la cause que l'intimé rentre, par la manière dont il exerçait son métier de maçon, dans la catégorie des travailleurs auxquels les dispositions de l'article 10, paragraphe 3, de la loi du 9 avril 1898 sont applicables ; qu'il ne travaillait effectivement, en ladite qualité, que pendant six mois chez les appelants, c'est-à-dire du commencement de juin à la fin du mois de novembre de chaque année, époque à laquelle il retournait dans son pays d'origine, le département de la Creuse, où il se livrait à d'autres travaux et à d'autres occupations ;

Attendu que l'article précité dispose, dans son alinéa 3, que, pour les ouvriers dont s'agit, le salaire servant de base au calcul de la rente doit être fixé tant d'après la rémunération reçue par eux pendant la période d'activité que d'après leurs gains pendant le reste de l'année ;

Que c'est la moyenne de ces gains qui doit être ajoutée au salaire touché pendant la période d'activité pour compléter le salaire annuel, ainsi d'ailleurs que le rapporteur de la loi devant le Sénat, M. Thévenet, l'a lui-même expliqué en termes formels à la séance du 18 mars 1898 ;

Attendu, en ce qui touche, dans l'espèce, le premier terme du calcul ci-dessus, qu'il résulte des documents de la cause que, pour l'année qui a précédé son accident, la rémunération touchée par Paris chez les appelants a été de 883 fr. 25 pour les six mois employés à leur service ;

Qu'il incombait à l'intimé de faire la preuve de la moyenne de ses gains pendant les six autres mois qu'il a passés dans la Creuse, mais qu'il n'a fourni que des justifications incomplètes à cet égard, puisqu'elles n'établissent pas le nombre de jours pendant lesquels il aurait travaillé ;

Que cependant les renseignements verbaux donnés par les parties à l'audience, joints aux autres documents du procès, permettent à la Cour d'évaluer ces gains à une somme de 2 francs par jour au maximum, dimanches et fêtes non compris, ce qui représente dès lors, pour une période de cent cinquante jours, une somme totale de 300 francs :

Qu'il résulte de là que l'ensemble des salaires et des gains de l'intimé, pendant l'année qui a précédé son accident, a été de

1.183 fr. 25, ce qui ramène le chiffre de la rente annuelle et viagère à laquelle il a droit à 88 fr. 75, au lieu de celle de 127 fr. 50,
allouée à tort par le Tribunal ;

Qu'il échet de modifier dans ce sens le jugement attaqué ;

Sur les dépens ;

Attendu que ceux de première instance doivent être laissés à
la charge exclusive de Lanord et Bichaton, qui, devant les premiers juges, ont conclu au principal, au rejet pur et simple de la
demande formée contre eux par Paris, en prétextant que l'infirmité partielle permanente alléguée par le demandeur n'était pas
établie, et, très subsidiairement, à ce que la rente qui lui serait
allouée ne fût calculée que sur un salaire annuel de 883 fr. 25 ;

Attendu, quant aux dépens d'appel, que les parties succombant
chacune sur une partie de leurs conclusions respectives, il y a
lieu de faire masse de ces dépens, y compris ceux de l'appel
incident, et de les faire supporter un tiers par Paris et les autres
deux tiers par Lanord et Bichaton ;

Par ces motifs :

Sans s'arrêter ni avoir égard aux conclusions subsidiaires de
l'intimé tendant à une expertise préalable, les documents actuels
de la cause permettant de statuer immédiatement au fond et
rendant la mesure d'instruction sollicitée inutile et partant frustratoire ;

Confirme le jugement entrepris, sauf en ce qui touche le quantum de la rente annuelle et viagère allouée par le Tribunal à
Charles Paris, réduit le chiffre de cette rente à 88 fr. 25 ;

Condamne Lanord et Bichaton à lui payer, à partir du 25 novembre dernier, par trimestre et à terme échu ainsi qu'aux intérêts de droit du trimestre arriéré ;

Ce fait, met quant au surplus l'appel principal au néant, déboute
également Paris de son appel incident, dans lequel il est déclaré
mal fondé ;

Fait masse des dépens d'appel, y compris ceux de l'appel
incident ;

Dit qu'ils seront supportés un tiers par Paris et les deux autres
tiers par Lanord et Bichaton ;

Fait mainlevée de l'amende consignée ;

COUR D'APPEL DE LIMOGES [1]

Arrêt du 26 avril 1901

La Cour :

Attendu que les faits et documents de la cause établissent qu'Angleraud n'avait aucune hernie, même à l'état latent, avant l'accident dont, le 9 avril 1900, il a été victime sur le chantier de l'appelant, et que celle dont il est atteint aujourd'hui est une hernie de force qui a eu cet accident pour cause déterminante.

Adoptant au surplus, sauf toutefois en ce qui concerne le chiffre de la pension viagère, les motifs des premiers juges :

Attendu, sur ce dernier point, qu'une hernie a pour résultat incontestable de diminuer la capacité de travail d'un ouvrier où d'un cultivateur, et qu'elle constitue, par conséquent, une infirmité partielle, mais permanente, donnant lieu à une rente viagère égale à la moitié de la réduction qu'elle apporte au salaire ; mais que beaucoup d'ouvriers, bien qu'atteints de hernie travaillent néanmoins sans éprouver une gêne très considérable ni subir une très grande réduction de salaire ;

Qu'en l'espèce la réduction du salaire annuel d'Angleraud ne saurait être évaluée à plus de 200 francs ni, par conséquent, la rente viagère à laquelle il a droit être supérieure à 100 francs ;

Attendu que le jugement dont est appel donne, en ce qui concerne le lieu où la pension serait payable, une juste satisfaction à la prétention de l'appelant, dont sur ce point le grief manque en fait ;

Attendu que les dépens sont à la charge de la partie qui succombe et que l'appelant qui a contesté au principal le droit à la rente viagère n'a fait subsidiairement que des offres insuffisantes ; que ses offres étaient également insuffisantes pour l'indemnité due à raison de l'incapacité temporaire.

---

1. Cet arrêt infirme le jugement du Tribunal civil de Limoges du 8 février 1901.

Par ces motifs :

Dit que, sauf en ce qui concerne le chiffre de la rente viagère allouée à Angleraud, il a été bien jugé par ledit jugement ; réduit à 100 francs par an, au lieu de 150 francs, le chiffre de ladite rente, toutes autres dispositions du jugement étant maintenues ;

Ordonne, en conséquence, qu'avec cette modification ledit jugement sortira effet ;

Ordonne la restitution de l'amende consignée ;

Condamne l'appelant aux nouveaux dépens ; rejette toutes autres contraires ou plus amples conclusions, tant principales que subsidiaires, des parties.

COUR D'APPEL DE PARIS

Arrêt du 27 avril 1901

La Cour :

Statuant sur l'appel interjeté par Chabert du jugement rendu par le Tribunal civil de Fontainebleau, le 26 décembre 1900 ; en la forme, considérant que l'appel est régulier et partant recevable ;

Sur la fixation du salaire annuel, considérant que le travail de Foucault, dans l'entreprise de Chabert, n'était pas continu ; qu'il résulte des documents de la cause qu'en calculant le salaire, tant d'après la rémunération reçue pendant la période d'activité que d'après le gain de l'ouvrier pendant le reste de l'année, on constate le salaire de 900 francs admis par les premiers juges devant servir de base au calcul de la rente dans les termes de l'article 10 de la loi du 9 avril 1898.

Sur le taux de la rente :

Considérant que Foucault, âgé de soixante-sept ans, casseur de pierres, a été atteint par suite de l'accident d'une invalidité professionnelle qui doit être fixée à 33,33 %, entraînant nécessairement dans l'avenir une diminution proportionnelle du salaire normal de cet ouvrier blessé, était de 300 francs, lui donnant droit à une rente de moitié, soit de 150 francs ;

Adoptant au surplus les motifs des premiers juges en ce qu'ils n'ont pas de contraire à ceux du présent arrêt ;

Par ces motifs :

Reçoit Chabert appelant du jugement du Tribunal civil de Fontainebleau du 26 décembre 1900 ;

Confirme en principe le jugement dont est appel ;

Réduit, toutefois, la rente à 150 francs ;

Déclare Chabert mal fondé dans le surplus de ses demandes, fins et conclusions, l'en déboute ;

Ordonne la restitution de l'amende ;

Condamne Chabert aux dépens.

COUR D'APPEL DE PARIS [1]

Arrêt du 8 juin 1901

La Cour :

En la forme ;

Considérant que les appels sont réguliers et partant recevables ;

Au fond ;

Sur l'appel incident ;

Considérant que le point de départ de la rente doit être fixé au 5 novembre 1900, date jusqu'à laquelle a été servie l'indemnité temporaire ;

Sur l'appel principal ;

Considérant que Auléac a été atteint, par suite de l'accident, d'une invalidité professionnelle de 33,33 $^0/_0$, entraînant nécessairement dans l'avenir une diminution proportionnelle du salaire normal de cet ouvrier blessé, soit de 771 francs, lui donnant droit à une rente de moitié, soit de 385 fr. 85 ;

Adoptant au surplus les motifs des premiers juges en ce qu'ils n'ont pas de contraire à ceux du présent arrêt ;

---

1. Cet arrêt infirme en partie le jugement du Tribunal civil de Versailles du 27 décembre 1900.

Par ces motifs :

Reçoit Auléac appelant au principal Fougerolles frères appelants incidemment du jugement du Tribunal civil de Versailles du 27 décembre 1900;

Confirme en principe le jugement dont est appel;

Élève toutefois la rente à 82 fr. 50;

Fixe le point de départ de la rente au 5 novembre 1900;

Déclare les appelants respectivement mal fondés dans les surplus de leurs demandes, fins et conclusions les en déboute;

Ordonne la restitution des amendes;

Condamne Fougerolles frères en tous les dépens d'appel.

———

COUR D'APPEL DE DOUAI

Arrêt du 4 juillet 1901

Cet arrêt confirme, par adoption de motifs, le jugement du Tribunal civil de Douai du 12 mars 1901.

26 décembre.. Trib. civ. de *Sancerre* (doigt).
Infirmé par C. de Bourges, 27 février 1900.
Rec. M. Com., t. I, p. 92.

28 décembre.. Trib. civ. de *Castres* (doigt).
Infirmé par C. de Toulouse, 6 mars 1900.
Rec. M. Com., t. I, p. 94.

Id. Trib. civ. de *Valenciennes* (bras).
Infirmé par C. de Douai, 22 février 1900.
Rec. M. Com., t. III, p. 86; — *Le Droit*,
12 mai 1900.

Id. C. de *Poitiers* (bras).
Infirme jugement du Trib. civ. de Bressuire
15 novembre 1899.
Rec. M. Com., t. IV, p. 234.

Id. Trib. civ. de *Tournon* (œil).
App., p. 129.

29 décembre.. Trib. civ. de *Toulouse* (doigt).
Rec. M. Com., t. I, p. 102.

Id. Trib. civ. de *Dôle* (doigt).
Confirmé par C. de Besançon, 14 février 1900.
Rec. M. Com., t. I, p. 198.

Id. Trib. civ. de *Toulouse* (jambe).
Rec. M. Com., t. III, p. 88.

30 décembre.. Trib. civ. de *Toulouse* (doigt et main).
Gaz. Trib. du Midi, 25 février 1900.

Année 1900

3 janvier..... Trib. civ. de *Lectoure* (doigt).
Rec. M. Com., t. I, p. 104.

4 janvier..... Trib. civ. de *Tonnerre* (œil).
Rec. M. Com., t. I, p. 105.

5 janvier..... Trib. civ. de *Saint-Quentin* (doigt).
Rec. M. Com., t. I, p. 109; — *Fr. jud.*,
1900, 2-9.

5 janvier.....   Trib. civ. de *Vervins* (doigt).
      Rec. M. Com., t. I, p. 110.

Id.   Trib. civ. d'*Alais* (état général).
      Rec. M. Com., t. I, p. 107.

11 janvier.....   Trib. civ. de *Chambéry* (tête).
      Rec. M. Com., t. I, p. 129 ; — *Gaz. des Trib.*,
1er février 1900 ; — *La Loi*, 5 février 1900 ;
— *Rec. Villetard de Prunières*, 1900, 31.

11 janvier.....   Trib. civ. de *Beauvais* (main).
      Rec. M. Com., t. I, p. 128 ; — *Rec. Villetard
de Prunières*, 1900, 30.

13 janvier.....   Trib. civ. de la *Seine* (doigt).
Infirmé par C. de Paris, 23 juin 1900.
      Rec. M. Com., t. I, p. 137 ; — *Rec. Villetard
de Prunières*, 1900, 42.

16 janvier.....   Trib. civ. de *Jonzac* (main).
Confirmé par C. de Poitiers, 6 mars 1900.
      Rec. Villetard de Prunières, 1900, 61.

Id.   Trib. civ. de *Péronne* (bras).
      Rec. M. Com., t. I, p. 139.

18 janvier.....   Trib. civ. de *Dijon* (2e ch.) (poignet).
Sur appel, arrêt de la C. de Dijon du 2 avril 1900.
      Rec. M. Com., t. I, p. 147 ; — *Fr. jud.*, 1900,
2-49.

Id.   Trib. civ. de *Béthune* (doigt).
      Rec. M. Com., t. III, p. 90 ; — *Rec. Ville-
tard de Prunières*, 1900, 296.

19 janvier.....   Trib. civ. de *Grenoble* (œil).
      Rec. M. Com., t. I, p. 150 ; — *Rec. Grenoble*,
1901, 5.

23 janvier.....   Trib. civ. de *Narbonne* (œil).
Confirmé par C. de Montpellier, 29 mars 1900.
      Rec. M. Com., t. I, p. 151 ; — *La Loi*,
1er février 1900.

Id.   Trib. civ. de *Toulon* (doigt).
      Rec. M. Com., t. I, p. 152 ; — *Fr. jud.*, 1900,
2-50 ; — *Le Droit*, 9 février 1900 ; — *Rec.
Villetard de Prunières*, 1900, 115.

23 janvier.....   Trib. civ. des *Andelys* (yeux).
                   Confirmé par arrêt de la C. de Rouen du
                   7 avril 1900.
                   Rec. M. Com., t. II, p. 51.

25 janvier.....   Trib. civ. de *Cambrai* (bras).
                   Confirmé par C. de Douai (1re ch.), 30 mai 1900.
                   Rec. M. Com., t. III, p. 92.

27 janvier.....   Trib. civ. de *Villefranche* (œil).
                   Rec. M. Com., t. I, p. 158.

30 janvier.....   Trib. civ. de *Narbonne* (doigt).
                   Rec. M. Com., t. I, p. 161 ; — *Mon. jud. de
                   Lyon*, 7 février 1900 ; — *La Loi*, 8 fé-
                   vrier 1900.

1er février.....   Trib. civ. de *la Châtre* (bras).
                   Rec. M. Com., t. I, p. 167.

Id.   Trib. civ. de *Besançon* (main).
                   Infirmé par C. de Besançon, 28 février 1900.
                   Rec. M. Com., t. I, p. 166.

2 février.....   Trib. civ. de *Dunkerque* (doigt).
                   Rec. M. Com., t. III, p. 99.

Id.   Trib. civ. de *Riom* (doigt).
                   Rec. M. Com., t. III, p. 100.

3 février.....   Trib. civ. de *Villefranche* (doigt).
                   Confirmé par C. de Lyon, 25 juillet 1900.
                   Rec. M. Com., t. IV, p. 242.

8 février.....   Trib. civ. de *Saint-Omer* (doigt).
                   Rec. M. Com., t. I, p. 176.

13 février.....   Trib. civ. de *Narbonne* (doigt).
                   Rec. M. Com., t. I, p. 181 ; — *La Loi*,
                   9 mars 1900 ; — *Mon. jud. de Lyon*,
                   10 mars 1900 ; — *Rec. Villetard de Pru-
                   nières*, 1900, 67.

Id.   Trib. civ. de *Narbonne* (omoplate).
                   Rec. M. Com., t. I, p. 178 ; — *Gaz. Trib. du
                   Midi*, 25 février 1900 ; — *Mon. jud. de
                   Lyon*, 21 février 1900 ; — *Mon. jud. du
                   Midi*, 4 mars 1900 ; — *La Loi*, 24 fé-
                   vrier 1900.

14 février..... Trib. civ. de *Nancy* (doigt).
  Rec. M. Com., t. III, p. 106.

Id. C. de *Besançon* (1ʳᵉ ch.) (doigt).
  Confirme jugement du Trib. civ. de Dôle, 29 décembre 1899.
   Rec. M. Com., t. I, p. 198; — *Rec. Villetard de Prunières*, 1900, 12; — *Dalloz*, 1900, 2, 117; — *Sirey*, 1901, 2, 17; — *Gaz. des Trib.*, 23 mars 1900; — *Le Droit*, 8 mars 1900; — *Gaz. du Palais*, 1900, 1, 352; — *La Loi*, 19 mars 1900; — *Mon. jud. de Lyon*, 12 mars 1900; — *Rev. des just. de paix*, 1900, p. 190; — *Mon. des just. de paix*, 1900, p. 160; — *Gaz. des Trib. du Midi*, 13 mai 1900; — *J. des Ass.*, 1900, 2, 31; — *Gaz. Comm. de Lyon*, 21 avril 1900; — *Rec. Besançon*, 1900, p. 98; — *Fr. jud.*, 1900, 2, 198; — *Rec. des Ass.*, 1900, p. 187.

14 février..... Trib. civ. d'*Auxerre* (jambe).
   Le Droit, 22 mars 1900; — *Gaz. des Trib.*, 23 mars 1900; — *Mon. jud. de Lyon*, 24 mars 1900; — *Rec. Villetard de Prunières*, 1900, 37.

Id. Trib. civ. de *Lavaur* (bras).
  Rec. M. Com., t. II, p. 64.

Id. Trib. civ. d'*Orléans* (œil).
  Confirmé par arrêt C. d'Orléans, 30 mai 1900
   Rec. M. Com., t. II, p. 66; — *Gaz. du Palais*, 1900, 1, 506; — *Fr. jud.*, 1900, 2, 247.

15 février..... Trib. civ. de *Lille* (1ʳᵉ ch.) (doigt).
  App., p. 130.

Id. Trib. civ. de *Briey* (doigt).
  Rec. M. Com., t. III, p. 110.

Id. Trib. civ. de *Béthune* (jambe).
  Rec. M. Com., t. III, p. 109.

16 février..... C. de *Paris* (œil).
  Le Droit, 25-26 mars 1901.

18 février..... Trib. civ. de *Lille* (bras).
  Rec. M. Com., t. II, p. 67.

19 février..... Trib. civ. d'*Aix* (œil).
Rec. M. Com., t. I, p. 185.

20 février..... Trib. civ. des *Andelys* (main).
Infirmé par C. de Rouen, 11 mai 1900.
Rec. M. Com., t. III, p. 452.

21 février..... Trib. civ. de *Douai* (doigts).
Rec. M. Com., t. II, p. 72; — *Le Droit*,
30 mars 1900.

21 février..... Trib. civ. de *Valenciennes* (doigt).
Rec. M. Com., t. IV, p. 34; — *Gaz. des Trib.*,
23 mars 1900.

Id. Trib. civ. de *Narbonne* (doigts).
Rec. M. Com., t. I, p. 186; — *Gaz. Trib. du
Midi*, 4 mars 1900; — *La Loi*, 3 mars 1900;
— *Mon. jud. de Lyon*, 28 février 1900;
— *Mon. Jud. du Midi*, 4 mars 1900.

22 février..... Trib. civ. de *Provins* (œil).
Confirmé par C. de Paris, 26 mai 1900.
App., p. 130.

Id. C. de *Douai* (bras).
Infirme jugement du Trib. civil de Valenciennes du 28 décembre 1899.
Rec. M. Com., t. III, p. 442; — *Le Droit*,
12 mai 1900.

23 février..... Trib. civ. de *Tarascon* (doigt).
Confirmé par C. d'Aix, 18 mai 1900.
Rec. M. Com., t. III, p. 118; — *Gaz. du
Palais*, 1900, 1, 801.

24 février..... Trib. civ. de *Lyon* (main).
Rec. M. Com., t. I, p. 191.

26 février..... C. de *Douai* (œil).
Rec. M. Com., t. I, p. 201; — *Dalloz*, 1900,
2, 197; — *Gaz. du Palais*, 1900, 1, 447;
Le Droit, 22 mars 1900; — *Mon. Lyon*,
17 avril 1900; — *Rec. Douai*, 1900, 126;
— *Rec. des Ass.*, 1900, 99; — *Fr. jud.*,
1900, 2, 236; — *Nord. jud.*, 1900, 116.

27 février..... C. de *Bourges* (doigt).
Infirme jugement Trib. civ. de Sancerre, 26 décembre 1899.
Rec. M. Com., t. II, p. 141 ; — *La Loi*, 31 mars 1900.

28 février..... C. de *Besançon* (main).
Infirme jugement du Trib. civ. de Besançon, 1er février 1900.
Rec. M. Com., t. I, p. 202 ; — *La Loi*, 2 mai 1900 ; — *Rec. de Besançon*, 1900, 115 ; — *Rec. Villetard de Prunières*, 1900, 56.

29 février..... Trib. civ. de *Toulouse* (1re ch.) (doigt).
Rec. M. Com., t. II, p. 79.

1er mars...... C. de *Nancy* (doigt).
Infirme Trib. civ. de Nancy, 11 décembre 1899.
Rec. M. Com., t. II, p. 148 ; — *La Loi*, 22 mars 1900 ; — *Rec. Villetard de Prunières*, 1900, 104.

2 mars...... Trib. civ. de *Lyon* (doigt).
Rec. M. Com., t. III, p. 126 ; — *Mon. jud. de Lyon*, 28 juillet 1900.

Id.   Trib. civ. de *Confolens* (doigt).
Rec. M. Com., t. III, p. 122.

5 mars...... Trib. civ. de *Bordeaux* (jambe).
Infirmé par C. de Bordeaux, 26 juin 1900.
(Voir l'arrêt à sa date.)

6 mars...... Trib. civ. d'*Autun* (hernie).
La Loi, 24-25 mars 1901.

Id.   Trib. civ. de *Tours* (bras).
Infirmé par C. d'Orléans, 26 juillet 1900.
Rec. M. Com., t. II, p. 90 ; — *La Loi*, 2 mai 1900 ; — *Mon. jud. de Lyon*, 26 avril 1900.

6 mars...... C. de *Toulouse* (doigts).
Infirme jugement du Trib. civ. de Castres du 28 décembre 1899.
Rec. M. Com., t. II, p. 151 ; — *Rec. Villetard de Prunières*, 1900, 329.

6 mars...... Trib. civ. de *Narbonne* (genou).
> *Rec. M. Com.*, t, II, p. 86 ; — *Rec. Villetard
> de Prunières,* 1900, 69.

Id. C. de *Poitiers* (main).
> Confirme jugement du Trib. civ. de Jonzac,
> 16 janvier 1900.
> *Rec. Villetard de Prunières,* 1900, 60.

Id. C. de *Montpellier* (doigt).
> *Rec. Villetard de Prunières,* 1900, 100 ; —
> *Gaz. des Trib.,* 11 octobre 1900.

7 mars...... Trib. civ. de la *Seine* (4e ch.) (main).
> *App.,* p. 132.

Id. Trib. civ. de *Nogent-le-Rotrou* (jambe).
> Infirmé par C. de Paris, 7 juillet 1900.
> *Rec. M. Com.,* t. III, p. 475.

8 mars...... Trib. civ. de *Lille* (bras).
> *Fr. jud.,* 1900, 2, 204.

Id. Trib. civ. de *Lille* (doigt).
> *App.,* p. 133.

Id. Trib. civ. de *Béthune* (bras).
> *Rec. M. Com.,* t. II, p. 91.

9 mars...... C. de *Nancy* (doigt).
> *Gaz. des Trib.,* 6 avril 1900 ; — *J. des Ass.,*
> 1900, 2, 28, — *Mon. jud. Lyon,*
> 9 avril 1900 ; — *Pand. franç.,* 1900, 2,
> 345 ; — *Dalloz,* 1900, 2, 230 ; — *Rec.
> Nancy,* 1900, 104 ; — *Rec. Ass.,* 1900, 148 ;
> — *Gaz. Com. Lyon,* 13 octobre 1900 ; —
> *Rec. Besançon,* 1900, 124.

Id. Trib. civ. de *Paimbœuf* (jambe).
> *Rec. M. Com.,* t. III, p. 133.

11 mars...... Trib. civ. de *Lure* (jambe).
> Confirmé par C. de Besançon, 11 juillet 1900.
> *Rec. M. Com.,* t. III, p. 478.

12 mars...... Trib. civ. de la *Seine* (4e ch.) (main).
> *Rec. M. Com.,* t. II, p. 100 ; — *Le Droit,*
> 30 mars 1900.

13 mars. . . . . .   Trib. civ. d'*Aix* (œil).
        Infirmé par C. d'Aix, 17 novembre 1900.
        Rec. M. Com., t. II, p. 101.

15 mars. . . . . .   Trib. civ. de *Saint-Omer* (doigt).
        Rec. M. Com., t. III, p. 147.

        Id.   Trib. civ. d'*Avesnes* (œil).
        Rec. M. Com., t. III, p. 144.

16 mars. . . . . .   Trib. civ. de *Mende* (doigt).
        App., p. 133.

20 mars. . . . . .   Trib. civ. de *Chalon-sur-Saône* (doigt).
        Confirmé par C. de Dijon, 3 juillet 1900.
        Rec. M. Com., t. III, p. 155; — *Mon. jud.*
        de Lyon, 21 mai 1901.

        Id.   Trib. civ. de *Chalon-sur-Saône* (pied).
        Confirmé par C. de Dijon, 23 juillet 1900.
        Rec. M. Com., t. III, p. 153.

21 mars. . . . . .   Trib. civ. de *Lure* (jambe).
        Infirmé. par C. de Besançon, 6 mai 1900.
        Rec. M. Com., t. III, p. 163.

22 mars. .. ..   Trib. civ. de *Fontainebleau* (bras).
        Confirmé par C. de Paris, 23 juin 1900.
        Rec. M. Com., t. IV, p. 37.

23 mars. . . . . .   Trib. civ. de *Tarascon* (œil).
        Rec. M. Com., t. III, p. 171.

        Id.   Trib. civ. de *Mayenne* (bras et jambe).
        Rec. M. Com., t. II, p. 119; —*Gaz. des Trib.*,
        27 avril 1900; — *La Loi*, 17 mai 1900; —
        Mon. jud. de Lyon, 5 juin 1900.

24 mars. . . . . .   Trib. civ. de la *Seine* (doigt).
        Infirmé, en ce qui concerne l'évaluation du
        salaire de base, par C. de Paris, 24 juil-
        let 1900.
        Rec. M. Com., t. IV, p. 39.

24 mars. . . . . .   Trib. civ. de la *Seine* (4° ch.) (bras).
        Rec. M. Com., t. II, p. 123; — *Le Droit*,
        18 avril 1900.

25 mars. . . . . .   Trib. civ. de *Lyon* (jambe).
        App., p, 135.

26 mars. . . . . . Trib. civ. de la *Seine* (4° ch.) (doigt).
                    Confirmé par C. de Paris, 4 août 1900.
                        Rec. M. Com., t. II, p. 124; — *Le Droit*,
                        12 mai 1900; — *Gaz. du Palais*, 1900, 1,
                        624; — *Rev. jud. des acc. du travail*,
                        1901, p. 49.

27 mars. . . . . . Trib. civ. de *Lyon* (jambe).
                        Rec. M. Com., t. III, p. 172.

28 mars. . . . . . Trib. civ. de *Bordeaux* (jambe).
                    Infirmé par C. de Bordeaux, 29 juin 1900.
                        Rec. M. Com., t. IV, p. 39.

        Id.   Trib. civ. de *Vouziers* (jambe).
                        Rec. M. Com., t. II, p. 127; — *Gaz. des Trib.*,
                        5 mai 1900; — *Gaz. du Palais*, 1900, 1,
                        635; — *La Loi*, 2 mai 1900.

29 mars. . . . . . C. de *Montpellier* (œil).
                    Confirme Trib. civ. de Narbonne, 23 jan-
                    vier 1900.
                        Rec. M. Com., t. IV, p. 235; — *Mon. jud.
                        Midi*, 14 octobre 1900.

        Id.   Trib. civ. de *Saint-Brieuc* (doigt).
                        Rec. M. Com., t. II, p. 132; — *Gaz. des Trib.*,
                        15 avril 1900; — *La Loi*, 4 mai 1900.

2 avril. . . . . . Trib. civ. de la *Seine* (doigt).
                    Infirmé par C. de Paris (7° ch.), 1ᵉʳ dé-
                    cembre 1900.
                        App., p. 138.

        Id.   C. de *Dijon* (poignet).
                    Sur appel d'un jugement du Trib. civ. de Dijon
                    du 18 janvier 1900.
                        Rec. M. Com., t. II, p. 156; — *Rec. Ville-
                        tard de Prunières*, 1900, 108.

  avril. . . . . . Trib. civ. de *Lyon* (doigt).
                        Rec. M. Com., t. III, p. 184.

5 avril. . . . . . Trib. civ. de *Lille* (doigt).
                        Rec. M. Com., t. III, p. 191; — *Nord jud.*,
                        1900, 142.

        Id.   Trib. civ. de *Besançon* (œil).
                    Confirmé par C. de Besançon, 11 juillet 1900.
                        Rec. M. Com., t. III, p. 187.

6 avril.......   Trib. civ. d'*Avignon* (main).
                  App., p. 139.

Id.   Trib. civ. de *Doullens* (œil).
                  Rec. M. Com., t. II, p. 137; — *La Loi*,
                  24 avril 1900

Id.   C. de *Montpellier* (doigt).
                  Confirme Trib. civ. de Prades, 6 décembre 1899.
                  Rec. M. Com., t. III, p. 443.

7 avril.......   Trib. civ. de la *Seine* (4ᵉ ch.) (doigts).
                  Rec. M. Com., t. II, 139.

7 avril.......   C. de *Rouen* (yeux).
                  Arrêt confirmatif d'un jugement du Trib. civ.
                  des Andelys du 23 janvier 1900.
                  Rec. M. Com., t. II, p. 160; — *Rec. Rouen*,
                  1900, 55.

11 avril.......   Trib. civ. de *Saint-Gaudens* (hernie).
                  Rec. M. Com., t. III, p. 201; — *Gaz. des
                  Trib. du Midi*, 13 mai 1900; — *La Loi*,
                  17 mai 1900.

Id.   Trib. civ. de *Gray* (œil).
                  Rec. M. Com., t. III, p. 199.

25 avril.......   Trib. civ. d'*Orléans* (poignet).
                  Confirmé par C. d'Orléans, 20 juillet 1900, sauf
                  en ce qui concerne la fixation du taux de la
                  rente, fixée à tort à 302 fr. 60, par suite d'une
                  erreur de calcul.
                  Rec. M. Com., t. IV, p. 48.

27 avril.......   Trib. civ. de *Lille* (poignet).
                  Rec. M. Com., t. III, p. 209.

Id.   Trib. civ. de *Valence* (bras).
                  Rec. M. Com., t. III, p. 209; *Rec. Villetard
                  de Prunières*, 1900, 149.

30 avril.......   Trib. civ. de *Nancy* (doigt).
                  Confirmé par C. de Nancy, 7 août 1900.
                  Rec. M. Com., t. III, p. 210; — *La Loi*,
                  25 août 1900; — *Mon. jud. Lyon*, 4 sep-
                  tembre 1900.

1ᵉʳ mai........   Trib. civ. de *Senlis* (doigt).
                  Rec. M. Com., t. IV, p. 49.

2 mai........ Trib. civ. de *Chalon-sur-Saône* (œil).
Rec. *M. Com.*, t. IV, p. 50.

3 mai........ Trib. civ. de *Valenciennes* (doigt).
Rec. *M. Com.*, t. III, p. 223; — *La Loi*,
12 mai 1900; — *Rec. de Douai*, 1900, 186;
— *Mon. jud. Lyon*, 28 juin 1900; — *Rec.*
Villetard de Prunières, 1900, 193.

3 mai........ Trib. civ. de *Valenciennes* (doigt).
Rec. *M. Com.*, t. III, p. 222.

Id.   Trib. civ. de *Lunéville* (doigt).
Rec. *M. Com.*, t. III, p. 221.

Id.   Trib. civ. de *Lille* (doigt).
Rec. *M. Com.*, t. III, p. 220.

Id.   Trib. civ. de *Lille* (main).
Rec. *M. Com.*, t. III, p. 219; — *Nord jud.*,
1900, 247.

6 mai........ C. de *Besançon* (jambe).
Infirme Trib. civ. de Lure, 21 mars 1900.
Rec. *M. Com.*, t. III, p. 450; — *Gaz. des Trib.*,
1er juin 1900; — *Rec. de Besançon*, 1900,
109; — *Rec. Villetard de Prunières*,
1900, 111.

7 mai........ Trib. civ. de la *Seine* (doigt).
Rec. *M. Com.*, t. III, p. 233.

Id.   Trib. civ. de *Bordeaux* (doigt).
Rec. *M. Com.*, t. III, p. 224.

Id.   Trib. civ. de *Nantes* (jambe).
Rec. *M. Com.*, t. III, p. 230; — *Rec. Nantes*,
1901, 1, 55.

Id.   Trib. civ. de *Bordeaux* (main).
Rec. *M. Com.*, t. III, p. 224.

9 mai........ Trib. civ. de *Privas* (œil).
Rec. *M. Com.*, t. III, p. 235.

10 mai,....... Trib. civ. de *Valenciennes* (doigt).
Rec. *M. Com.*, t. III, p. 241.

11 mai........   C. de *Rouen* (main).
                  Infirme jugement du Trib. civ. des Andelys,
                  20 février 1899.
                          Rec. M. Com., t. III, p. 452 ; — *Le Droit*,
                          3 août 1900 ; — *Rec. de Rouen*, 1900, 61 ;
                          — *Rec. Villetard de Prunières*, 1900, 176.

Id.   Trib. civ. de *Montpellier* (main).
                          Rec. M. Com., t. IV, p. 54 ; — *Rec. Villetard
                          de Prunières*, 1900, 72.

11 mai........   Trib. civ. de *Lure* (doigt).
                  Infirmé par C. de Besançon, 4 juillet 1900.
                          Rec. M. Com., t. III, p. 242.

14 mai........   Trib. civ. de *Nevers* (doigt).
                          Rec. M. Com., t. III, p. 248 ; — *Gaz. du
                          Palais*, 1900, 2, 131.

15 mai........   Trib. civ. de *Chalon-sur-Saône* (bras).
                          Rec. M. Com., t. IV, p. 55.

16 mai........   Trib. civ. de *Narbonne* (jambe).
                          Rec. M. Com., t. III, p. 250 ; — *Mon. jud.
                          Lyon*, 26 mai 1900 ; — *Mon. jud. Midi*,
                          27 mai 1900 ; — *La Loi*, 31 mai 1900 ; —
                          Rec. Villetard de Prunières, 1900, 70.

17 mai........   Trib. civ. de *Marmande* (œil).
                  Confirmé par C. d'Agen, 7 août 1900.
                          Rec. M. Com., t. IV, p. 245.

Id.   Trib. civ. de *Narbonne* (jambe).
                          Rec. M. Com., t. III, p. 253.

18 mai........   Trib. civ. de *Montluçon* (œil).
                          Rec. M. Com., t. III, p. 257 ; — *La Loi*,
                          1er juin 1900.

Id.   C. d'*Aix* (doigt).
                  Confirme Trib. civ. de Tarascon, 23 février 1900.
                          Rec. M. Com., t. III, p. 454 ; — *Gaz. du
                          Palais*, 1900, 1, 801.

Id.   Trib. civ. de *Montluçon* (doigt).
                          Rec. M. Com., t. III, p. 257 ; — *Rec. Ville-
                          tard de Prunières*, 1900, 116.

18 mai........   Trib. civ. de *Montluçon* (œil).
                          Rec. M. Com., t. III, p. 256.

18 mai......... Trib. civ. de *Rochechouart* (bras).
       Confirmé par C. de Limoges, 16 juillet 1900.
       Rec. M. Com., t. III, p. 258.

21 mai......... Trib. civ. de *Bordeaux* (doigt).
       Confirmé par C. de Bordeaux, 27 juillet 1900.
       Rec. M. Com., t. IV, p. 58.

Id.   Trib. civ. de *Nancy* (hernie).
       Rec. M. Com., t. III, p. 266 ; — *Gaz. des Trib.*, 28-29 mai 1900 ; — *La Loi*, 19 juin 1900.

22 mai......... Trib. civ. de *Laon* (doigt).
       Infirmé par C. d'Amiens, 7 novembre 1900.
       App., p. 142.

Id.   Trib. civ. de *Chalon-sur-Saône* (tête).
       App., p. 140.

Id.   Trib. civ. de *Laon* (doigt).
       Rec. M. Com., t. III, p. 270.

23 mai......... Trib. civ. de *Castres* (main).
       Rec. M. Com., t. III, p. 272.

25 mai......... C. d'*Aix* (main).
       Gaz. des Trib., 11 octobre 1900.

Id.   Trib. civ. de *Lille* (doigt).
       Rec. M. Com., t. III, p. 276.

26 mai......... Trib. civ. de la *Seine* (doigt).
       App., p. 143.

Id.   C. de *Paris* (œil).
       Confirme jugement du Trib. civ. de Provins, du 22 février 1900.
       App., p. 249.

28 mai......... Trib. civ. de *Saint-Étienne* (œil).
       Rec. M. Com., t. III, p. 282.

29 mai......... Trib. civ. de *Tours* (œil).
       Infirmé par C. d'Orléans, 11 août 1900.
       Rec. M. Com., t. III, p. 285.

Id.   Trib. civ. de *Tulle* (jambe).
       Confirmé par C. de Limoges, 7 novembre 1900.
       Rec. M. Com., t. IV, p. 61.

30 mai........ Trib. civ. de *Marseille* (doigt).
    App., p. 144.

Id. Trib. civ. de *Nancy* (main).
    Rec. M. Com., t. III, p. 286.

Id. C. de *Douai* (1re ch.) (bras).
    Confirme jugement du Trib. civ. de Cambrai, 25 janvier 1900.
        Rec. M. Com., t. III, p. 458; — *Rec. de Douai*, 1900, 218; — *Rec. Villetard de Prunières*, 1900, 110.

Id. C. d'*Orléans* (œil).
    Confirme jugement du Trib. civ. d'Orléans, du 14 février 1900.
        Rec. M. Com., t. III, p. 459; — *Gaz. des Trib.*, 27 juin 1900; — *Le Droit*, 29 juin 1900; — *Rec. Villetard de Prunières*, 1900, 101.

31 mai........ Trib. civ. de *Béthune* (œil).
    Infirmé par C. de Douai, 31 décembre 1900.
    Gaz. des Trib., 24 mars 1901.

Id. Trib. civ. de *Moulins* (doigt).
    App., p. 145.

Id. Trib. civ. d'*Épinal* (bras).
    Rec. M. Com., t. III, p. 293.

Id. Trib. civ. de *Bellac* (main).
    Rec. M. Com., t. III, p. 289.

Id. Trib. civ. du *Havre* (pied).
    Rec. M. Com., t. III, p. 298.

Id. Trib. civ. de *Grenoble* (œil).
    Rec. M. Com., t. III, p. 294; — *Rec. Grenoble*, 1901, 23; — *Rec. Villetard de Prunières*, 1900, 152.

1er juin....... Trib. civ. de *Laval* (œil).
    Rec. M. Com., t. III, p. 300; — *Gaz. des Trib.*, 13 octobre 1900; — *Mon. jud. Lyon*, 7 novembre 1900.

2 juin........ Trib. civ. de la *Seine* (œil).
    Infirmé par C. de Paris (7e ch.), 16 février 1901.
        Gaz. des Trib., Rec., 1900, 2e semestre,
        2, 233 ; — *Rec. Villetard de Prunières*,
        1900, 197.

Id.   Trib. civ. d'*Avesnes* (œil).
    Rec. M. Com., t. IV, p. 65.

5 juin....... Trib. civ. d'*Ambert* (doigt).
    Rec. M. Com., t. III, p. 307.

Id.   Trib. civ. d'*Ambert* (jambe).
    Rec. M. Com., t. III, p. 309.

Id.   Trib. civ. de *Hazebrouck* (œil).
    Confirmé par C. de Douai (1re ch.), 19 juin 1900.
    Rec. M. Com., t. III, p. 148.

7 juin....... Trib. civ. de *Narbonne* (doigt).
    Gaz. Trib. du Midi, 29 juillet 1900.

Id.   Trib. civ. de *Narbonne* (doigt).
    Rec. M. Com., t. III, p. 193 ; — *La Loi*,
    25 juin 1900.

Id.   Trib. civ. de *Brioude* (main).
    Rec. M. Com., t. III, p. 318.

12 juin....... Trib. civ. de *Lorient* (pied).
    Rec. Villetard de Prunières, 1900, 146.

Id.   Trib. civ. de la *Seine* (doigt).
    Infirmé par C. de Paris, 5 janvier 1901.
        Rec. M. Com., t. III, p. 326 ; — *Le Droit*,
        29 juin 1900 ; — *Rec. Villetard de Pru-*
        nières, 1900, 123 ; — *Gaz. des Trib.*,
        11 octobre 1900 ; — *Rev. jud. des acc. du*
        travail, 1901, p. 125.

Id.   Trib. civ. de *Bayonne* (doigt).
    Rec. M. Com., t. IV, p. 66.

14 juin....... Trib. civ. de *Valenciennes* (œil).
    Rec. M. Com., t. III, p. 328.

15 juin....... Trib. civ. de *Louviers* (bras).
    Rec. M. Com., t. IV, p. 68.

18 juin........   C. de *Douai* (doigt).
                   Confirme jugement du Trib. civ. de Valen-
                   ciennes, 23 novembre 1899.
                   Rec. M. Com., t. I, p. 197.

18 juin.......   Trib. civ. de *Nantes* (œil).
                   Confirmé par C. de Rennes, du 22 no-
                   vembre 1900.
                   App., p. 147.

19 juin........   Trib. civ. de *Toulon* (œil).
                   Infirmé par C. d'Aix (2ᵉ ch.), du 3 août 1900.
                   Rec. M. Com., t. IV, p. 71.

         Id.   Trib. civ. de *Bernay* (doigt).
                   Infirmé par C. de Rouen, 8 août 1900.
                   Rec. M. Com., t. III, p. 338.

         Id.   C. de *Douai* (1ʳᵉ ch.) (œil).
                   Confirme Trib. civ. de Hazebrouck, 16 mars 1900.
                   Rec. M. Com., t. III, p. 406.

21 juin........   Trib. civ. de *Toul* (œil).
                   Rec. M. Com., t. III, p. 342 ; — *Le Droit*,
                   14 août 1900.

         Id.   Trib. civ. de *Lille* (main).
                   Rec. M. Com., t. III, p. 341.

22 juin........   Trib. civ. de *Montluçon* (jambe).
                   Réformé par C. de Riom, 24 décembre 1900.
                   Rec. M. Com., t. III, p. 349.; — *App.*, p. 148.

23 juin........   Trib. civ. de la *Seine* (bras).
                   Infirmé par C. de Paris, 24 novembre 1900.
                   Rec. M. Com., t. IV, p. 72 ; — *Rev. jud. des
                   acc. du travail*, 1901, p. 140.

         Id.   C. de *Paris* (bras).
                   Confirme jugement du Trib. civ. de Fontaine-
                   bleau, 22 mars 1900.
                   Rec. M. Com., t. IV, p. 238 ; — *Mon. jud.
                   Lyon*, 27 décembre 1900.

         Id.   C. de *Paris* (7ᵉ ch.) (doigt).
                   Infirme jugement du Trib. civ. de la Seine
                   (7ᵉ ch.), 13 janvier 1900.
                   Rec. M. Com., t. III, p. 470.

25 juin........ Trib. civ. de *Saint-Étienne* (doigt).
                          Rec. M. Com., t. III, p. 358.

26 juin.... ... C. de *Bordeaux* (jambe).
                Infirme jugement du Trib. civ. de Bordeaux,
                    du 5 mars 1900.
                        Rec. Villetard de Prunières, 1900, 297.

27 juin........ Trib. civ. de *Bar-le-Duc* (jambe).
                        Rec. M. Com., t. IV, p. 76.

28 juin........ Trib. civ. de *Lille* (doigt).
                        Rec. M. Com., t. III, p. 361.

    Id.   Trib. civ. de *Lille* (doigt).
                        App., p. 151.

    Id.   Trib. civ. de *Lille* (jambe)
                        Rec. M. Com., t. III, p. 361.

    Id.   C. de *Lyon* (3ᵉ ch.) (œil).
                Infirme jugement du Trib. civ. de Villefranche,
                    du 29 juillet 1899.
                    Mon. jud. de Lyon, 7 juin 1901.

29 juin........ C. de *Bordeaux* (jambe).
                Infirme jugement du Trib. civ. de Bordeaux,
                    28 mars 1900.
                    Rec. M. Com., t. IV, p. 239 ; — *Rec. Bordeaux*, 1901, 1, 53.

    Id.   Trib. civ. d'*Yvetot* (œil).
                Confirmé par C. de Rouen, 14 août 1900.
                    Rec. M. Com., t. III, p. 364.

    Id.   Trib. civ. de *Castres* (doigt).
                      Rec. M. Com., t. III, p. 365.

2 juillet...... Trib. civ. de *Nancy* (doigt).
                      Rec. M. Com., t. III, p. 367.

    Id.   Trib. civ. de *Nancy* (urètre).
                Confirmé par C. de Nancy, 28 novembre 1900.
                    Rec. M. Com., t. IV, p. 79 ; — *Rev. jud. des acc. du travail*, 1901, p. 10.

3 juillet...... Trib. civ. de *Lorient* (bras).
                      Rec. M. Com., t. III, p. 370.

3 juillet......   C. de *Dijon* (doigt).
          Confirme Trib. civ. de Chalon-sur-Saône,
          20 mars 1900.
             Rec. M. Com., t. III, p. 472 ; — *Gaz. du Pal.*,
             13, 14, 15 et 16 avril 1901 ; — *Mon. jud.*
             de Lyon, 21 mai 1901.

4 juillet......   C. de *Besançon* (doigt).
          Infirme Trib. civ. de Lure, 11 mai 1900.
             Rec. M. Com., t. III, p. 474 ; — *Rec. Besan-*
             çon, 1900, 159.

5 juillet......   Trib. civ. de *Valenciennes* (main).
             Rec. M. Com., t. IV, p. 82 ; — *Gaz. du Palais*,
             3-4 mars 1901 ; — *Rec. Villetard de Pru-*
             nières, 1900, 303.

    Id.   Trib. civ. de *Saint-Étienne* (œil).
             App., p. 154.

    Id.   Trib. civ. de *Dôle* (doigt).
          Infirmé par C. de Besançon, 8 août 1900.
             Rec. M. Com., t. IV, p. 81.

6 juillet......   Trib. civ. de *Lille* (doigt).
             Rec. M. Com., t. IV, p. 83.

    Id.   Trib. civ. de *Montpellier* (œil).
             Rec. M. Com., t. III, p. 376.

    Id.   Trib. civ. de *Saint-Quentin* (bras).
             Rec. M. Com., t. III, p. 377.

    Id.   Trib. civ. de *Brioude* (œil).
          Infirmé par C. de Riom, 21 février 1901.
             Rec. M. Com., t. III, p. 375.

7 juillet......   Trib. civ. de *Lyon* (doigt).
             App., p 152

    Id.   Trib. civ. de la *Seine* (4ᵉ ch.) (doigt).
             Rec. M. Com., t. III, p. 381 ; — *Gaz. des Trib.*,
             5 août 1900 ; — *J. des Ass.*, 1900, 2, 112 ;
             — *Rec. Villetard de Prunières*, 1900, 124

    Id.   Trib. civ. de la *Seine* (doigt).
             Rec. M. Com., t. III. p. 378.

7 juillet...... C. de *Paris* (7ᵉ ch.) (jambe).
Infirme jugement du Trib. civ. de Nogent-le-Rotrou, du 7 mars 1900.
Rec. M. Com., t. III, p. 475.

9 juillet...... Trib. civ. de *Valence* (doigt).
Rec. M. Com., t. IV, p. 84.

10 juillet...... Trib. civ. d'*Ambert* (doigt).
Rec. M. Com., t. III, p. 383.

11 juillet...... C. de *Besançon* (œil).
Confirmé sur arrêt avant faire droit, 6 juin 1900, jugement du Trib. civ. de Besançon, 6 juin 1900.
Rec. M. Com., t. III, p. 477; — *Le Droit*, 1ᵉʳ septembre 1900; — *Mon. jud. de Lyon*, 14 août 1900.

Id. C. de *Besançon* (jambe).
Confirme jugement du Trib. civ. de Lure, du 11 mars 1900.
Rec. M. Com., t. III, p. 478; —*Gaz. du Pal.*, 1900, 1, 493; — *Rec. Besançon*, 1900, 224.

Id. Trib. civ. de *Fontainebleau* (bras).
Infirmé par C. de Paris (7ᵉ ch.), 2 mars 1901.
Gaz. des Trib., 29 juin 1901.

13 juillet...... Trib. civ. de *Montpellier* (jambe).
Rec. M. Com., t. III, p. 384.

Id. Trib. civ. du *Havre* (doigt).
Rec. M. Com., t. III, p. 386.

Id. Trib. civ. de *Villefranche-sur-Saône* (doigt).
Rec. M. Com., t. IV, p. 94.

Id. Trib. civ. de *Montluçon* (poignet).
Rec. M. Com., t. IV, p. 89.

Id. Trib. civ. de *Reims* (doigt).
Rec. M. Com., t. III, p. 387.

Id. Trib. civ. de *Villefranche* (jambe).
Rec. M. Com., t. IV, p. 92.

13 juillet.....   Trib. civ. de *Nancy* (jambe).
        Confirmé par C. de Nancy, 20 décembre 1900.
         Rec. M. Com., t. IV, p. 90 ; — *Rev. jud. des acc. du travail*, 1901, p. 138.

16 juillet......   C. de *Limoges* (bras).
        Confirme jugement du Trib. civ. de Rochechouart, 18 mai 1900.
         Rec. M. Com., t. III, p. 486.

17 juillet......   Trib. civ. de *Lorient* (doigt).
         Rec. Villetard de Prunières, 1900, 184.

Id.   Trib. civ. de *Narbonne* (doigt).
         Rec. M. Com., t. III, p. 390 ; — *Mon. jud. de Lyon*, 25 août 1900 ; — *Rec. Villetard de Prunières*, 1900, 242.

18 juillet......   Trib. civ. de *Saint-Étienne* (main).
         Rec. M. Com., t. III, p. 394.

19 juillet......   Trib. civ. de *Lyon* (doigt).
         Rec. M. Com., t. III, p. 395.

Id.   Trib. civ. d'*Uzès* (œil).
         Rec. M. Com., t. IV, p. 99.

Id.   Trib. civ. de *Mirande* (bras).
         Rec. M. Com., t. III, p. 396.

20 juillet......   C. d'*Orléans* (poignet).
        Confirme jugement du Trib. civ. d'Orléans, 25 avril 1900, sauf en ce qui concerne la fixation du taux de la rente fixée à tort à 302,60, par suite d'une erreur de calcul.
         Rec. M. Com., t. IV, p. 240.

Id.   Trib. civ. de *Corbeil* (doigt).
         Rec. M. Com., t. III, p. 397.

21 juillet......   C. de *Paris* (doigt).
        Infirme, en ce qui concerne l'évaluation du salaire de base, le jugement du Trib. civ. de la Seine, du 24 mars 1900.
         Le Droit, 24 novembre 1900.

23 juillet......   Trib. civ. de *Bordeaux* (bras).
         Rec. Villetard de Prunières, 1900, 313.

Id.   Trib. civ. de *Saint-Étienne* (bras).
         Rec. M. Com., t. III, p. 398.

23 juillet......   C. de *Dijon* (pied).
Confirme Trib. civ. de Chalon-sur-Saône, 20 mars 1900.
Rec. M. Com., t. III, p. 490.

24 juillet......   C. de *Lyon* (œil).
Confirme jugement du Trib. civ. de Villefranche du 27 janvier 1900.
App., p. 250.

Id.   Trib. civ. de *Lons-le-Saunier* (doigt).
Rec. M. Com., t. IV, p. 103.

25 juillet......   Trib. civ. de *Narbonne* (jambe).
Rec. M. Com., t. III, p. 401.

Id.   C. de *Lyon* (doigt).
Confirme jugement du Trib. civ. de Villefranche, 3 février 1900.
Rec. M. Com., t. IV, p. 242.

26 juillet......   C. d'*Orléans* (bras).
Infirme jugement du Trib. civ. de Tours, 6 mars 1900.
Rec. M. Com., t. III, p. 492; — *Rec. Villetard de Prunières*, 1900, 181.

Id.   Trib. civ. de *Wassy* (jambe).
App., p. 155.

27 juillet......   C. de *Bordeaux* (doigt).
Confirme jugement du Trib. civ. de Bordeaux, 21 mai 1900.
Rec. M. Com., t. IV, p. 243.

Id.   Trib. civ. de *Montreuil-sur-Mer* (œil).
Rec. M. Com., t. IV, p. 107.

Id   Trib. civ. de *Saint-Dié* (œil).
Rec. M. Com., t. III, p. 405.

28 juillet......   Trib. civ. de *Montpellier* (1re ch.) (jambe).
Confirmé par C. de Montpellier (2e ch.), 13 décembre 1900.
App., p. 156.

30 juillet......   Trib. civ. de *Marseille* (doigt).
Rec. M. Com., t. III, p. 408.

31 juillet......   Trib. civ. de *Nantes* (doigt).
Rec. M. Com., t. IV, p. 108.

31 juillet......   Trib. civ. de *la Roche-sur-Yon* (bras).
                Rec. M. Com.. t. III, p. 409.

1er août......   Trib. civ. de *Lyon* (œil).
                Rec. M. Com., t. III, p. 412.

Id.   Trib. civ. de *Bar-le-Duc* (doigt).
                Rec. M. Com., t. III, p. 410.

2 août......   Trib. civ. de *Saint-Étienne* (main).
                Rec. M. Com., t. IV, p. 111.

Id.   Trib. civ. de *Lille* (jambe).
                App., p. 157.

Id.   Trib. civ. de *Corbeil* (doigt).
                Rec. M. Com., t. IV, p. 110.

3 août......   Trib. civ. de *Saint-Dié* (œil).
                Rec. M. Com., t. IV, p. 112.

Id.   C. d'*Aix* (2e ch.) (œil).
        Infirme jugement du Trib. civ. de Toulon du
          19 juin 1900.
                Rec. M. Com., t. III, p. 497; — *La Loi,*
                  19 novembre 1900; — *Rev. jud. des acc.*
                  du travail, 1900, 369.

Id.   Trib. civ. de *Corbeil* (main).
                Rec. M. Com., t. III, p. 415.

4 août......   C. de *Nancy* (doigt).
                Rec. Villetard de Prunières, 1900, 178.

Id.   Trib. civ. de la *Seine* (4e ch.) (dents).
                Gaz. des Trib., 31 janvier 1901; — *La Loi,*
                  12 février 1901; — *Gaz. du Palais,*
                  10-11 février 1901; — *Rec. Villetard de*
                  Prunières, 1900, 312.

Id.   C. de *Paris* (7e ch.) (doigt).
        Confirme jugement du Trib. civ. de la Seine
          du 26 mars 1900.
                Rec. M. Com., t. IV, p. 244; — *Gaz. du*
                  Palais, 1900, 2, 680; — *Rec. Villetard de*
                  Prunières, 1900, 224; — *Rev. jud. des*
                  acc. du travail, 1901, p. 49.

6 août......   Trib. civ. d'*Angers* (doigt).
                Rec. M. Com., t. III, p. 419.

7 août....... Trib. civ. de *Lyon* (main).
Rec. *M. Com.*, t. III, p. 421.

Id. C. d'*Agen* (œil).
Confirme jugement du Trib. civ. de Marmande,
17 mai 1900.
Rec. *M. Com.*, t. IV, p. 245.

Id. Trib. civ. de *Nantes* (main).
Rec. *M. Com.*, t. III, p. 422.

Id. C. de *Nancy* (doigt).
Confirme jugement du Trib. civ. de Nancy,
30 avril 1900.
Rec. *M. Com.*, t. III, p. 500; — *La Loi*,
25 août 1900; — *Mon. jud. Lyon*, 4 septembre 1900; — *Rec. Villetard de Prunières*, 1900, 231.

Id. Trib. civ. de *Lorient* (doigt).
Infirmé par C. de Rennes, 26 décembre 1900.
Rev. jud. des acc. du travail, 1901, p. 131.

8 août.:..... C. de *Besançon* (doigt).
Infirme jugement du Trib. civ. de Dôle,
5 juillet 1900.
Rec. *M. Com.*, t. IV, p. 246; — *Rec. Besançon*,
1900, 173; — *La Loi*, 19 novembre 1900;
— *Rev. jud. des acc. du travail*, 1901,
p. 16.

Id. Trib. civ. de *Clermont* (bras).
Rec. *M. Com.*, t. IV, p. 116.

Id. Trib. civ. de *Mâcon* (œil).
Rec. *M. Com.*, t. IV, p. 117.

Id. Trib. civ. de *Bourg* (doigt).
Rec. *M. Com.*, t. III, p. 423.

Id. Trib. civ. de *Nancy* (œil).
Rec. *M. Com.*, t. III, p. 426.

Id. C. de *Rouen* (doigt).
Rec. *M. Com.*, t. III, p. 338.

9 août..... . Trib. civ. de *Lille* (jambe).
Confirmé par C. de Douai, 26 février 1901.
App., p. 158.

9 août....... Trib. civ. de *Lunéville* (œil).
App., p. 159.

Id. Trib. civ. de *Remiremont* (doigt).
Rec. M. Com., t. IV, p. 121.

Id. Trib. civ. de *Vannes* (jambe).
Rec. M. Com., t. III, p. 428; — *Gaz. du Palais*, 5 janvier 1901; — *Gaz. des Trib.*, 3 novembre 1900; — *Rec. Villetard de Prunières*, 1900, 240.

10 août....... Trib. civ. de *Rouen* (doigt).
Rec. M. Com., t. III, p. 430.

Id. Trib. civ. de *Laval* (pouce).
Infirmé par C. d'Angers du 7 décembre 1900.
App., p. 161.

11 août....... Trib. civ. de *Villefranche* (pied).
Confirmé par C. de Lyon (2ᵉ ch.), 7 mars 1901.
App., p. 164.

Id. Trib. civ. de *Chambéry* (jambe).
Rec. M. Com., t. III, p. 432; — *Rec. Chambéry*, 1901, 9.

Id. C. d'*Orléans* (œil).
Infirme jugement du Trib. civ. de Tours, 29 mai 1900.
Rec. M. Com., t. III, p. 503.

14 août....... C. de *Besançon* (doigt).
Rec. M. Com., t. IV, p. 254.

Id. C. de *Rouen* (œil).
Confirme Trib. civ. d'Yvetot, 29 juin 1900.
Rec. M. Com., t. III, p. 504.

14 août....... Trib. civ. d'*Aubusson* (hernie).
Confirmé par C. de Limoges, 27 février 1901.
Le Droit, 25-26 mars 1901.

Id. Trib. civ. de *Trévoux* (jambe).
Rec. M. Com., t. IV, p. 124.

16 août....... Trib. civ. de *Villefranche* (pied).
Infirmé par C. de Lyon, du 7 mars 1901.
(Voir l'arrêt à sa date.)

24 août....... Trib. civ. de *Nantua* (doigt).
Rec. M. Com., t. IV, p. 127.

8 septembre.. Trib. civ. de la *Seine* (doigt).
Rec. M. Com., t. IV, p. 131 ; — *Gaz. des Trib.*, 18 décembre 1900.

11 septembre.. Trib. civ. d'*Arbois* (doigt).
Rec. M. Com., t. IV, p. 132.

14 septembre.. Trib. civ. de la *Seine* (jambe).
Rec. M. Com., t. IV, p. 133.

Id.   Trib. civ. de la *Seine* (jambe).
Confirmé par C. de Paris (7e ch.), 12 janvier 1901.
Rev. jud. des acc. du travail, 1901, p. 65.

28 septembre.. Trib. civ. de la *Seine* (bras).
App., p. 165.

6 octobre.... Trib. civ. de la *Seine* (doigt).
Rec. M. Com., t. IV, p. 138.

11 octobre.... Trib. civ. de la *Seine* (doigt).
Rec. M. Com., t. IV, p. 141.

13 octobre.... Trib. civ. de la *Seine* (jambe).
Infirmé par C. de Paris (7e ch.), 1er février 1901.
App., p. 166.

18 octobre.... Trib. civ. de *Narbonne* (doigt).
La Loi, 3-4 février 1901.

Id.   C. de *Nancy* (œil).
Rec. M. Com., t. IV, p. 249 ; — *Rec. Besançon*, 1900, 204.

25 octobre.... Trib. civ. de *Versailles* (jambe).
App., p. 167.

27 octobre.... Trib. civ. de *Lyon* (œil).
Rec. M. Com., t. IV, p. 151.

30 octobre.... Trib. civ. de *Nancy* (doigt).
Rec. M. Com., t. IV, p. 156 ; — *Le Droit*, 21 novembre 1900.

Id.   Trib. civ. des *Andelys* (doigt).
Rec. M. Com., t. IV, p. 154.

31 octobre. ...   Trib. civ. de *Chatillon-sur-Seine* (doigt).
                    Infirmé par C. de Dijon, 25 février 1901.
                    Le Droit, 25-26 mars 1901.

Id.   C. de *Douai* (œil).

                    Confirme jugement du Trib. civ. de Béthune.
                    Le Droit, 17 février 1901 ; — *Rec. Douai.*
                    1901, 59.

2 novembre...   Trib. civ. de *Valenciennes* (main).
                    Rec. M. Com., t. IV, p. 160.

Id.   Trib. civ. de *Vannes* (doigt).
                    Rec M. Com., t. IV, p. 161 ; *Gaz. des Trib.*,
                    18 décembre 1900.

4 novembre...   Trib. civ. de *Nancy* (jambe).
                    App., p. 170

5 novembre...   C. de *Grenoble* (bras).
                    Rec. Villetard de Prunières, 1900, p. 268.

Id.   Trib. civ. de *Bordeaux* (traumatisme).
                    Confirmé par C. de Bordeaux, 18 dé-
                    cembre 1900.

6 novembre...   Trib. civ. de *Marseille* (main).
                    Rec. M. Com., t. IV, p. 167 ; — *Gaz. des*
                    Trib., 13 janvier 1901.

Id.   Trib. civ. de *Lorient* (œil).
                    Rec. M. Com., t. IV, p. 165.

7 novembre...   C. d'*Amiens* (1re ch.) (doigt).
                    Infirme jugement du Trib. civ. de Laon, du
                    22 mai 1900.
                    App., p. 249.

Id.   C. de *Limoges* (jambe).
                    Confirme jugement du Trib. civ. de Tulle,
                    29 mai 1900.
                    Rec. M. Com., t. IV, p. 253.

8 novembre...   Trib. civ. de *Lille* (bras).
                    Rec. M. Com., t. IV, p. 173.

Id.   Trib. civ. de *Lille* (hernie).
                    Rec. M. Com., t. IV, p. 174 ; — *Le Droit*,
                    17 février 1901.

9 novembre...　Trib. civ. de *Dax* (main).
　　　　　　Rec. M. Com., t. III, p. 134.

10 novembre...　Trib. civ. de la *Seine* (main).
　　　　　　App., p. 172.

13 novembre...　Trib. civ. de *Limours* (colonne vertébrale).
　　　　　　Rec. M. Com., t. IV, p. 179.

Id.　　　　　Trib. civ. de *Narbonne* (état général).
　　　　　　Rec. M. Com., t. IV, p. 183.

Id.　　　　　Trib. civ. de *Lyon* (doigt).
　　　　　　Rec. M. Com., t. IV, p. 181.

14 novembre...　C. de *Chambéry* (œil).
　　　　　　La Loi, 20 mars 1901 ; — *Gaz. des Trib.*,
　　　　　　8 décembre 1900 ; — *Rec. Besançon*, 1900,
　　　　　　212.

Id.　　　　　C. de *Douai* (bras).
　　　　　　Rec. M. Com., t. IV, p. 255 ; — *Rec. Douai*,
　　　　　　1901, 56.

Id.　　　　　C. de *Douai* (main).
　　　　　　Confirme jugement du Trib. civ. de Valen-
　　　　　　ciennes, du 5 juillet 1900.
　　　　　　Gaz. du Palais, 3-4 mars 1901 ; — *Rec. Vil-
　　　　　　letard de Prunières*, 1900, 303.

Id.　　　　　Trib. civ. de *Pontoise* (doigt).
　　　　　　Rec. M. Com., t. IV, p. 185.

15 novembre...　Trib. civ. de *Lille* (doigt).
　　　　　　Rec. M. Com., t. IV, p. 186.

17 novembre...　C. d'*Aix* (œil).
　　　　　　Infirme jugement du Trib. civ. d'*Aix*, du
　　　　　　13 mars 1900.
　　　　　　Rec. M. Com., t. IV, p. 257 ; — *Gaz. des
　　　　　　Trib.*, 3 janvier 1901.

19 novembre...　Trib. civ. de la *Seine* (doigt).
　　　　　　Le Droit, 8 mai 1901 ; — *Rev. jud. des acc.
　　　　　　du travail*, 1901, p. 50.

Id.　　　　　C. de *Chambéry* (hernie).
　　　　　　Rec. M. Com., t. IV, p. 260 ; — *Gaz. des
　　　　　　Trib.*, 5 janvier 1901.

21 novembre...   Trib. civ. de *Lille* (bras).
      App., p. 170.

Id.   C. de *Besançon* (doigt).
      Rec. Villetard de Prunières, 1900, 234.

22 novembre...   Trib. civ. de *Versailles* (1re ch.) (doigt).
      App., p. 174.

Id.   C. de *Rennes* (œil).
      Confirme jugement du Trib. civ. de Nantes, du 18 juin 1900.
      App., p. 251.

23 novembre...   Trib. civ. d'*Avesnes* (1re ch.) (œil).
      App., p. 175.

Id.   Trib. civ. de *Carcassonne* (doigt).
      Rev. jud. des acc. du travail, 1901, p. 80.

24 novembre...   C. de *Paris* (7e ch.) (bras).
      Infirme jugement du Trib. civ. de la Seine, 23 juin 1900.
      Rec. M. Com., t. IV, p. 262 ; — *Le Droit*, 21 décembre 1900 ; — *Rec. Villetard de Prunières*, 1900, 378 ; — *Rev. jud. des acc. du travail*, 1901, p. 140.

26 novembre...   Trib. civ. de *Valence* (1re ch.) (main).
      App., p. 173.

27 novembre...   Trib. civ. de *Saint-Étienne* (1re ch.) (bras).
      App., p. 177.

Id.   C. de *Rennes* (1re ch.) (œil).
      La Loi, 12 février 1901.

28 novembre...   Trib. civ. de *Soissons* (œil).
      Infirmé par C. d'Amiens, 1er mars 1901.
      App., p. 177.

Id.   C. de *Nancy* (urètre).
      Confirme jugement du Trib. civ. de Nancy, 2 juillet 1900.
      Rec. M. Com., t. IV, p. 265 ; — *Gaz. du Palais*, 23 avril 1901 ; — *Rec. Nancy*, 1901, 9. — *Rev. jud. des acc. du travail*, 1901, p. 10.

29 novembre...   Trib. civ. de *Lille* (1re ch.) (bras).
      App., p. 181.

29 novembre..   Trib. civ. de *Gray* (doigt).
                 Rec. M. Com., t. IV, p. 205 ; — *Gaz. des Trib.*,
                 13 janvier 1901.

Id.   Trib. civ. de *Lille* (1re ch.) (jambe).
                 App., p. 182.

Id.   Trib. civ. de *Chambéry* (bras).
                 Gaz. des Trib., 16 janvier 1901.

30 novembre...   Trib. civ. de *Saint-Marcellin* (yeux).
                 App., p. 183.

1er décembre.. Trib. civ. de *Saint-Marcellin* (main).
                 Infirmé par C. de Grenoble, du 26 mars 1901.
                 (Voir l'arrêt à sa date.)

Id.   C. de *Paris* (7e ch.) (doigt).
                 Infirme jugement du Trib. civ. de la Seine, du
                 2 avril 1900.
                 App., p. 251.

2 décembre..   Trib. civ. de *Chambéry* (œil).
                 Rec. M. Com., t. IV, p. 209 ; — *Gaz. des
                 Trib.*, 16 janvier 1901.

3 décembre..   C. de *Rennes* (hernie).
                 Gaz. des Trib., 20 février 1901 ; — *La Loi*,
                 7 février 1901.

4 décembre..   Trib. civ. de *Marseille* (jambe).
                 App., p. 185.

5 décembre..   Trib. civ. de *Narbonne* (jambe).
                 La Loi, 2-4 février 1901 ; — *Gaz. des Trib·
                 du Midi*, 2 juin 1901.

Id.   C. de *Bordeaux* (bras).
                 Infirme Trib. civ. de Libourne, 29 dé-
                 cembre 1899.
                 Gaz. des Trib., 6 avril 1900.

6 décembre..   Trib. civ. de *Cholet* (hernie).
                 Infirmé par C. d'Angers, 24 mai 1901.
                 Gaz. des Trib., 20 juin 1901.

7 décembre..   Trib. civ. de *Marseille* (doigt).
                 Rec. Villetard de Prunières, 1900, 360.

7 décembre. .   C. d'*Angers* (pouce).
        Infirmant Trib. civ. de Laval, du 10 août 1900.
        App., p. 252.

8 décembre. .   Trib. civ. de *Lille* (1re ch.) (doigt).
        App., p. 186.

Id.   Trib. civ. de *Toulouse* (main).
        Confirmé par C. de Toulouse (1re ch.),
        13 mai 1901.
          La Loi, 22-23 mars 1901 ; — *Gaz. des Trib.*
          du Midi, 24 février 1901 ; — *Gaz. des*
          Trib., 7 juin 1901.

Id.   C. de *Chambéry* (œil).
        Rec. M. Com., t. IV, p. 268.

10 décembre. .   C. de *Douai* (1re ch.) (œil).
        Le Droit, 9 mars 1901 ; — *Mon. jud. de*
        Lyon, 4 juin 1901.

11 décembre. .   Trib. civ. de *Marseille* (jambe).
        App., p. 187.

12 décembre. .   Trib. civ. de *Sarlat* (doigt).
        App., p. 188.

13 décembre. .   C. de *Montpellier* (2e ch.) (jambe).
        Confirmant Trib. civ. de Montpellier (1re ch.),
        du 28 juillet 1900.
        App., p. 253.

Id.   Trib. civ. de *Grenoble* (œil).
        Rec. M. Com., t. IV, p. 214.

14 décembre. .   Trib. civ. de *Marseille* (doigt).
        Rec. Villetard de Prunières, 1900, 361.

17 décembre. .   Trib. civ. de *Bordeaux* (hernie).
        Le Droit, 19 avril 1901 ; — *Rec. Bordeaux*,
        1901, 2, 11 ; — *Rec. Villetard de Pru-*
        nières, 1900, 320 et 276.

Id.   Trib. civ. de *Lille* (doigts).
        Rec. Villetard de Prunières, 1900, p. 278.

Id.   Trib. civ. de *Lille* (1re ch.) (doigt).
        App. , p. 189.

18 décembre. .   Trib. civ. de *Marseille* (œil).
        App., p. 190.

18 décembre. .		C. de *Bordeaux* (traumatisme).
			Confirme jugement du Trib. civ. de Bordeaux,
			du 5 novembre 1900.
				Le Droit, 25-26 mars 1901 ; — *Rec. Bor-
				deaux*, 1901, 1, 31 ; — *Rec. Villetard de
				Prunières*, 1900, 296.

19 décembre. .		Trib. civ. d'*Arras* (doigt).
				Gaz. des Trib., 7 mars 1901.

20 décembre. .		Trib. civ. de *Bourges* (œil).
				Gaz. du Palais, 13 juin 1900.

	Id.		Trib. civ. de *Valenciennes* (hernie).
				App., p. 191.

	Id.		C. de *Nancy* (jambe).
			Confirme jugement du Trib. civ. de Nancy,
			13 juillet 1900.
				Rec. M. Com., t. IV, p. 280 ; — *La Loi*,
				4 février 1901 ; — *Rev. jud. des acc. du
				travail*, 1901, p. 138.

21 décembre. .		Trib. civ. de *Marseille* (doigt).
				Rec. Villetard de Prunières, 1900, 313.

	Id.		Trib. civ. de *Lille* (1re ch.) (main).
				App., p. 192.

	Id.		Trib. civ. de *Saint-Nazaire* (œil).
			Confirmé par C. de Rennes, 15 mai 1901.
			(Voir l'arrêt à sa date.)

	Id.		Trib. civ. de *Toulouse* (doigt).
			Infirmé par C. de Toulouse, 12 mars 1901.
			(Voir l'arrêt à sa date.)

	Id.		Trib. civ. de *Tarascon* (surdité et affaiblissement
			du côté droit du corps).
			Confirmé par adoption des motifs par C. d'Aix,
			du 2 mars 1901.
				Rec. Villetard de Prunières, 1900, 351.

24 décembre. .		C. de *Riom* (jambe).
			Réformant Trib. civ. de Montluçon, du
			22 juin 1900.
				App., p. 253.

	Id.		Trib. civ. de *Bordeaux* (varicocèle).
				Rec. Villetard de Prunières, 1900, 321.

26 décembre..   Trib. civ. de *Troyes* (œil).
       App., p. 193.

Id.   Trib. civ. de *Fontainebleau* (œil).
       Infirmé par C. de Paris, 27 avril 1901.
       Rec. M. Com., t. IV, p. 217.

26 décembre..   C. de *Rennes* (doigt).
       Infirme Trib. civ. de Lorient, 7 août 1900.
       Rec. M. Com., t. IV, p. 286 ; — *Gaz. des Trib.*, 13 janvier 1901 ; — *La Loi*, 31 décembre 1900 ; — *Rev. jud. des acc. du travail*, 1901, p. 131.

27 décembre..   Trib. civ. de *Versailles* (œil).
       Infirmé par C. de Paris, 8 juin 1901.
       App., p. 195.

Id.   Trib. civ. de *Saint-Amand* (doigt).
       Rec. M. Com., t. IV, p. 219.

Id.   Trib. civ. de *Saint-Amand* (doigt).
       Rec. M. Com., t. IV, p. 220.

28 décembre..   Trib. civ. de *Marseille* (doigt).
       Rec. Villetard de Prunières, 1900, 361.

Id.   Trib. civ. de *Coulommiers* (bras).
       App., p. 197.

Id.   Trib. civ. de *Millau* (bras).
       Confirmé par C. de Montpellier, 27 mars 1901.
       App., p. 196.

29 décembre..   Trib. civ. de *Libourne* (bras).
       Infirmé par C. de Bordeaux, 5 décembre 1900.
       Gaz. des Trib., 6 avril 1900.

Id.   Trib. civ. de *Tulle* (jambe).
       Gaz. des Trib., 17 janvier 1901.

Id.   Trib. civ. de *Tulle* (hernie).
       Gaz. des Trib., 8-9-10 avril 1901.

Id.   Trib. civ. de *Nîmes* (doigt).
       Infirmé par C. de Nîmes (1re ch.), 16 avril 1901.
       (Voir l'arrêt à sa date.)

31 décembre..	C. de *Douai* (1re ch.) (œil).
	Infirme jugement du Trib. civ. de Béthune, 31 mai 1900.
	Gaz. des Trib., 24 mars 1901.
Id.	Trib. civ. de *Mende* (épaule).
	App., p. 198.

Année 1901

2 janvier.....	Trib. civ. de *Narbonne* (œil).
	Rec. M. Com., t. IV, p. 225; — *Gaz. des Trib.*, 7 février 1901; — *La Loi*, 15 janvier 1901.
4 janvier.....	Trib. civ. de *Reims* (main).
	Gaz. des Trib., 21 février 1901.
5 janvier.....	C. de *Paris* (doigt).
	Infirme Trib. civ. de la Seine (4e ch.), 12 juin 1900.
	Rec. M. Com., t. IV, p. 295. *Le Droit*, 6 février 1901; — *Gaz. des Trib.*, 26 janvier 1901; — *Rec. Villetard de Prunières*, 1900, 310; — *Rev. jud. des acc. du travail*, 1901, p. 125.
Id.	Trib. civ. de la *Seine* (4e ch.) (œil).
	App., p. 200.
7 janvier.....	Trib. civ. de *Bordeaux* (rein).
	Rec. Villetard de Prunières, 1900, 316.
10 janvier.....	Trib. civ. du *Havre* (main).
	App., p. 203.
Id.	Trib. civ. du *Havre* (bras).
	App., p. 201.
11 janvier.....	Trib. civ. de *Mont-de-Marsan* (œil).
	App., p. 204.
Id.	C. de *Nancy* (doigt).
	Rec. Nancy, 1901, 7; — *Rec. Besançon*, 1901, 47; — *Rec. Villetard de Prunières*, 1900, 300.

11 janvier..... Trib. civ. du *Havre* (bras).
> *La Loi*, 8-9 avril 1901.

12 janvier..... C. de *Paris* (7e ch.) (jambe).

Confirme jugement du Trib. civ. de la Seine
du 14 septembre 1900.
> *Rev. jud. des acc. du travail*, 1901, p. 65.

15 janvier..... Trib. civ. de *Nancy* (pied).
Infirmé par C. de Nancy, 8 mars 1901.
(Voir l'arrêt à sa date.)

Id.   C. de *Nancy* (doigt).
> *Rec. M. Com.*, t. IV, p. 296 ; — *La Loi*,
> 5 février 1901.

16 janvier..... Trib. civ. de *Nancy* (épaule).
Infirmé par C. de Nancy, 23 avril 1901.
> *App.*, p. 206.

Id.   Trib. civ. de la *Seine* (doigt).
> *Le droit*, 25-26 mars 1901 ; — *Gaz. des Trib.*,
> 8 juin 1901.

23 janvier..... Trib. civ. d'*Angoulême* (jambe).
> *Rec. M. Com.*, t. IV, p. 231.

24 janvier..... Trib. civ. de *Fontainebleau* (main).
> *La Loi*, 20 février 1901.

Id.   Trib. civ. de *Lille* (pied).
> *App.*, p. 207.

26 janvier..... Trib. civ. de la *Seine* (4e ch.) (main).
> *App.*, p. 208.

31 janvier..... Trib. civ. de *Lille* (bras).
Infirmé par C. de Douai (1re ch.), 20 mai 1901.
(Voir l'arrêt à sa date.)

1er février..... C. de *Paris* (7e ch.) (jambe).
Infirme jugement du Trib. civ. de la Seine du
13 octobre 1900.
> *App.*, p. 255.

2 février..... Trib. civ. de la *Seine* (doigt).
> *App.*, p. 209.

6 février..... Trib. civ. de *Montbrison* (œil).
> *App.*, p. 212.

8 février.....
Trib. civ. de *Limoges* (hernie).
Réformé par C. de Limoges du 26 avril 1901.
App., p. 214.

14 février.....
Trib. civ. de *Saint-Étienne* (1ʳᵉ ch.) (hernie).
App., p. 217.

Id.
Trib. civ. de *Dijon* (hernie).
Fr. jud., 1901, 2, 129 ; — *Rev. jud. des acc. du travail*, 1901, p. 106.

16 février.....
Trib. civ. de *Chambéry* (1ʳᵉ ch.) (hernie).
App., p. 218.

Id.
C. de *Paris* (œil).
Infirme jugement du Trib. civ. de la Seine, 2 juin 1900.
Gaz. des Trib., 11-12 mars 1901 ; — *Le Droit*, 25-26 mars 1901 ; — *Gaz. du Palais*, 19 mars 1901 ; — *La Loi*, 5 et 6 juillet 1901.

18 février.....
Trib. civ. de *Nancy* (doigt).
Infirmé par C. de Nancy (1ʳᵉ ch.) du 28 mars 1901.
App., p. 221.

21 février.....
C. de *Riom* (œil).
Infirme jugement du Trib. civ. de Brioude du 6 juillet 1900.
App. p. 256.

22 février.....
Trib. civ. de *Versailles* (bras).
Gaz. des Trib., 6-7 mai 1901 ; — *La Loi*, 26 février 1901.

23 février.....
Trib. civ. de *Lille* (doigt).
App., p. 222.

25 février.....
C. de *Dijon* (doigt).
Infirme jugement du Trib. civ. de Châtillon-sur-Seine, 31 octobre 1900.
Le Droit, 25-26 mars 1901.

26 février.....
C. de *Douai* (jambe).
Confirme jugement du Trib. civ. de Lille, du 9 août 1900.
App., p. 257.

Id.
Trib. civ. de *Segré* (œil).
App., p. 223.

26 février.....   C. de *Douai* (jambe).
                   Confirme jugement du Trib. civ. de Lille, du
                       9 août 1900.
                       App., p. 257.

27 février.....   C. de *Limoges* (hernie).
                   Confirme jugement du Trib. civ. d'Aubusson,
                       14 août 1900.
                       Le Droit, 25-26 mars 1901.

   Id.   C. de *Rouen* (jambe).
                       Rec. Rouen, 1901, p. 73.

1er mars.......   C. d'*Amiens* (œil).
                   Infirme jugement du Trib. civ. de Soissons, du
                       28 novembre 1900.
                       App., p. 258.

2 mars......   C. d'*Aix* (surdité et affaiblissement du côté droit
                       du corps).
                   Confirme par adoption de motifs le jugement
                       du Trib. civ. de Tarascon, du 21 dé-
                       cembre 1900.
                       Rec. Villetard de Prunières, 1900, 351.

   Id.   C. de *Paris* (7ᵉ ch.) (bras).
                   Infirme jugement du Trib. civ. de Fontaine-
                       bleau, du 11 juillet 1900.
                       Gaz. des Trib., 29 juin 1901.

4 mars......   Trib. civ. de *Nancy* (hanche).
                       App., p. 226.

6 mars......   C. de *Nancy* (œil).
                       Rec. Nancy, 1901, p. 144.

7 mars.......   C. de *Lyon* (2ᵉ ch.) (pied).
                   Confirme jugement du Trib. civ. de Ville-
                       franche, du 11 août 1900.
                       App., p. 259.

8 mars......   Trib. civ. de *Bagnères-de-Bigorre* (main).
                       App., p. 209.

   Id.   C. de *Nancy* (pied).
                   Infirme jugement du Trib. civ. de Nancy, du
                       15 janvier 1901.
                       Rec. de Nancy, 1901, p. 112.

11 mars. . . . . . Trib. civ. de *Saint-Gaudens* (œil).
    App., p. 228.

12 mars. . . . . Trib. civ. de *Douai* (jambe).
    Confirmé par C. de Douai, du 4 juillet 1901.
    App., p. 229.

   Id. C. de *Toulouse* (doigt).
    Infirme jugement du Trib. civ. de Toulouse,
     21 décembre 1900.
    Gaz. des Trib. du Midi, 7 avril 1901.

13 mars. . . . . Trib. civ. de *Gex* (doigt).
    App., p. 230.

14 mars. . . . . Trib. civ. de *Toulouse* (jambe).
    Gaz. des Trib. du Midi, 7 avril 1901.

15 mars. . . . . Trib. civ. de *Reims* (œil).
    App., p. 246.

   Id. Trib. civ. de *Castellane* (jambe).
    App.; p. 231.

   Id. Trib. civ. de *Saint-Dié* (œil).
    App., p. 236.

21 mars. . . . . C. de *Nancy* (abdomen).
    App., p. 261.

26 mars. . . . . C. de *Grenoble* (main).
    Infirmant jugement du Trib. civ. de Saint-
     Marcellin, du 1er décembre 1900.
    App., p. 262.

27 mars. . . . . C. de *Montpellier* (bras).
    Confirmant Trib. de Millau, du 28 dé-
     cembre 1900.
    App., p. 264.

28 mars. . . . . C. de *Nancy* (1re ch.) (doigt).
    Infirme jugement du Trib. civ. de Nancy, du
     18 février 1901.
    App., p. 265.

30 mars. . . . Trib. civ. de la *Seine* (testicule).
    Gaz. des Trib., 12 mai 1901 ; — *La Loi*,
     21 mai 1901 ; — *Mon. jud. de Lyon*,
     22 mai 1901.

3 avril....... Trib. civ. de *Roanne* (œil).
    App., p. 238.

4 avril....... Trib. civ. de *Boulogne-sur-Mer* (doigt).
    App., p. 239.

6 avril...... Trib. civ. de *Chambéry* (œil).
    Gaz. des Trib., 17-18 juin 1901.

16 avril...... C. de *Nîmes* (1ʳᵉ ch.) (doigt).
    Infirme jugement du Trib. civ. de Nîmes, du
    29 décembre 1900.
    App., p. 267.

23 avril...... C. de *Nancy* (épaule).
    Infirme jugement du Trib. civ. de Nancy, du
    16 janvier 1901.
    App., p. 268.

    Id. Trib. civ. de *Marseille* (2ᵉ ch.) (œil).
    App., p. 240.

25 avril...... Trib. civ. de *Narbonne* (cuisse).
    La Loi, 15 juin 1901.

26 avril...... C. de *Limoges* (hernie).
    Réformant Trib. civ. de Limoges, 8 fé-
    vrier 1901.
    App., p. 271.

    Id. Trib. civ. de *Toulouse* (doigt).
    Gaz. des Trib. du Midi, 2 juin 1901.

27 avril...... C. de *Paris* (œil).
    Infirme jugement du Trib. civ. de Fontaine-
    bleau, du 26 décembre 1900.
    App., p. 272.

3 mai........ Trib. civ. de *Toulouse* (hernie).
    Gaz. des Trib., 20 juin 1901.

6 mai........ Trib. civ. de *Bordeaux* (main).
    App., p. 241.

    Id. Trib. civ. de *Nancy* (main).
    App., p. 242.

13 mai........ C. de *Toulouse* (1ʳᵉ ch.) (main).
    Confirme jugement du Trib. civ. de Toulouse,
    du 8 décembre 1900.
    Gaz. des Trib., 7 juin 1901.

13 mai........ Trib. civ. de *Nancy* (pied).
                   App., p. 244.

      Id.   Trib. civ. de *Saint-Étienne* (1re ch.) (doigt).
                   La Loi, 11 juin 1901.

15 mai........ C. de *Rennes* (œil).
                   Confirme jugement du Trib. civ. de Saint-Nazaire, du 21 décembre 1900.
                   La Loi, 11 juin 1901.

17 mai........ Trib. civ. de *Lyon* (1re ch.) (jambe).
                   Mon. jud. de Lyon, 5 juillet 1901.

20 mai........ C. de *Douai* (1re ch.) (bras).
                   Infirme jugement du Trib. civ. de Lille, du 31 janvier 1901.
                   La Loi, 13 juin 1901.

23 mai........ Trib. civ. de *Montdidier* (bras).
                   La Loi, 14 et 15 juin 1901.

24 mai........ C. d'*Angers* (hernie).
                   Infirme jugement du Trib. civ. de Cholet, du 6 décembre 1900.
                   Gaz. des Trib., 20 juin 1901.

 8 juin........ C. de *Paris* (œil).
                   Infirme jugement du Trib. civ. de Versailles, du 27 décembre 1900.
                   App., p. 273.

14 juin........ C. de *Nancy* (1re ch.) (œil).
                   La Loi, 27 juin 1901.

18 juin........ Trib. civ. de *Marseille* (2e ch.) (doigt).
                   App., p. 247.

 4 juillet 1901. C. de *Douai* (jambe).
                   Confirme jugement du Trib. civ. de Douai, du 12 mars 1901.
                   App., p. 274.

BIBLIOGRAPHIE

Allard et Rondenay, *Commentaire de la loi sur les accidents du travail*. — Bellom, *De la responsabilité en matière d'accidents du travail*. —Bergasse, *Etude sur la responsabilité des accidents du travail industriel et agricole*. — Bourgueil, *Commentaire pratique des lois des 9 avril 1898 et 24 mai 1899*. — Brugeilles et Dalfort, *Guide pratique pour l'exécution de la loi sur les accidents*. — Chardiny, *Commentaire historique et analytique de la loi du 9 avril 1898*. — Coulet, *Commentaire et Explication pratique de la loi concernant la responsabilité des accidents dont les ouvriers sont victimes dans leur travail*. — Dessein, *Les accidents du travail*. — Drouineau, *Nouvelle loi concernant les responsabilités des accidents dont les ouvriers sont victimes dans leur travail*. — Duconytes, *Loi concernant les responsabilités des accidents dont les ouvriers sont victimes dans leur travail*. — Feolde, *Accidents du travail et assurance contre les accidents*. — Ferrette et Florentin, *Les accidents du travail*. — Fleury, *Commentaire pratique de la procédure instituée par la loi du 9 avril 1898*. — Fournier, *Traité pratique des accidents*. — Gardissal, *Loi du 9 avril 1898*. — Garreau-Payen, *Nouvelle loi des accidents promulguée le 10 avril 1898*. — Goujon et Marais, *Code manuel des accidents*. — Guénard, *Accidents du travail*. — Guillot, *Commentaire de la loi du 9 avril 1898*. — Guyon, *Loi du 9 avril 1898 concernant la responsabilité des accidents dont les ouvriers sont victimes dans leur travail*. — Hubert-Valleroux, *Etudes sur la responsabilité en matière d'accidents du travail*. — Jacqmin et Estaintot, *Loi du 9 avril 1898 sur les accidents du travail*. — Jouanny, *Etude de la loi du 9 avril 1898*. — Laporte, *Responsabilité des accidents industriels*. — Le Cour de Grandmaison, *Etude sur la responsabilité des accidents du travail industriel et agricole*. — Lecouturier, *Traité théorique et pra-*

tique des accidents du travail. — Loubat, *Traité sur le risque professionnel.* — Petit, *L'art de s'assurer contre les accidents du travail.* — Pic, *La loi du 9 avril 1898 sur les accidents du travail.* —
Ricou, *Loi relative aux accidents dont les ouvriers sont victimes
dans leur travail.* — Sachet, *Traité théorique et pratique de la
législation sur les accidents du travail.* — Samana, *Commentaire
pratique de la loi du 9 avril 1898.* — Serre, *Les accidents du travail.* — Valensi, *La loi sur les accidents du travail.* — Vassart et
Nouvion-Jacquet, *La loi du 9 avril 1898 sur les accidents industriels.* — Vavasseur, *De la responsabilité des accidents de fabrique.*
— Vermeil, *Guide pratique des juges de paix pour l'application
des lois des 9 avril 1898 et 30 juin 1899.*

TABLEAU DES RECUEILS CONSULTÉS
ET DES PRINCIPALES ABRÉVIATIONS

App. . . . . Appendice.
Dall. . . . . Dalloz, *Répertoire de jurisprudence.*
Le Droit. . . . . Journal *le Droit.*
Fr. judic. . . . . *France judiciaire.*
Gaz. Com. de Lyon. *Gazette commerciale de Lyon.*
Gaz. des Trib. . . . . . . *Gazette des Tribunaux.*
Gaz. Trib. du Midi. *Gazette des Tribunaux du Midi.*
Gaz. du Pal. . . . . *Gazette du Palais.*
J. des Ass. . . . . *Journal des assurances.*
La Loi. . . . . Journal *la Loi.*
Mon. jud. de Lyon. *Moniteur judiciaire de Lyon.*
Mon. jud. du Midi. *Moniteur judiciaire du Midi.*
Mon. des jug. de Paix *Moniteur des juges de Paix.*
Nord jud. . . . . Journal *le Nord judiciaire.*
Pand Franc. . . . . *Pandectes françaises.*
Rec. Acc. trav. . . . . *Recueil des accidents du travail* (Villetard de Pru-
                              nières).
Rec. Besançon. . . . . *Recueil des arrêts de la Cour de Besançon.*
Rec. de Bordeaux. . *Recueil des arrêts de la Cour de Bordeaux.*
Rec. Douai. . . . . *Recueil des arrêts de la Cour de Douai.*
Rec. Grenoble. . . . . *Recueil des arrêts de la Cour de Grenoble.*
Rec. M. Com. . . . . . *Recueil du Ministère du Commerce.*
Rec. Nancy. . . . . . . *Recueil des arrêts de la Cour de Nancy.*
Rec. Nantes. . . . . . . *Recueil de Nantes.*
Rec. Rouen. . . . . . . *Recueil des arrêts de la Cour de Rouen.*
Rev. jud. Acc. trav. *Revue judiciaire des accidents du travail* (Feolde).
Rev. des just. de Paix *Revue des justices de Paix.*
Sirey. . . . . Sirey, *Répertoire de jurisprudence.*

TABLE DES MATIÈRES

TOURS

IMPRIMERIE DESLIS FRÈRES

6, rue Gambetta, 6